XINSHIDAI GAOXIAO XIAOYUAN
WENHUA JIANSHE GAILUN

新时代
高校校园文化建设概论

冯　刚　孙　雷◎编著

光明日报出版社

图书在版编目（CIP）数据

新时代高校校园文化建设概论 / 冯刚，孙雷编著 .—— 北京：
光明日报出版社，2018.9

ISBN 978-7-5194-4676-5

Ⅰ. ①新… Ⅱ. ①冯… ②孙… Ⅲ. ①高等学校—校园文化—
建设—研究—中国 Ⅳ. ① G647

中国版本图书馆 CIP 数据核字（2018）第 224591 号

新时代高校校园文化建设概论
XINSHIDAI GAOXIAO XIAOYUAN WENHUA JIANSHE GAILUN

编　　著：冯　刚　孙　雷

责任编辑：许　怡　　　　　　　　责任校对：赵鸣鸣
封面设计：中联学林　　　　　　　责任印制：曹　净

出版发行：光明日报出版社
地　　址：北京市西城区永安路 106 号，100050
电　　话：010-67078251（咨询），63131930(邮购)
传　　真：010-67078227，67078255
网　　址：http://book.gmw.cn
E - mail：xuyi@gmw.cn
法律顾问：北京德恒律师事务所龚柳方律师，电话：010-67019571

印　　刷：三河市华东印刷有限公司
装　　订：三河市华东印刷有限公司
本书如有破损、缺页、装订错误，请与本社联系调换

开　　本：170mm×240mm
字　　数：289 千字　　　　　　　印张：19
版　　次：2019 年 1 月第 1 版　　印次：2019 年 1 月第 1 次印刷
书　　号：ISBN 978-7-5194-4676-5

定　　价：68.00 元

目 录
CONTENTS

导　论

　　习近平在党的十九大报告中指出，"中国特色社会主义文化，源自于中华民族五千多年文明历史所孕育的中华优秀传统文化，熔铸于党领导人民在革命、建设、改革中创造的革命文化和社会主义先进文化，植根于中国特色社会主义伟大实践。发展中国特色社会主义文化，就是以马克思主义为指导，坚守中华文化立场，立足当代中国现实，结合当今时代条件，发展面向现代化、面向世界、面向未来的，民族的科学的大众的社会主义文化，推动社会主义精神文明和物质文明协调发展。要坚持为人民服务、为社会主义服务，坚持百花齐放、百家争鸣，坚持创造性转化、创新性发展，不断铸就中华文化新辉煌。"①新时代高校思想政治工作要紧紧围绕立德树人根本任务，更加注重以文化人以文育人，广泛开展文明校园创建，开展形式多样、健康向上、格调高雅的校园文化活动，广泛开展各类社会实践，切实增强高校思想政治工作的实效性和针对性。当前高校思想政治工作的一个重要内容，就是要引导大学生深刻理解只有中国特色社会主义能够发展中国，从而增强他们的道路自信、理论自信、制度自信、文化自信。而其中，文化自信是更基础、更广泛、更深厚的自信，坚定文化自信既是增强道路自信、理论自信、制度自信的题中应有之义，也是增强道路自信、理论自信、制度自信的重要前提和基本路径。因此，坚定文化自信，对深化高校思想政治工作具有根本性意义。高校是文化创造和传播的重

　　① 习近平，决胜全面建成小康社会夺取新时代中国特色社会主义伟大胜利——在中国共产党第十九次全国代表大会上的报告 [M]. 北京：人民出版社，2017.

镇，是坚定大学生文化自信的前沿阵地，要将坚定文化自信作为思想政治教育的重要任务贯彻好、落实好。

高校辅导员队伍是大学生思想政治教育工作的骨干力量，是大学生健康成长的指导者、引路人和知心朋友，是培养社会主义合格建设者和可靠接班人、维护高校和社会稳定、保证高等教育事业持续健康发展的重要力量。辅导员要深刻认识到校园文化建设的重要意义，理解校园文化的内涵、意义、目标以及特征，把握校园文化建设的重点，掌握校园文化建设的理论知识和工作技巧，为提高大学生思想政治教育的针对性和实效性，为大学生这一特殊群体能坚定中国特色社会主义道路自信、理论自信、制度自信、文化自信信念贡献力量。

一、坚定文化自信，推动思想政治教育创新发展的目标和追求

党的十八大以来，以习近平同志为核心的党中央高度重视文化自信问题。在庆祝中国共产党成立95周年大会上的重要讲话中，习近平同志提出"文化自信，是更基础、更广泛、更深厚的自信"，强调"全党要坚定道路自信、理论自信、制度自信、文化自信"。[①]深入学习贯彻习近平总书记关于文化自信的重要论述，在理论认识和实践行动中坚定文化自信，要求我们必须首先回答好"为什么要文化自信""文化自信从何而来"和"如何坚定文化自信"这三个基本问题。

（一）为什么要文化自信

文化自信是一个民族、一个国家、一个政党对自身所禀赋和拥有的文化价值的充分肯定，是对其文化旺盛生命力所保持的坚定信心和发展希望。一个民族、一个国家、一个政党，只有在对其文化抱有强烈信任和高度认同的前提下，才能获得坚持和坚守的信心，才能鼓起奋发进取的勇气，才能克服前进路上的艰难险阻，激发出发展创新的无限活力。我国正处在全面建成小康社会的关键时期，距离实现中华民族伟大复兴的中国梦越来越近，在这样的重要时刻，提出并强调文化自信具有重要意义。

---

① 习近平. 在庆祝中国共产党成立95周年大会上的讲话 [N]. 人民日报，2016-07-02.

1. 文化自信是中华民族伟大复兴的精神保证

近代以来，经济和军事上的落后，使中华民族遭受了空前的灾难和屈辱，也导致很多国人在看待中华文化时产生了质疑，甚至走向了片面否定，从而出现了"月亮也是外国的圆"的极度不自信。历经新民主主义革命、社会主义革命和建设、改革开放，中华民族以民族独立、经济繁荣、国家强盛的崭新姿态向世人展示了民族复兴的伟大进程。民族复兴不仅是经济的复兴，更根本的是精神和文化的复兴。中华文化蕴涵着实现中国梦的中国精神，是我们推进改革开放和社会主义现代化建设的强大精神力量。要建设中国特色社会主义，实现中华民族伟大复兴的中国梦，就需要我们有民族文化的自信，用共同理想信念凝聚民族意志，用中国精神激发中国力量，让中国文化成为海内外中华儿女最大的思想公约数，成为统领和融通各族人民的文化血脉与精神家园。习近平总书记深切地观察到这一点，在多个场合，通过多次形式，不断强化中华民族的精神标识，号召树立文化自信。他要求，"一定要通过学习树立对五千多年文明的自豪感，树立文化的自信、民族的自豪感"，强调"一个国家、一个民族的强盛，总是以文化兴盛为支撑的，中华民族伟大复兴需要以中华文化发展繁荣为条件。①"

2. 文化自信是文化交流交融和繁荣发展的基本前提

当今世界正处在大发展、大变革、大调整的时期，文化在综合国力竞争中的地位和作用更加凸显。一个民族要充满生机活力、实现繁荣富强、在世界上拥有巨大影响力和吸引力，必须充分发挥文化的强大力量。纵览当今世界舞台，不同国家、不同民族的文化互相开放、互相交流、互相吸收，同时又在展现不同的民族文化特色与风格，表达自身的价值理念与话语主张，形成了不同文化之间在差别中相互交流、在竞争中相互借鉴的多彩景观。博大精深的中华文化是我们在世界文化激荡中站稳脚跟的根基。习近平总书记非常重视运用中国文化向世界各国阐释中国的主张和智慧，赢得了众多国家的赞赏，塑造了中国良好的国际形象。只有对自己的文化有坚定的信心，才能获得坚持坚守的从

---

① 赵明:《习近平强化中华民族精神标识坚定文化自信》，中国青年网，http: new.youth.cn（访问时间：2016年7月7日）。

容，鼓起奋发进取的勇气，焕发创新创造的活力，才能向全世界展现中国的形象，才能向世界证明中华文明是世界人类优秀文明宝库的重要部分，才能使我国的对外交流获得强大的文化力量。

3. 文化自信是道路自信、理论自信、制度自信的根本和基础

树高叶茂，联于根系，无论是道路自信、理论自信、制度自信，都根源于文化自信，都是从中华5000多年文明传承中走出来的。开辟中国特色社会主义道路绝非偶然，中华民族自古以来就走着不同于其他民族的道路。任何国家的制度设计，必须根植于自己的历史文化传统，否则就会水土不服。我们民族无法照抄照搬任何国家的发展模式，必须尊重自己的历史文化传统，从中汲取智慧和力量，走出适合自己历史和国情的发展道路。中国特色社会主义道路，就是从中华民族5000年悠久文明的传承中走出来的，是从1840年以来追寻民族复兴的历程中走出来的，是从中国共产党艰辛探索、不断将马克思主义中国化过程中走出来的，是从新中国60多年持续发展中走出来的。只有很好地认识和把握中国文化，坚定而自觉地做到文化自信，才能很好地认识和坚持当代中国的发展特色和发展道路，才能增强道路自信、理论自信和制度自信。

（二）文化自信从何而来

今天的中国是历史中国的延续和发展。中国道路来自以史为鉴的发展进步，中国模式来自立足本土的实践成就，中国文化来自古为今用的文化传承，中国精神来自源远流长的精神志气。中国人民的文化自信，正是来源于源远流长的民族记忆和圆融大气的中国智慧，来源于对中国特色社会主义道路的坚定信念，来源于中国特色社会主义取得的巨大实践成就。

1. 孕育丰富内涵：中华优秀传统文化、革命文化和社会主义先进文化

5000年绵延不断的中华文明，历史悠久、灿烂辉煌。早在2000多年前，中国就迎来了人类自有文字记载以来的一次文化大繁荣，儒家尚"仁义"，道家崇"自然"，墨家讲"兼爱"，法家倡"法治"，各种流派你中有我、我中有你，百家争鸣、和而不同。中华文明5000余年绵延不断，是人类历史长河中唯一没有干涸、没有断流的文明，我们祖先几千年前创造的文字沿用至今，从殷墟甲骨文到今天的汉字，可以看到一条清晰的文明脉络。中华民族以海纳百

川、兼容并蓄的气度同世界交流，不断吸收外来文明的长处，使我们民族在政治、经济、文化、科技等诸多领域长期占据世界领先地位，对人类文明进步作出巨大贡献。

在人类历史的进程中，物质文明和精神文明的发展和繁荣，从来都是相辅相成、相伴相依。而人类社会的每一次跃进，人类文明的每一次升华，无不伴随着文化的历史性进步。从上海兴业路小楼到嘉兴南湖红船；从井冈山革命根据地的创建到中共七大的召开；从夺取民主革命的全国胜利到中华人民共和国成立；从探索社会主义道路到进入社会主义改革开放新时期；从推进中国特色社会主义道路到努力实现全面建成小康社会的决胜阶段……95年的风雨历程，一代又一代的中国共产党人，用不畏艰险的勇气、甘于奉献的义气、宁折不弯的骨气、勇于开拓的豪气和奋发图强的志气，谱写了中国共产党的光辉史册，刻画了中国共产党人不朽的民族精神，也为世代中华儿女留下了宝贵的文化遗产。

社会主义先进文化，是以马列主义为指导，以社会主义核心价值体系为灵魂，面向现代化、面向世界、面向未来的文化，是民族的、科学的、大众的文化。社会主义先进文化根源于中华民族的文化发展历史，来源于人民群众的文化实践，是人类文明进步的结晶，具有无可比拟的优越性和先进性，能够为人类社会文明进步提供强有力的思想保证、精神动力和智力支持。

2. 推动实践发展：中国共产党带领全国人民在革命、建设和改革实践中取得的伟大成就

实践决定认识，但认识对实践又具有反作用。正是在马克思列宁主义及其中国化的思想理论指导下，在马克思主义政党的领导下，在伟大民族精神和时代精神的感召下，全国人民才最终摆脱了积贫积弱、苦难深重的旧社会，走进繁荣富强、幸福安康的新生活。中国共产党自成立起，就把马克思主义写在自己的旗帜上。经过近百年的接续奋斗，中国共产党领导中国人民取得了解放、革命和建设事业的伟大成就，"使具有5000多年文明历史的中华民族全面迈向现代化，让中华文明在现代化进程中焕发出新的蓬勃生机；使具有500多年历史的社会主义主张在世界上人口最多的国家成功开辟出具有现实性和可行性的正确道路，让科学社会主义在21世纪焕发出新的蓬勃生机；使具有60多年历

史的新中国建设取得举世瞩目的成就，中国这个世界上最大的发展中国家在短短30多年里摆脱贫困并跃升为世界第二大经济体，彻底摆脱被开除球籍的危险，创造了人类社会发展史上惊天动地的发展奇迹，使中华民族焕发出新的蓬勃生机"[①]。正如习近平总书记强调的，"当今世界，要说哪个政党、哪个国家、哪个民族能够自信的话，那中国共产党、中华人民共和国、中华民族是最有理由自信的。"[②] 一种文化能够引领一个民族、一个国家，从苦难深渊走向繁荣富强，还有什么理由对这种文化不自信呢？

3. 引领前进方向：文化多样性视角下的文化坚守与文化自觉

晚清以来，我们在文化上的不自信，很大程度上是由于我们对文化的多样性认识不足。其中代表性的观点就是把文化看成一个历史进展的过程，认为后期产生的文化一定比前期的文化先进、进步，由此认为西方工业文明比中国传统农耕文明进步。这无疑是错误的。文化差异性构成了世界文明的多样性，文化多样性使世界更美好。忽视文化的差异性和多样性，想把全世界的文化变成单一文化，只能是无视历史的痴人说梦。历史总是要前进的，历史从不等待一切犹豫者、观望者、懈怠者、软弱者。中华民族的文化传统决定，中国的未来绝不是西化，而是社会主义现代化。这不在于发展阶段的差异，根本在于文化DNA 的不同。文化是否先进、进步，关键要看其是否适合民族、国家的发展，是否能够引领这个民族、国家走向更加繁荣的未来。无论是过去、现在还是将来，中国都必然坚持"中国特色"。延续中华民族的文化血脉，坚定地走自己的路，是每一位中华儿女的历史责任。

（三）如何坚定文化自信

习近平总书记指出："当高楼大厦在我国大地上遍地林立时，中华民族精神的大厦也应该巍然耸立。"[③] 这就要求我们在大力推进经济建设的同时大力加强文化建设，充实文化自信的底蕴，打牢文化自信的基础。坚定文化自信，要

---

① 习近平 . 在庆祝中国共产党成立95周年大会上的讲话 [N]. 人民日报，2016–07–02.

② 习近平 . 在庆祝中国共产党成立95周年大会上的讲话 [N]. 人民日报，2016–07–02.

③ 习近平 . 在文艺工作座谈会上的讲话 [N]. 人民日报，2015–10–15.

求我们始终坚持马克思主义指导思想，遵循文化发展的科学规律，以正确的理论和思路推进文化的改革、创新与发展，积极培育和践行社会主义核心价值观，把文化自信的要求落到实处。

1. 坚持马克思主义指导思想是根本

坚持马克思主义为指导，是中国特色社会主义文化区别于其他文化的根本标志和灵魂所在。坚定文化自信，根本是坚持以马克思主义为思想指导。90多年来，中国共产党之所以能够完成近代以来各种政治力量不可能完成的艰巨任务，就在于始终把马克思主义这一科学理论作为自己的行动指南，并坚持在实践中不断丰富和发展马克思主义。马克思主义及其在中国的发展，为党和人民事业发展提供了既一脉相承又与时俱进的科学理论指导，为增进全党全国各族人民团结统一提供了坚实的思想基础。习近平总书记强调："马克思主义是我们立党立国的根本指导思想。背离或放弃马克思主义，我们党就会失去灵魂、迷失方向。在坚持马克思主义指导地位这一根本问题上，我们必须坚定不移，任何时候任何情况下都不能有丝毫动摇。"[①] 这就要求我们必须警惕和反对各种反马言论，避免用西方资本主义的价值体系为中国量体裁衣，避免用西方的标准拷问中国的问题，坚守马克思主义信仰不动摇；要求我们牢牢掌握意识形态工作领导权、主导权和话语权，确保马克思主义在思想文化领域一元主导地位，确保马克思主义发挥其在多元中立主导、多样中谋共识、多变中把方向的引领作用，绝不能把话语权拱手让给西方错误思潮；要求我们用马克思主义指导哲学社会科学发展，以马克思主义基本原理、马克思主义中国化形成的成果及其文化形态为主体内容来构建能够充分体现中国特色、中国风格、中国气派的学科体系、学术体系、话语体系。

2. 做好传统文化的创造性转化、创新性发展是关键

中华优秀传统文化是中华民族的"根"和"魂"。坚定文化自信，关键是做好传统文化的创造性转化、创新性发展。包括儒家思想在内的中国传统思想文化中的优秀成分，对几千年来中国社会发展进步起到了十分重要的作用。其中蕴含的丰富哲学思想、人文精神、教化思想、道德理念等，也为治国理政和

---

① 习近平. 在庆祝中国共产党成立95周年大会上的讲话 [N]. 人民日报，2016-07-02.

解决人类社会难题提供了有益启示，但同时，中华优秀传统文化与社会主义市场经济、民主政治、先进文化、社会治理等还存在需要协调适应的地方，因此，必须结合新的时代条件对传统文化进行创造性转化、创新性发展。这就要求我们一方面要大力宣传中华民族的优秀文化和光荣历史，继承五四运动以来的革命文化传统，通过多种方式加强爱国主义、集体主义、社会主义教育，引导人们树立和坚持正确的历史观、民族观、国家观、文化观，增强文化底气；另一方面要采取马克思主义的态度，坚持古为今用、推陈出新，有鉴别地加以对待，有扬弃地予以继承，取其精华、去其糟粕，既不能片面地讲厚古薄今，也不能片面地讲厚今薄古，更不能采取全盘接受或者全盘抛弃的绝对主义态度；此外，还要按照时代特点和要求，对那些至今仍有借鉴价值的内涵和陈旧的表现形式加以改造，赋予其新的时代内涵和陈旧的表现形式加以改造，对中华优秀传统文化的内涵加以补充、拓展、完善，激活其生命力，增强其影响力和感召力。

3. 培育和弘扬社会主义核心价值观是核心

核心价值观自信是文化自信的根本要求和集中体现，是核心价值观功能作用得以发挥的前提条件。坚定文化自信，核心是培育和弘扬社会主义核心价值观。习近平总书记指出："核心价值观是文化软实力的灵魂、文化软实力建设的重点。这是决定文化性质和方向的最深层次要素。一个国家的文化软实力，从根本上说，取决于其核心价值观的生命力、凝聚力、感召力。"[1] 因此，坚持文化自信，从根本意义上说，就是要坚持价值观自信。对于当今中国公民来说，价值观自信即社会主义核心价值观自信。社会主义核心价值观，是社会主义社会倡导的价值观念的集中体现，是社会主义核心价值体系的高度凝练，承载着中华民族深层次的精神追求，体现着社会主义社会评判是非曲直的价值标准。充分发挥社会主义核心价值观的应有功能和独特作用，价值观自信是前提和关键。人们只有对自己的价值观充满自信，在情感上认同、在心理上敬畏，才能在实践中更加笃定地践行。这就要求我们必须揭示社会主义核心价值观所反映的中国特色社会主义的特殊价值诉求，从根本上把社会主义核心价值观同资本主义核心价值观区别开来，使人们在心灵深处认知和认同社会主义核心价

---

① 习近平. 习近平谈治国理政 [M]. 北京：外文出版社，2014:163.

值观的中国特色、中国气派和中国风格，认知认同社会主义核心价值观的先进性、科学性和崇高性。

二、坚持以文化人，增强思想政治教育的亲和力和针对性

习近平总书记指出："在5000多年文明发展中孕育的中华优秀传统文化，在党和人民伟大斗争中孕育的革命文化和社会主义先进文化，积淀着中华民族最深层的精神追求，代表着中华民族独特的精神标识"①，强调"努力用中华民族创造的一切精神财富来以文化人、以文育人"。② 当前，坚定大学生的文化自信，说到底就是要以文化人、以文育人，只有通过这种人文教育、隐性教育，才能弥补当前思想政治理论课面临的吸引力不足、实效性不强等问题，才能切实增强思想政治教育的亲和力和针对性。

（一）"以文化人"在新时期、新常态下的时代蕴涵

"观乎人文以化成天下。"③ 一个国家、一个民族的强盛，总是以文化兴盛为支撑的。没有文明的继承和发展，没有文化的弘扬和繁荣，就没有中国梦的实现。党的十八大报告强调："文化是民族的血脉，是人民的精神家园，要发挥文化引领风尚、教育人民、服务社会、推动发展的作用。"④ 新时期、新常态下，文化也被赋予了新的形态、新的蕴涵。坚持"以文化人、以文育人"，首先要研究把握"以文化人"在新时期、新常态下的时代蕴涵。

1. "文"是基础，用什么样的"文"来"化人"，决定了"化人"的最终成败

"文"即"文化"，具有广泛含义。广义上的文化是指人类在社会历史发展过程中所创造的物质财富和精神财富的总和，狭义上的文化通常是指包括知识、信仰、艺术、道德、法律、习俗、能力和习惯等在内的复杂整体。我们今

---

① 习近平. 在庆祝中国共产党成立95周年大会上的讲话 [N]. 人民日报，2016-07-02.

② 习近平. 习近平谈治国理政 [M]. 北京：外文出版社，2014:164.

③ 《周易·贲卦》

④ 胡锦涛. 坚定不移沿着中国特色社会主义道路前进为全面建成小康社会而奋斗——在中国共产党第十八次全国代表大会上的报告 [M]. 北京：人民出版社，2012.

天所讲的文化，更多的是指代文化活动和文化产品。文化有正确和错误、先进和落后之分。强调"以文化人"，首先要明确"文"必须是体现人类社会发展方向的社会主义先进文化，如果用承载西方错误价值观念的"文"来"化人"，就会把人"化"到歧途，甚至"化"到反面去。"文"是"以文化人"的基础，用什么样的"文"来"化人"，从根本上决定了"化人"的最终成败。

2. "化"是关键，通过什么途径、采用什么方法"化"，决定了"化人"的最终效果

"化"即教化。就是要重视人文教育、隐形教育，注重精神成长、思想提升，坚持潜移默化、润物无声，通过人们喜闻乐见的方式，长久地、默默地、逐渐地感染人、影响人、转化人，让人们在不知不觉中接近和接受正确价值观、远离和摒弃错误价值观，实现"蓬生麻中不扶自直""入芝兰之室久而自芳"的教育效果，而不是像法律条文和规章制度一样明确清晰，对人们形成硬性约束。习近平总书记在北京大学师生座谈会上曾用"百姓日用而不觉"来形容社会主义核心价值观，就是强调了这种植根于人内心的"化人"效果。

3. "化人"的根本在于"育人"，"化人"只有通过"育人"才能实现其最终目的

一般来说，"以文化人"就是"用文化教育人、熏陶人、感染人，让文化以潜移默化的方式影响人的思想意识和言行举止，从而提升人的思想觉悟、道德修养、精神境界和综合素质，促进人的全面发展"[1]。"以文化人"是文化的基本功能，但这一功能并不会自动显现，必须通过"化人"即教化人、教育人才能最终实现。而教化人、教育人必须从青年抓起。正如习近平总书记所强调的"青年的价值取向决定了未来整个社会的价值取向，而青年又处在价值观形成和确立的时期，抓好这一时期的价值观养成十分重要。""人生的扣子从一开始就要扣好。"[2]

---

[1] 中央宣传部等. 文化发展重在以文化人 [N]. 人民日报，2012-04-25.

[2] 习近平. 青年要自觉践行社会主义核心价值观——在北京大学师生座谈会上的讲话 [N]. 人民日报，2014-05-05.

（二）"以文化人"的主体内容

要用中华传统优秀文化教育人。中华文化源远流长、博大精深，蕴含着丰富的哲学思想、人文精神、道德理念，其中讲仁爱、重民本、守诚信、崇正义、尚和合、求大同的思想，有着穿越时空的恒久魅力。不忘本来才能开辟未来，善于继承才能更好创新。我们要增强文化自信和价值观自信，就应该像对待自己的生命和血脉一样爱护我们的文脉根本，像守护民族的根和魂一样保护我们的优秀传统文化。用中华优秀传统文化教育人，就要在大学生中传承和弘扬传统文化的思想精华，讲清楚中华优秀传统文化的历史渊源、发展脉络、基本走向，讲清楚中华文化的独特创造、价值理念、鲜明特色，增强其文化自信和价值观自信。

要用革命文化熏陶人。在党和人民伟大斗争中孕育的革命文化，是文化自信的重要支点，是在中国共产党带领中国人民争取自由和解放历程中形成的、与中国文化和中国革命发展密切相关的特有的文化形态，具有坚定、彻底的革命精神和厚重、深沉的革命内涵。革命文化具有承上启下的重要作用，它深深地植根于伟大的中华传统文明之中，又以先进的马克思主义理论为指导，在革命实践中不断加以创新和完善。革命精神是革命文化的灵魂，中国共产党在带领全国人民取得革命胜利的同时创造出来的红船精神、井冈山精神、长征精神、延安精神、西柏坡精神等，都是开展思想政治工作的宝贵精神财富。用革命文化熏陶人，就是要用这些革命精神来教育人、感染人，让大学生深刻理解党领导人民进行革命的光辉历程和巨大成就，自觉树立起坚定的理想信念和革命精神，增添人生正能量。

要用社会主义先进文化引导人。党在领导全国人民建设中国特色社会主义经济、政治的同时，还正在致力于建设有中国特色的社会主义先进文化。社会主义先进文化代表着中国文化的前进方向，是我国经济社会发展的强大精神支撑和民族凝聚力、向心力的重要源泉。只有大力弘扬社会主义先进文化，才能不断提升我国的文化软实力，增强中华文化在世界上的吸引力、感召力、影响力，有效维护国家文化安全。用社会主义先进文化引导人，关键在于培育和践行社会主义核心价值观，既要从中华优秀传统文化中汲取思想精华和道德精髓，又要从红色革命文化中获得智慧滋养和精神砥砺。

（三）高校"以文化人"要做到"三个结合"

一是把知识传授和价值导向结合起来。一个国家的文化软实力，从根本上取决于其核心价值观的生命力、凝聚力和感召力。社会主义核心价值观从价值理念的层面体现了社会主义的本质，是社会主义社会的灵魂和支柱，影响着社会个体与群体的思想观念与价值取向，是社会主义先进文化区别于异质文化的基本价值观念。任何知识、文化都包含一定价值取向，都会直接或间接地影响大学生成长。因此，要注重把知识传授和价值导向结合起来，把学习科学知识和加强思想修养结合起来，在智育活动中注重价值观培养，在知识传授中加强对大学生进行价值教育和引导。特别是哲学社会科学课程，具有突出的科学性和鲜明的价值倾向，更要把二者紧密结合起来，强化价值导向，使大学生牢固确立起正确的世界观、人生观、价值观。

二是把文化产品创造和文化环境营造结合起来。先进的文化产品鼓舞人向前，落后的文化产品引人误入歧途。文化自信的践行性品格，不仅体现在态度上、信念上，也体现在文化活动，尤其是文化产品上。"人创造环境，同样，环境也创造人。"[1] 文化环境是影响人的素质生成的最基本、最复杂、最深刻、最重要的元素。发挥文化的思想政治教育功能，很重要的就是要创造一种优良的文化环境，并以这一优良的文化环境去创造人。因此，创造好的文化产品和营造好的文化环境对于以文化人可谓鸟之两翼、车之双轮，缺一不可。要将二者有机融合在高校思想政治工作中，牢牢抓住社会主义先进文化发展防线，在校园文化建设中不断创造好的文化产品和文化活动，营造向上向善的文化氛围，为高校坚定文化自信提供强力支撑。

三是要把网下文化引导和网上文化引导结合起来。当前，网络已经成为高校师生学习生活的"第一环境"，也是思想政治工作面临的"最大变量"。坚定文化自信，深化高校思想政治工作，要把发挥网络文化的育人功能作为一个极端重要的方面。要准确把握网络文化传播规律，深入研究网络信息在生成发

---

① 马克思恩格斯选集（第1卷）[M]. 北京：人民出版社，2012:172–173.

布、接收传递、评论转发、互动反馈等各环节的特点规律和大学生群体的上网规律，提高网络文化传播的效率和效果。要充分发挥高校资源优势，积极研发和创作网络文化产品，创作一批有态度、有温度、有厚度、有力度的优秀网络文化产品，探索建立"多形式加工、多终端适配、多形态传播"的网络文化产品供给体系，增强网络文化作品的吸引力，壮大网络空间的正面舆论场。只有将网下文化引导与网上文化引导紧密结合起来，校园内外兼顾、网上网下联动，才能为大学生坚定文化自信，为高校深化思想政治工作提供良好生态环境。

三、建设校园文化，丰富思想政治教育的渠道和载体

校园文化对大学生的思想观念、价值取向和行为方式有着潜移默化的影响。优秀的校园文化，可以塑造人的思想品格、提升人的人文修养、陶冶人的道德情操。推进高校校园文化建设改革创新，能使大学生在日常生活和各种活动感受到思想和文化的力量，起到春风化雨、润物无声的效果。校园文化建设不仅体现在硬件上，更体现在软件上；不是造几个景观这么简单，而是要通过提炼大学的精神气质、弘扬古今中外的优秀经典等多种途径，使校园环境的使用功能、审美功能、教育功能达到和谐统一。辅导员作为开展校园文化建设的重要力量，必须从理论和实践两方面对校园文化建设有深入的认识和全面的了解。

（一）校园文化建设的理论认知

校园文化是指广大师生员工在长期的办学过程中共同创造的全部物质文化和精神文化的综合，是为师生员工所广泛认可的校园精神、价值观念、行为规范以及承载这些精神财富的物质文化、制度文化。校园文化是社会主义先进文化的重要组成部分，是师生员工共同传承和创造的精神价值，也是学校赖以生存和发展的重要根基。

一般来说，校园文化的内涵包括四个方面：第一是物质文化，它涵盖了教学、科研、生活、环境、设施等方面的物质结构，是校园文化的基础，同时高校独特的物质文化特色，能对工作生活于其中的师生产生熏陶作用。第二是精神文化，它是校园文化的核心，是一所学校的灵魂，是师生员工长期努力积淀形成的共同追求、理想和信念，是大学校园特有的精神环境和文化氛围。第

三是制度文化，它是高校在长期发展过程中积累的校园人的行为准则、道德规范、群体意识，对校园文化具有引导作用，是约束、规范校园师生员工行为，保护师生员工利益，维护高校正常学习、生活、工作秩序的根本保证。第四是行为文化，主要指师生员工在校园工作与生活中形成的行事风格、行为习惯、交往方式等，它具有示范作用，一方面直接体现了校园文化，另一方面为校园文化提供了重要的载体。

校园物质文化是校园文化的空间物质形态，是高校校园文化的物质载体和承担者。高校校园文化外化于物质形态，就是校园物质文化，是校园文化的第一层表现。物质本身并非文化，只有当物质成为人的精神世界的外在表现，被赋予了人精神世界的思想、情感的时候才能成为物质文化。高校内的环境与自然界的环境的差别就在于校园内的各种建筑、花木、草坪、园林、亭子、雕塑等，都是物化了的作品。它们不但是陈设的某一现象，还包含着学校的内蕴、学校的历史、学校的精神及时代风采，把物质的东西赋予了人的精神世界，赋予了学校的传统、校风、校园人的理想和追求。不论古今中外，有名的教育家都对校园的物质环境很重视，他们都希望一个清幽的学校环境可以对学生的心理状态和心情产生好的影响，想借山光愉悦人情，借湖水澄澈心境，在万籁俱寂中使学生产生悠远淡泊的心境而真正专注于学问。这其中包含着美学和心理学的因素。在进行高校文化建设时，高校的物质文化建设时必要前提和现实条件，高校物质文化的建设情况在一定程度上影响着高校文化建设的质量和总体水平。

高校校园精神文化是高校校园文化中最为核心的内容，是校园文化最为重要的组成部分，在校园文化整体中居于主导地位。良好的校园精神文化氛围对于学校的稳定运行和发展有重要意义。它可以促进学校的教学、科研、生活的发展，是我国高等教育工作的一项极为重要的内容。高校校园文化包括大学理念、大学传统，校风、教风、学风，以及校训、校徽、校歌、校史等内容。高校精神文化集中反映了一个学校的特点、个性及精神面貌，体现了高校的办学宗旨、培养目标及其特殊风格，是校园文化的核心和灵魂。虽然高校校园精神文化并不似物质文化和制度文化那样是实体状态，可以看得见、摸得着，但它却真实存在于高校的每一个角落，渗入高校教学、科研、生活的总体过程中，深刻地影响着学校的行为准则、价值取向、生活习惯和规范体系，引导高校师生乃至整个社会群体的行为、心理，使其在潜移默化中接受共同的思想引导、情感熏陶、意志磨炼和人格塑造，对高校发展和社会进步具有重要的意义和作用。

高校校园制度文化实质上反映了学校对于学生行为调控的程度、监控的原则和管理的张力。没有规矩，不成方圆。世界上任何组织和部门的顺利运行都需要一套完整的、行之有效的管理制度来维护其自身的利益，高等学校作为社会组织的一部分，自然也不例外。为了学校的发展，必须建立健全一套完整的规章制度。高校校园制度的制定和实施是在高校长期的办学实践中，由高校的管理部门在严格按照国家有关法律法规、方针政策和地方政府与教育部门相关规定的基础上，通过总结高校自身发展的宝贵经验或借鉴其他高校校园制度的先进、合理成分，并参考本地本学科的特殊条件而建立的，以约束、规范、引导、保护校园师生员工行为与利益，维护高校正常学习、生活、工作秩序为目的，符合高校发展实际的，用一系列行之有效的规章制度构成的相对完整体系。高校校园的制度是学校管理者行使管理职能的依据，只有高校的师生在学习、生活过程中，在组织开展各种活动过程中都严格按照高校的制度办事，才能使高校校园内的学习、工作、生活过程杂而不乱、井然有序。

高校校园行为文化是学校作风、精神状态和人际关系的动态体现，也是学校精神、价值观和办学理念的动态反映，它既包括全体师生共同遵守的行为方式和准则，也包括教学生活以及学生借助网络、社团、学生公寓等校园文化建设载体进行的科技创新活动。因此，校园行为文化是校园文化在师生员工身上的具体体现。校园行为文化是一种具有主导性、科学性的文化，具有整合和导向的功能。它能够通过各种活动，包括学习研究活动、文体娱乐活动、社会实践活动等多种形式，帮助师生员工形成正确的价值取向、自觉的行为规范、严谨的治学精神和高雅的艺术情趣，起到育人化人的功能。

高校校园文化是封闭性与开放性的统一。高校校园文化拥有独特的文化特质，自成一体。从时间层面上讲，高校校园文化自高校产生之日起，所形成的文化特质以及其所独有的文化精髓就被世世代代稳固地传承下来；从空间层面上讲，高校校园文化是以"校园"为其空间范围的，并以学校成员为其群体基础；从心理层面上讲，校园文化"在自我认同的基础上具有强烈的群体性和排他性"。但同时校园文化又并非孤立地存在着，它与校外的世界以及社会的其他文化不停地进行着信息、物质等方面的交流。作为社会亚文化的高校校园文化不可能脱离其他社会文化而产生和发展。因此，高校校园文化又具有相对的开放性。正是因为具有这种开放性，高校校园文化才能在不断汲取社会的主流文化和其他亚文化的营养和精华中发展、进化和完善，而且还能够以其超前性、导向性和示范性影响和促进整个社会文化的发展。

（二）校园文化建设的内容把握

校园文化具有独特的魅力，日益成为学校发展的精神动力、智力支持和思想保证，是凝聚人心、鼓舞斗志、催人奋进的一面旗帜，是教育人、引导人、激励人的一种内在动力，对于大学生的思想政治素质、道德品质的提升和行为规范的养成将产生深刻影响。高校辅导员要在深刻理解校园文化相关理论的基础上，全面深入把握校园文化建设的主要内容。不同的高校由于受到地域文化、历史沿革以及发展特色等影响，其校园文化建设呈现出不同的面向和特色，可谓各有千秋、精彩纷呈。为了研究方便，将其内容主要划分为以下几个方面：

1. 大学精神建设。大学精神是大学在长期发展过程中形成的具有自身大学特色的稳定的为全体师生广泛认同并在办学实践中得到体现的坚定信念，是大学及其全体师生对自身办学境界的崇高追求，是大学及其全体师生对自身办学使命的高度概括，是大学及其全体师生共同的行动指南。大学精神一般通过大学的精神口号、办学思想与办学理念、大学使命与办学特色、目标定位与文化传统以及大学的校训、校歌等体现出来。

2. 校园文化活动。校园文化活动是以马克思主义为指导思想，通过一定的组织形式，运用一定的文化载体，由广大师生参与的体现社会主义先进文化、体现时代精神和大学特色的文化活动，可以理解为大学校园中承载精神、文化的所有校园活动的总称。校园文化活动是大学精神的外在表征。设计好、组织好、开展好校园文化活动，有利于塑造大学生的精神气质和行为品格，有利于形成一定的文化环境和文化观念，有利于引领文明和谐的社会风气。当前，校园文化活动主要有主题征文、主题党团活动、宣讲报告、知识竞赛等形式。

3. 大学生社会实践。大学生社会实践是一个复合式的概念，主要是指按照高校大学生培养目标，根据大学生思想政治教育的任务，结合学生政治发展的特点和思想政治教育规律，有目的、有计划地组织大学生走出校园，深入基层、深入群众、深入实际，以了解社会、认识国情、增长才干、奉献社会，锻炼毅力、培养品格，增强社会责任感为目的的各种实践活动。大学生社会实践既是大学生学习知识、理论联系实际的应用与创新，又是大学生认识世界、改造世界的重要途径，更是大学生提高思想政治素质，促进自身全面发展的有效载体。其实质是育人，是解决"怎么培养人"这一根本问题的一种教育方式。

4. 院系、班团、宿舍文化建设。作为校园文化在特定的组织、空间等维度上的亚文化，院系文化、班团文化、宿舍文化都是校园文化的重要部分。良好的文化氛围能够为学生的成长提供优越的精神土壤，在潜移默化中引导他们积极生活、接受先进思想、健康成长，对学生的思想观念、行为习惯及人格培养起着重大作用。

5. 校园社团文化建设。高校学生社团是指由高校学生依据兴趣爱好自愿组成，为实现成员共同意愿，按照其章程自主开展活动的群众性学生组织，具有个体自愿性、目标整合性、范围广泛性、结构松散型、发展周期性等诸多特征。丰富多彩的社团活动为广大学生提供了充实的课余活动和发展个人爱好的多种场所，畅通了不同年级学生经验交流、信息沟通的渠道，从而较好地完善了知识结构、拓展了知识领域，使各社团群体在相关知识的学习和实践中极易形成相互影响和自觉进步，这种自我教育的形式具有课堂教学无法比拟的辐射效果。

6. 校园网络文化建设。校园网络文化是高等学校在教育教学、培养人才的过程中，基于计算机与通信技术这种物质基础创造的一切财富和精神的总和，是高校教育者和被教育者在运用网络进行工作、学习、交流、娱乐等活动中，形成的一种以进行思想传播、文化传承、道德教育、娱乐审美为主要内容的精神文化活动。校园网络文化是校园文化的重要组成部分，既是对传统校园文化的反映和虚拟，也是校园文化的发展与延伸，具有技术性、多元性、交互性、导向性四个主要特征，包括物质、精神和制度三个层面的构成要素。校园网络文化不仅构筑了全新的网络生活方式和生存方式，而且深刻地影响和潜移默化地改变着大学生的认知、情感、思想、心理和行为方式。

校园文化既不能独立存在，又具有无处不在的隐性特点，潜移默化地对师生产生影响，促进师生的成长与提高。作为大学文化的重要组成部分，校园文化深刻影响着一所学校的校风、教风与学风的形成，对学校的和谐发展起着重要的促进作用。

（三）校园文化建设的实践要求

校园文化是大学生思想政治教育的重要载体，加强校园文化建设是加强和改进大学生思想政治教育的重要使命。辅导员在工作过程中，要重视和发挥文化对人的思想、认识、情操的潜移默化的影响，有意识地将思想政治教育的内容寓于校园文化活动中。要以科学的理论为指导，把握校园文化建设的正确方向，使校园文化成为大学生思想政治教育的重要平台；要以提高学生综合素质为目标，开展丰富多彩的主题教育，使校园文化活动成为大学生思想政治教育的重要载体；要以校园精神为核心，营造氛围，强化管理，使校园精神成为感染、激励大学生的精神支柱。

一是要深入开展校风建设。辅导员要配合学校发展战略和规划，根据学校办学思想和理念，大力营造崇尚科学、严谨求实、善于创造、具有时代特征和学校特色的良好校园风气。在具体策略上首先要制定完善大学生行为规范，严格管理特别是考试纪律管理，营造良好的学习氛围，努力形成勤于学习、奋发向上、诚实守信、敢于创新的良好学风。其次要结合党风廉政建设开展廉政宣传教育，在大学生中传播廉政知识，弘扬廉政精神，培育和建设廉洁文化。最后，通过校风建设，使大学生树立热爱祖国、决心为建设中国特色社会主义贡献自己全部力量的共同理想和坚定信念，培育自强不息、不怕任何艰难险阻、勇往直前的共同意志和奋斗精神，形成与时俱进、昂扬向上、勇于创新的共同追求和开拓意识。

二是大力加强人文素质和科学精神教育。辅导员要通过人文素质和科学精神教育，不断提升大学生的人格、气质、修养等内在品质，培养大学生的创新精神，教育和引导大学生正确处理好人与人、人与社会、人与自然的关系。把人文素质和科学精神融入高等学校人才培养全过程，落实到教育教学的各环节。逐步建立起内容覆盖教学、课外活动和社会实践的全教育体系。要积极鼓励学生认真上好人文素质和科学精神教育的必修课和选修课，鼓励理、工、农、医科学生多选修或旁听文学、历史、哲学、艺术等人文社会科学课程，对文理科学生鼓励选修或旁听自然科学与工程技术课程。

三是精心组织校园文化活动。辅导员要精心设计和组织开展内容丰富、形式新颖、吸引力强的思想政治、学术科技、文娱体育等校园文化活动，把德育、智育、体育、美育渗透到校园文化活动之中，使大学生在活动参与中受到潜移默化的影响，思想情感得到熏陶，精神生活得到充实，道德境界得到提升。辅导员要充分利用好五四青年节、中国共产党建党纪念日、国庆节、"一二·九"运动纪念日等重大节庆日和纪念日开展主题教育活动，唱响爱国主义、集体主义、社会主义主旋律。深入开展"创建文明校园、文明班级、文明宿舍，做文明大学生"的道德实践活动，把思想道德教育的要求和任务融入大学生的学习生活之中，引导大学生从具体事情抓起，从一言一行做起，养成文明行为习惯，培养良好的道德情操。要组织参加好大学生科技文化节、大学生"挑战杯"、大学生艺术节、大学生运动会等活动，组织开展好大学生社会实践，不断提高大学生的综合素质。

四是积极拓展校园文化建设载体和形式。辅导员要充分发挥网络等新型媒体在校园文化建设中的重要作用，不断拓展校园文化建设的渠道和空间，积极开展健康向上、丰富多彩的网络文化活动，形成网络文化建设工作体系，牢牢把握网络文化建设主动权，使网络成为校园文化建设新阵地。要充分发挥大学生社团在校园文化建设中的重要作用，大力扶持理论学习型社团，热情鼓励学术科技型社团，正确引导兴趣爱好型社团，积极倡导社会公益型社团。要充分发挥学生社区、学生公寓、学生宿舍等大学生组织在校园文化建设中的重要作用，加强有效引导，确保校园文化的正确发展方向。

五是积极参与校园文化环境建设。首先，要重视人文环境建设，通过校史讲解生动形象地反映学校办校历程，激励大学生继承和弘扬学校的优良传统；通过牢记校训、学唱校歌、佩戴校徽、使用校标，激励大学生热爱学校、刻苦学习。要发挥优秀校友在校园文化建设中的独特作用，采取"请进来，走出去"的方式，用优秀校友的人生经历和感悟、创业历程和成就激励大学生励志成才、报效祖国。要精心设计、认真组织好开学典礼、毕业典礼、奖学金颁发仪式等具有特殊教育意义的活动，激励大学生积极上进、奋发有为。其次，要重视校内文化设施建设，要协助学校维护好教学场所、文体以及科技活动场所，完善校园文化活动设施，优化学校环境，不断满足大学生学习成才的需要。同时要加强利用校报、校刊、校内广播电视、校园网、宣传橱窗等宣传载体的功能，发挥宣传舆论阵地在校园文化建设中的作用。最后，要参与和重视校园景观环境建设。要重视校园的山水园林等自然景观的使用功能、审美功能和教育功能的和谐统一，用优美的校园景观激发大学生的爱校热情，陶冶大学生关爱自然、关爱社会、关爱他人的美好情操。要组织大学生广泛参与校园楼宇、道路、经典的文化解读以及管理工作，增强大学生对校园文化环境的认同感。

校园文化建设是一项内容丰富、结构复杂的系统工程，有其自身的科学规律。作为学生思想政治教育的主力军，辅导员必须通过学习和研究，系统、全面、深入地掌握校园文化建设理论知识和实践方法，用科学的思维和方法来开展和参与校园文化建设，才能提高校园文化建设的科学性和实效性，也才能增强校园文化对学生成长成才的正面引领和有益熏陶，为培养中国特色社会主义事业的建设者和接班人做出应有的贡献。

第一章　校园文化建设基本问题

文化是一所大学与生俱来的品格，是大学之所以为大学的本质属性。在当代中国，大学不仅是知识的守望者、传承者和创造者，更是社会主义核心价值体系和先进文化的践行者、推动者。大学校园文化作为我国先进文化的重要组成部分，是大学的核心竞争力和文化软实力，是凝聚师生的丰厚滋养和精神标识，是增强中华文化自信、促进社会文化繁荣发展的突出优势。进一步厘清大学校园文化的概念、内涵及建设等基本问题，从顶层设计和战略高度，不断提高对大学校园文化建设重要性的认识，使之更好地融入文化传承创新、文化育人实践和整个社会文化繁荣发展与建设中，发挥先进文化的示范、辐射和引领作用，具有十分重要的意义。

第一节　校园文化的概念与内涵

一、校园文化的概念

当前，高等教育日益处于社会的中心地位。大学办学的过程，实质上是一个有目的、有脉络、有步骤的文化过程，大学文化是一种具有鲜明校园特色的精神氛围和发展环境的综合体现。从世界上第一批大学诞生到今天社会全面步入全球化、互联网和物联网的时代，现代大学这一特殊的组织越来越受到人们的瞩目，根本原因就是大学在承担人才培养、知识创新与传播等历史使命的过程中，文化性、学术性、创新性等现代大学的内在属性更加凸显，大学校园文化的功能也更加广泛地拓展为文化育人、文化塑造、文化创新、文化服务、文化引领等各个方面。对大学校园文化探究与认知，不仅是一个抽象的、理论的思辨过程，也应是一个不懈探索和实践过程，更是一个包含理论与实践等诸多复杂的多元建构过程。

从高等教育发展的历史视角和马克思主义哲学视野出发，笔者将大学校园文化的概念界定为：大学校园文化是大学作为社会创新型组织的本质属性，是人类进步发展的内在要求，是大学人特有的活动和存在方式。在当代中国，大学校园文化是先进文化的重要组成部分，是高校在长期办学过程中形成的历史积淀、创新品格和价值取向，既包含和反映着历届师生对大学本身的总体认知、理想追求和实践探索，又是凝聚师生的精神纽带。它以潜移默化的方式影响师生的思想和行为，集中体现特色鲜明的大学物质精神成果和综合环境氛围，在传承与再造中不断实现自我超越，贯穿并渗透于大学发展的各个方面。

二、校园文化的内涵

基于上述哲学视角的界定，大学校园文化的内涵本质上主要包括以下几个方面：

第一，大学是一种特殊而不可替代的创新型组织，文化是其本质属性。回眸12世纪中叶，世界上第一批大学在欧洲诞生到世界多极化、经济全球化的今天，大学在社会发展进步中的重要作用得以充分彰显。知识及其学科专业催生着科学技术的发展，同时也是大学自身存在、发展和不断创新、实现超越的文化基础。当代科学技术飞速进步，推动了经济社会的跨越发展，在改善了人们生活质量的同时，也增强了人们对知识创新的强烈愿望。在这样的背景下，基于学术传承、研究、融合、创新等大学的文化性，更加受到人们的重视。一定程度上，大学是社会进步的"思想库"，是创新理念的发源地，是引领社会的风向标，而这一切，正是源于大学的本质属性"文化性"。从大学校园文化的本质属性来看大学的发展，大学应该坚持学术自由与社会责任的统一、适应需求和引导变革的统一、文化传承和知识创新的统一，才能始终保持其永恒的文化品格，成为社会创新型组织的中坚。

　　第二，大学校园文化是社会不断进步和人的全面发展过程中的内在要求和必然结果。从人类发展的视角看，文化代表着人对自然的认识和改造能力与水平，大学文化更是这种能力与水平的集中体现。自然是人和社会存在的物质基础和条件，人与社会的存在和发展依赖于自然界，而人类又以劳动这一人的本质为中介，创造性地影响和改变着自然界。马克思指出："劳动首先是人和自然之间的过程，是人以自身的活动来引起、调整和控制人和自然之间的物质变换的过程。"① 相对于人类社会此前的历史而言，马克思所指的劳动是创造性的劳动，是一个认识和改造自然的创新过程。尤其是当大学出现以来，人在自身的全面发展过程中，对知识的不断传承、研究、融合、创新，使得人与自然之间的关系得以深切变换、维持和延续，也使得人的创新属性与社会发展的关系更加紧密。于是，在大学的组织结构和传播体系中，大学校园文化所代表的就不仅仅局限于学术创新与人才培养本身，它其实更是社会现实需要的力量不断增强、人的自我发展需求越来越高涨的内在体现，也是大学发展的内在逻辑与必然结果。

　　第三，大学校园文化处于社会文化发展的前沿，其核心是大学精神的传承与再造。大学校园文化是一个历史范畴，具有鲜明的时代特征和个性。从大学诞生至今，伴随着时代的不断变迁，大学自身也在继承和变化中发展，这体现在观念、目标、制度、功能等许多方面，其中，大学精神作为贯穿其中的主线，深深根植于大学这种创新型组织的内核，是大学人始终追求的目标，它使得大学校园文化始终处于当下社会文化发展的前沿，使得沉淀于大学校园的精神和文化得以传承，使得大学在社会不断变迁的过程中，仍然能够维系对自身的认同，推动着大学不断调整和改变。在这个意义上，大学精神是区别于其他

---

① 资本论（第1卷）[M]. 北京：人民出版社，1995：207–208.

社会组织所特有的相对稳定的群体心理定式和精神状态，是维系大学组织特性、信念追求的重要方式，它体现着大学人的理想，代表着大学自身的价值、观念和立场，承担着大学自我认同的重任，在引领大学发展的同时，实现自身的传承与再造。

第四，大学校园文化的主体是大学人，校园文化作为一种客观存在，影响和贯穿于大学发展的各个方面。大学校园文化的承载主体是大学人，它是凝聚大学人的精神纽带，体现的是大学人的思维习惯、行为方式以及对大学的认同感。不同时期大学校园文化的发展各有不同，但大学校园文化中始终蕴含的对大学未来的指向、自由的学术和批判精神、彰显大学人气质和独特精神的价值观，却始终是校园文化的精髓和灵魂。大学一旦产生，大学及其文化就成为一种客观存在，不会因为人的主观意志消失或转移。大学校园文化使社会中的优秀个体与群体真正统一起来，在传承文明的过程中，校园文化就是大学人特有的存在和活动方式，使人类的文化再生产成为最具活力、创造力和生命力的部分。这是大学本身的结构与职责所决定的，也是大学的社会使命理应担负的。从人才培养的视角看，大学的育人过程实质就是文化育人，是使人实现从拥有技术到具备能力的转变、从获取知识到养成文化的转变。从大学发展的视角看，校园文化在社会进步中的教育力、凝聚力、创造力和引领力，以潜移默化的方式影响着大学人的思想和行为，同时也影响和贯穿于大学发展的各个方面。

三、校园文化的结构

大学校园文化的结构主要包括精神、制度、物质和行为四个维度，即大学校园文化的结构应是一个由精神文化、制度文化、物质文化和行为文化四个层面综合而成的复杂系统。在大学校园文化中，精神文化、制度文化、物质文化和行为文化四个维度之间不是相互独立和毫无关联的，相反，四者不可分隔、相辅相成，共同构筑而成大学校园文化传承创新的生长点和着力点。四者之中，大学精神文化是灵魂与核心，大学物质文化是载体与基础，大学制度文化是条件与保障，大学行为文化是过程与推动，四者在交融互动中共同促进大学校园文化形成丰富深刻的内涵、创新进取的品质。大学校园文化的一般结构如下图所示。

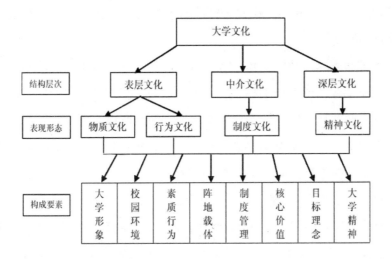

（一）大学精神文化

　　大学精神文化是大学文化的内核和最高表现形式，是大学在长期的发展过程中形成的独特气质和价值规范体系，具体表现为大学在办学过程中所尊崇的办学理念和大学人共同的价值追求等，具有凝聚、激励、导向和保障的作用。在大学校园文化的结构层次中，大学精神文化处于深层文化的维度。

　　大学精神作为大学发展中形成的精神文明成果，具有崇尚人文、继承创新、自由独立、追求真知等基本内涵。它是高等教育理念与使命的高度概括、集中凝练和显著标志。大学理念主要关注大学的功能定位、人才培养、科学研究、社会服务诸方面的内在规律及其关系等涉及到办学思想的基本问题。中外著名大学的办学理念，表述虽然各有侧重，但都围绕着严谨、科学、求实、创新的精神和追求卓越的态度，体现了一所大学的办学传统、价值取向与大学人的精神尺度。讨论大学精神文化问题，离不开大学师生这个主体。譬如，校风、学风作为大学精神的外在表现，对每一个大学人道德品格的形成、事业学业的发展都有着十分深刻的影响。

（二）大学制度文化

　　大学制度文化是大学在办学和发展过程中一系列权利、义务及责任的综合，是大学存在与发展的规范、规则，同时也表现为大学在长期的发展和实践中形成的观念、习惯，等等。它一方面约束着大学的办学行为，同时又为大学的生存发展提供制度保障。在大学校园文化的结构层次中，大学制度文化属于中介文化的维度。

从高等教育制度建设的角度看，我国的大学正在按照依法治国方略的要求，全面推动依法治教的进程。改革开放以来，特别是通过近些年的不断努力，我国在建构比较完善的现代大学制度方面已取得初步成效。尤其是20世纪90年代以后，我国高教管理在探索中不断发展，西方优秀教育管理思想不断引入，我国高等教育在制度建设上不断完善。[①] 从文化的视角看，大学的制度建设具有连续性、文化性。大学治理从表面上看是重在制度本身，但其本质是大学制度的灵魂，即大学制度的文化属性。大学制度不同于一般的社会组织制度，它是一种文化积淀。一定意义上，大学的制度是大学精神文化的延伸和具体化，包括大学章程、发展战略、领导体制、组织机制以及关于教学、科研、服务等各种管理规章制度、行为规范。

（三）大学物质文化

大学物质文化是大学和大学精神文化存在的物质基础，是大学校园文化的物质形态和综合实力的重要标志。大学物质文化的内涵十分丰富，其存在形式如学科专业、师资队伍、校园环境、人文景观、教学设施、各种办学条件等有形事物，不仅是大学历代师生长期建设的物质成果，同时也是师生劳动、智慧的收获与物化。在大学校园文化的结构层次中，大学物质文化处于表层文化的维度。

大学物质文化直观地反映着大学历史、传统、特色和价值。建设大学物质文化的关键是使校园的每一处物质形态都能充分地体现其特有的大学文化信息，赋予物质形态以文化的韵味，形成特色浓郁的大学文化氛围。大学物质文化的建设使大学文化不断充实，将有力地推动大学核心竞争力的提高。重视和加强大学的物质文化建设，既是大学可持续发展的必由之路，也是加强大学校园文化建设的重要途径。

---

① 冯刚主编.改革开放以来高校思想政治教育发展史 [M].北京：人民出版社，2018:219.

（四）大学行为文化

大学行为文化是大学师生员工在教育教学、科学研究、学术交流、学习生活、文化活动中所表现出的精神状态、行为操守和文化品位。它主要包括教师、管理服务人员、学生三类大学人的行为总和，反映的是与社会大众群体行为文化相区别的特殊文化魅力，是大学人作风、精神状态和人际关系的动态折射，也是大学精神、办学理念、价值观的具体体现。在大学校园文化的结构层次中，大学行为文化处于表层文化的维度。

大学行为文化作为大学文化的一个重要方面，是一所大学历史文化传统与积淀在当下阶段的显现。大学行为文化的核心应该是"学"和"行"，这两个方面既是对大学师生提出的要求，也揭示了大学的独特性和在现代社会中的价值，体现了大学的办学理想与目标追求。"学"包括教师的学识、学生的学风，也包括大学教学科研行为中的学术规范和学术创新。"行"不仅仅是大学人日常学习、工作、生活中的交流、交往和待人接物，更重要的是价值观影响下的行为方式。大学是社会的理想型创新型组织，理应产生思想和学问，成为最文明、最具理性、制度最为完善的机构，并为社会提供行为示范模式。

综上所述，大学校园文化是一种特殊的组织文化，是一个丰富的、系统的体系，这个体系是由许多相互联系、相互渗透、相互制约的要素构成的。从系统论的观点来看，大学校园文化的结构可以分为表层文化、中介文化和深层文化三个层次。一般而言，大学文化的构成要素主要可以概括为大学精神、目标理念、核心价值、素质行为、制度管理、阵地建设、校园环境和大学形象等，其表现形态包括精神文化、制度文化、物质文化和行为文化四种文化形态。

今天，大学的功能随着社会的发展逐渐从单一的"人才培养"，向"人才培养""学术研究""社会服务"和"文化传承创新"等方向演进。在这四者的关系中，人才培养是核心和基础，学术研究是动力和支撑，社会服务是目的和要求，文化传承创新是源泉和纽带。它们是一个互相配合、紧密联系、互动促进的整体，分别从不同的角度和方向，对大学的发展、对社会的进步产生长远的综合影响。大学的四大功能在发挥作用的过程中相互融合、依存，共同集培育、创新、服务、重构和发展于一体，不断促进高素质人才培养，推动原始创新与科技进步，在新思想、新知识的孕育中探索、争鸣和实践，成为社会发展的思想库、人才库和成果孵化器，在培育和弘扬大学精神中引领社会文化，营造开放、平等、自由的大学氛围，树立科学、民主、创新的办学理念，从而为人类社会的发展做出更大的贡献。

事实上，大学的人才培养、学术研究、社会服务、文化传承创新功能都是大学的文化功能大系统在不同方面的具体体现，是大学之所以成为大学的共同基础。缺少其中任何一个环节，大学在社会进程中的作用和影响就会大大降低。某种意义上，大学的四大功能中，文化传承创新应该处在更加重要的位置，是大学发展的纽带，是大学发展的活力所在。大学职能的拓展、功能的深化及其对文化本身发生的反作用，会随社会大系统的不断完善、发展而进一步加强。因此，关于校园文化建设视角下的大学功能的再认识，以及对大学的文化功能体现在大学发展进程中的选择、传递和创新等方面的规律探讨，其重要性都是毋庸置疑的。

第二节　校园文化建设的指导思想及原则

一、校园文化建设的指导思想

校园文化是一所大学赖以生存和发展的精神支撑，切实加强校园文化建设，是我国高校面临的一项长期而艰巨的重要任务。

历史地看，校园文化建设是一项基础性、战略性、前瞻性的工作，是高校发展战略的重要组成部分，是大学文化传承创新的实现途径。推进大学校园文化建设，必须与社会文化大发展大繁荣和提高国家文化软实力的战略目标结合起来，不断探索如何在大学的教学、科研、管理和文化传承实践中，构建起当代中国大学校园文化的建设体系和大学人的主体意识，在更加宽广的社会文化发展视野中，审视、思考和重构继承传统、体现时代特征的大学精神，建立符合大学战略发展实际的校园文化建设总体目标，切实把握校园文化建设的方式途径与主要环节。

一方面，要着眼于深化校园文化内涵，继承和弘扬以大学精神为核心的文化传统，积极培育深厚的治学文化，创新文化建设理念和文化育人机制，立足当前、着眼长远，按照系统规划、整体推进、分步实施的原则，从学校的层面将校园文化建设总体规划制定好、阶段性方案落实好，有计划、有步骤、有重点地推进校园文化建设工作；另一方面，要进一步认识大学校园文化建设的本质特征，充分尊重大学师生的主体地位，在充分发挥学校整体设计主导作用的同时，进一步调动师生员工的积极性、主动性和创造性，最大限度地集中师生的智慧和力量，广泛动员和组织师生投身到文化建设工作中来，在学术环境营造、文化品牌形成、校园环境优化等方面形成了标志性成果，广大师生对文化建设的认同感和关注度进一步增强，形成师生共同参与、师生共享成果的良好局面。

因此，在新的时代背景下，加强校园文化建设的指导思想是：坚持以党的十八大和十八届三中、四中、五中、六中全会精神为指导，深入贯彻落实习近平总书记系列重要讲话精神，用马克思主义中国化最新成果武装师生头脑，用中国特色社会主义共同理想凝心聚力，用社会主义道德规范教育引导师生，以培育和践行社会主义核心价值观为核心，以弘扬大学精神、培育大学文化、推进科学精神与人文艺术的融合为重点，以文化传承、文化塑造、文化育人、文化创新为手段，从精神、物质、制度、行为四个维度整体把握、分步实施、系统建设，着力推进校园文化"外化于行、内化于心、固化于制"，将高校的办学优势转化为大学文化传承创新优势，提升学校文化的凝聚力、辐射力、创新力。

二、加强校园文化建设的原则

加强大学校园文化建设，必须从学校发展和人才培养全局的高度，充分认识加强校园文化建设的重大意义，切实加强对校园文化建设工作的组织领导，建立健全校园文化建设长效机制，着力构建内涵丰富、特色鲜明、适应世界高等教育发展大势的先进大学校园文化。在加强校园文化建设中，应遵循以下原则。

一是坚持先进文化前进方向的原则。大学的本质、大学的文化特性决定了校园文化建设必须坚持先进文化的前进方向，既要深入贯彻我国的文化建设方针政策，又要结合高校的发展实际，注重结合先进文化的继承性、时代性、科学性、开放性等特点，坚持按照文化创新的要求，在解放思想、更新观念和振兴高等教育事业的过程中，培育、弘扬和创新先进的大学校园文化。

二是坚持继承传统与创新发展相统一的原则。既要继承和发扬中华民族优秀文化传统，发掘学校的传统和精神，又要立足现实、面向未来，抓住机遇、探索创新，大力弘扬社会主义核心价值观，不断培育和突出大学文化的特色与亮点，加强对外文化交流与合作，增强大学校园文化的丰富性、包容性和开放性。

三是坚持共性文化与个性文化相统一的原则。既要遵循校园文化发展和建设的普遍规律，体现校园文化的共同特征，努力建设富有社会主义特点、时代特征和科学民主开放的大学校园文化，又要从学校实际出发，深入研究学校本身的发展历史，认真总结学校的传统、精神、特色，提炼、培育和弘扬学校的文化个性与特色，促进校园文化向纵深发展。

四是坚持科学精神与人文精神相统一的原则。既要大力倡导以实事求是、独立思考、严谨规范、求真务实为基本内涵，以求真为目标，以创新为灵魂的科学精神；又要高扬尊重人的价值，注重人的精神生活，以求善求美为目标，"以人为本"为核心的人文精神。大力弘扬科学精神与人文精神，努力做到两者的统一共存，是推进大学校园文化建设取得实效的重要基础。

五是坚持以人为本与促进学校事业发展相统一的原则。一方面，以提高师生素质、促进师生全面发展为核心，形成有利于大学人成长和事业发展的组织科学、法规健全、管理有序的制度安排；另一方面，树立校园文化是核心竞争力的观念，培育和形成校园文化建设和学校各项事业协调发展的理念。既要重视大学的教学科研基础设施、校园环境的建设，又要突出精神文化在校园文化建设中的重要性，在促进学校事业发展的过程中努力做到大学精神、物质、制度和行为文化的和谐统一。

六是坚持整体规划与分步实施相统一的原则。既要对校园文化建设进行统筹规划，科学确定校园文化建设的目标、内容、布局、步骤、资源配置等，又要结合学校实际，根据学校的具体条件，按照速度、质量、规模、效益相统一的原则，突出重点、分步实施，坚持有形载体与制度建设相结合，逐步建立和完善校园文化建设机制，使校园文化建设外化于行、内化于心、固化于制，在实践中不断推进和完善。

第三节　校园文化建设的特征与目标

一、校园文化建设的基本特征

当代中国大学校园文化具有社会主义先进文化的本质属性，是以社会主义核心价值体系为取向、具有鲜明时代特征的文化。具体而言，可概括为以下几个方面。

（一）本质属性：社会主义性质的先进文化

大学校园文化的属性，从根本上说，应该与我们所处的时代相适应，与我国的社会主义意识形态和文化大背景相一致。立足于中国现实，中国特色社会主义先进文化是以马克思列宁主义、毛泽东思想、邓小平理论、"三个代表"重要思想、科学发展观和习近平总书记系列重要讲话精神为指导，反映我国社会主义性质和特征的文化形态。大学校园文化作为我国先进文化的一部分，只有坚持先进文化的正确方向，并以社会主义先进文化内涵为理论基础，才能为大学的改革和发展、为"双一流"大学建设营造良好的精神、物质环境，才能为高等教育实现培养高素质人才、创造高水平成果、更好地服务社会、促进文化传承创新这四大目标提供文化底蕴和精神支撑。

（二）价值取向：社会主义核心价值体系

校园文化是一所大学的灵魂，大学的文化精神从本质上深刻地反映了一种价值信念体系。大学校园文化坚持以先进文化为根本方向，就必须坚持把正确的政治导向放在首位，以社会主义核心价值体系作为根本价值取向。社会主义核心价值体系从指导思想、理想信念、价值取向、道德规范以及行为方式等方面，全面系统地规范了社会主义先进文化建设的方向、实质及内涵，是社会主义先进文化的根本，是构建社会主义和谐社会的思想根基和文化源泉，也是推进大学校园文化建设的核心所在。在校园文化建设过程中，坚持以社会主义核心价值体系为价值取向和指导，重点就是要引导师生员工牢固树立社会主义核心价值观，树立中国特色社会主义共同理想，弘扬和培育以爱国主义为核心的民族精神和以改革创新为核心的时代精神，在办学实践中充分体现大学人这一特殊社会群体的精神风貌、道德品格和社会责任。

（三）目标定位：培养高素质创新型人才

当代大学的一个重大历史使命，就是要成为培育和造就适应未来发展的高素质创新型人才的"孵化器"。大学校园文化建设要坚持把发展社会主义先进文化放到十分突出的位置，着眼于提高人的素质、促进人的全面发展，加强思想道德建设，发展教育科学文化，培育有理想、有道德、有文化、有纪律的社会主义公民。深入推进校园文化建设，必须以培养高素质的社会主义事业的合格建设者和接班人为根本出发点与落脚点，大学工作的每一环节都应把实现培养高素质创新型人才的目标放在突出位置。只有紧密围绕培养人这一中心工作，坚持正确的方向与导向，才能彰显大学校园文化的社会辐射力、影响力、创造力和凝聚力。

（四）基本理念：追求卓越、科学发展

追求卓越、科学发展既是对大学校园文化提出的总体要求，对深入开展校园文化建设的风格、途径、内容、措施和方向的总体定位，也是大学校园文化时代性的集中体现，是校园文化的内在气质和深刻内涵的本质要求。先进校园文化的核心价值和基本理念就在于，在时代的变迁中勇于承担社会职责，充分认识大学存在的社会意义，积极根据社会发展的需求调整办学方向，营造自由、包容、理性的校园氛围，建立起一种崇尚人文、注重特色、学术为先、倡导创新和鼓励个性发展的良好环境，牢固树立追求卓越、科学发展的大学校园文化发展理念，努力为国家社会作更多的贡献。

（五）核心要求：以师生为本

马克思说："历史不过是追求着自己目的的人的活动而已。"[①] "追求着自己目的的人的活动"是人自身全面而自由发展的需要，这一需要同人类有意识、有目的地改造客观世界的活动与社会文化发展的有机统一密不可分。社会文化的成熟和发展，需要一定的条件，其中最重要的就是以人为本。坚持以人为本，把人的利益和需求作为各项工作的立足点和落脚点，是社会主义先进文化建设的核心要求。具体到大学校园，就是要坚持以师生为本的思想，把软环境建设摆在更加突出的位置，形成有益于促进大学师生自由而全面发展的、有益于科学创新的、充满生机与活力的和谐校园文化环境。就是要在校园文化建设中建立尊重、关心、支持师生发展、成长的文化模式，倡导以德为先的人格标准，为每个大学人的成功创造条件、铺设平台，不断提升校园硬件环境的文化含量与文化品位。就是要从师生的实际需要出发，充分调动师生参与的积极性、主动性、创造性，在建设校园文化的过程中提高师生的整体素质，发挥校园文化潜移默化的影响和熏陶作用，与时代精神紧密相结合，起到影响人、感召人、引导人的良好效果，使校园文化的内涵不断传承、丰富、深化和发展。

（六）大学文化场：深化校园文化建设的重要维度

大学文化场是校园文化存在形式的一种状态，随着时间的推移和不断建设、积淀，使校园文化实施影响、产生辐射、生发效能的一个特殊文化生态圈。它看不见，但可感知；摸不着，但可建设；无定式，但影响深、范围广。大学文化场既是校园文化的存在形态，也是校园文化建设的重要维度。校园文化建设的方向决定大学文化场的方向，校园文化建设的力度决定大学文化场的强度。

在校园文化建设的过程中，大学文化场的强度是关于时间和空间的函数。在大学文化场这个空间中，校园文化建设系统一般通过大学精神、物质、制度和行为文化建设四个维度来组织开展，其中每个维度的建设效应都可以看作一个"平行场"，这些平行场又是更多、更新的多重建设效应的一小部分。每一个大学文化维度中每一次建设的"平行场"的累积与交融，既增强了大学文

---

① 马克思、恩格斯：《马克思恩格斯全集》第2卷，人民出版社2005年版，第118–119页。

化场的强度，也扩展了大学文化场的空间。因而，大学文化场的空间不是无限的，它被限制在校园文化建设维度周围一个有限的区域内，具有相互联络的"岛状"放射模型，具有关联性、渗透性、辐射性、开放性等特性。

关联性，是指大学文化场中的各个"平行场"不是孤立存在的，它们生发于不同的建设角度，作用于各自的建设和发展机理，相互之间存在着交集与重叠的趋势，存在着内在的关联、融会与贯通。大学文化场的关联性，表明校园文化建设是一个复杂的系统工程，各子系统之间既相关联，又不可替代，具有螺旋推进的特征。

渗透性，是大学文化场的内在特点，是指大学文化场的作用是潜在的、客观存在的，是通过建设对大学校园文化的不断完善发展，从而促进其理念与内涵的深化、气质与品质的提升，使大学文化场成为弥散于大学发展环境中的根本基因，渗透于大学职能的各个方面。大学文化场的渗透性，表明校园文化建设应具有相当的深度，应循序渐进、持之以恒。

辐射性，是从大学文化场的功能和影响力视角来看的，实质上是指校园文化建设过程中形成的对大学人、对社会公众的价值引领与精神涵育，它将校园文化的社会作用内化为一种理想信念与文化支撑。大学文化的辐射性，表明校园文化建设应肩负大学创新发展和社会文化发展的双重职责，应树立批判的精神和开创的气度。

开放性，是指大学文化场不是一个封闭的系统，它是整个社会文化场中的重要环节或"平行场"，它的基本生长形态是开放的、发展的，是与人、社会和自然的发展相辅相成的。大学文化场的开放性，表明校园文化建设应着眼战略和长远的视角，博采众长、包容整合，在开放中发挥其最大效能。

从校园文化建设系统的整体效应来看，大学文化场即是探测校园文化建设轨迹与效果的"能量函数"，即对校园文化建设效能的再综合、再建设。因此，大学校园文化分类中某些不可弥补的缺失，在大学文化场这一新维度中，则可找到相应的状态和能量。作为校园文化建设精神、物质、制度和行为四个维度的重要交互与补充，大学文化场是尤其值得关注的校园文化建设不可或缺的重要维度。

二、促进校园文化建设的主要环节

（一）制定科学合理的校园文化建设规划

科学的规划、符合大学发展实际的明确的文化建设目标，是大学校园文化发展的前提。因此，制定科学合理的校园文化建设规划，对于推进校园文化建设具有十分重要的意义。当前，许多高校从战略的高度谋划文化建设工作，推动了校园文化建设工作和其他重点工作协调发展。校园文化建设规划的核心，是弘扬大学精神、培育大学文化，着力推进文化传承与文化创新相结合，推进科学精神与人文精神相融合，为学校的科学发展提供强大的文化支撑。

校园文化建设长远规划的总体目标，必须坚持将大学文化建设作为提升办学软实力的重要内容，作为融入人才培养体系的重要方面，进一步明确文化建设的内涵目标与重点任务，注重文化建设与人才培养有机衔接，文化建设目标与重点任务紧密结合，文化校园建设与民主校园建设、法治校园建设、平安校园建设、温馨校园建设统筹推进，从学校精神文化、物质文化、制度文化、行为文化四个维度整体把握、分步实施、系统建设，在大学精神传承、学术环境营造、文化品牌形成、校园环境优化、师生广泛认同等方面产生标志性成果，努力把高校建设成为先进文化的示范区，使校园文化的历史积淀更加丰厚、引领作用更加凸显、社会影响更加显著。

（二）不断探索校园文化传承创新体制机制

高校要大胆突破制约校园文化建设的体制机制障碍，研究完善文化建设工作的各项管理规章制度，积极探索新形势下加强和改进校园文化建设的新思路、新举措。要在机构设置、经费投入、机制创新等方面，将文化创新发展摆在更加突出的位置，确保形成校园文化建设的良性保障机制。要定期投入文化建设专项经费，并成立学校文化建设领导小组，组长可由学校主要领导担任，成员由学校各主要部门负责人担任，努力形成党政齐抓共管、各职能部门和基层院系各司其职、广大师生员工广泛参与的文化建设工作体系。

校园文化建设是一个逐步深化和完善的过程，要探索建立校园文化建设的评价与反馈机制，根据相关建设指标和师生、校友以及社会各界的反馈情况，在较长一段时间内来衡量文化建设的实际效果，形成重视校园文化建设的良好传统。要在实践中不断积累经验，进一步完善和修订校园文化建设的内容、方式和方法，为推动校园文化传承创新，推动社会主义文化大发展大繁荣作出新贡献。

（三）坚持在文化育人中打造校园文化特色品牌

只有坚持校园文化建设的特色和改革创新，才能破除制约校园文化发展的各种束缚，才能使校园文化的活力充分释放、更加多姿多彩。高校要牢固树立文化育人理念，把特色和创新作为校园文化建设的生命线、生长点。要注重将校园文化景观建设作为培育和弘扬大学精神文化的重要载体，将大学精神和治学文化的内核"审美化""景观化"。要在校园中建设与校园环境融合、艺术品位高的公共艺术景观作品，在校园时空中形成特殊的文化艺术传播场，弘扬学校文化特色，提升大学艺境品位。要着眼于搭建校园文化高端传播平台，精心打造诸如学术大讲堂、"感动校园""我爱我师"人物评选、师德论坛等特色文化品牌活动，并使这些活动成为师生开阔视野、激荡思维、启迪心灵的精彩课堂、教育阵地和重要载体。要抓好校史馆、图书馆建设，有条件的大学还可以进一步做好艺术馆、博物馆、音乐厅等文化场馆建设，坚持"公益性、专业化、高品位"的方针，加强人文艺术素养教育，努力传播科学精神、人文精神和大学精神，充分发挥大学在人文审美教育、感染和引领作用。

（四）重视校园文化人才队伍的专业化建设

人才是发展大学校园文化的第一要素，要根据校园文化发展规律，适应新形势新任务的要求，着力培养一批既熟悉高等教育发展规律、又掌握文化建设专业知识的复合型人才，还要善于吸引社会上文化、艺术领域的学者、专家积极参与校园文化建设，在校园文化建设中出谋划策、创造精品。可通过成立校园文化建设联合机构等方式，聘请相关政府部门、文学艺术界、新闻界和兄弟高校的著名专家、学者担任特聘专家，通过集聚社会文化艺术力量，关注与回应国家文化发展战略需求，把大学的办学优势转化为创新人才培养的优势，担负校园文化研究、文化建设、文化合作交流、公共艺术教育及传播等职责，推动科学、人文、艺术领域跨学科研究，培养文化管理与人文艺术传播等方向研究生层次人才，进一步提升高校服务于国家和社会的文化影响力、文化辐射力、文化创新力。

三、校园文化建设的目标任务

大学校园文化体现于办学理念、教育方式、组织形式、管理制度、办学目标、校风学风等方面，这些内容具有普适性。但由于办学历史、文化传统、学科专业、知识沉淀等不同，每所大学都有自己的办学模式和风格、气质，因而校园文化又各有差异。

当前，大学校园文化建设还存在一些困难或不适应：一是文化建设模式与学校整体发展水平不适应；二是文化创新要素与学校办学实力增长不适应；三是文化服务能力与师生素质提升需求不适应；四是文化辐射作用与国家文化大发展大繁荣的要求不适应。

加强大学校园文化建设，必须站在高校综合改革和科学发展的高度，从世界高等教育发展的战略视野和加快推进"双一流"大学建设出发，自觉纳入国家文化建设发展大格局，在已取得成果的基础上，强化校园文化的价值引领和当代传播，不断努力探索多种模式、联动协作、资源互补、形成合力的校园文化创新机制，进一步增强校园文化传承创新能力。

第一，着力提炼大学精神、办学理念与治学文化。牢固树立科学发展、追求卓越的校园文化发展理念，总结提炼出符合先进文化发展方向的具有鲜明时代特征的大学精神传统、办学理念与治学文化，推动校园文化建设规划制定、平台构建和体系形成。

第二，着力建立尊重、关心和支持师生发展、成长的文化模式。建立这种模式，可以促进人的全面发展，使师生共同的理想信念、道德素质、科学文化等得以全面提高。

第三，着力营造和谐宽松的大学教育环境。建立崇尚人文、注重特色、学术为先、倡导创新和鼓励个性发展的良好氛围，促进学校综合办学实力的全面提升。

第四，着力加强校园文化阵地建设。坚持以师生为本，把软环境建设摆在更加突出的位置，不断提升校园环境的文化含量与品位，蓬勃开展形式多样、内容健康、格调高雅的校园文化活动，形成一批校园文化建设示范基地和文化品牌。

第五，着力建立一套高效、务实的校园文化建设体制与运行机制。做到重在建设、注重积累、持之以恒，充分调动师生员工参与校园文化建设的积极性、主动性、创造性，同时多渠道聚集社会文化艺术力量，使校园文化内涵在深度融入国家文化繁荣发展的大环境中，不断得以传承、深化、丰富和发展，从而进一步发挥校园文化的社会引领作用和辐射影响。

总之，培养高度的文化自觉和文化自信，是实现文化强国目标的内在要求，也是推进大学校园文化建设的必然要求。新时期以来，我国高校在深化校园文化内涵、推进校园文化建设、营造学校发展良好的文化环境等方面，进行了卓有成效的探索，取得了重要进展，促进了大学校园文化的繁荣发展。

2016年12月，全国高校思想政治工作会议在京召开；2017年初，中共中央办公厅、国务院办公厅印发了《关于实施中华优秀传统文化传承发展工程的意见》。当前，各高校要深入贯彻落实全国高校思想政治工作会议精神，抓住中华优秀传统文化传承发展的契机，进一步树立文化强校意识，努力促进校园文化建设发展体系基本形成，在研究阐发、教育传承、创新发展、传播交流等方面协同推进并取得重要成果。要坚持以文化传承、文化塑造、文化育人、文化创新为手段，积极凝练倡导学校精神文化积淀及价值取向，着力建设师生校友共有的精神家园。要切实把握校园文化的特点和规律，把握文化建设的方式与途径，进一步树立校园文化建设的国际视野和品牌意识，理顺机制、创新途径，加强对文化育人环境与实践氛围的培育，统筹多样性文化场馆建设，不断完善高端校园文化传播品牌建设，在改革创新中形成浓郁的校园文化滋养场。要全面落实立德树人的根本任务，传承弘扬中华优秀传统文化，推动社会主义先进文化建设，构建形成引领社会进步、特色鲜明的大学精神和校园文化，为统筹推进世界一流大学和一流学科建设提供有力支撑。

第二章　大学精神培育与校园文化建设

大学精神，是大学文化的重要组成部分，是大学文化的核心和灵魂，主导、引领和制约着大学文化的发展目标和前进方向。大学精神的培育，是一项十分重要而艰巨的任务，是大学文化建设的根本。只有准确理解大学精神的内涵、特征与功能，厘清大学精神的形成机理与作用机理，才能更好地把握大学精神培育的逻辑思路，正确选择大学精神培育的有效路径，为国家"双一流"建设提供不竭的精神动力。

第一节　大学精神的内涵、特征与功能

一、大学精神的内涵

大学精神是大学师生全部精神追求的集中体现，是促进和推动大学师生开拓进取的动力源泉，是规范和调整大学师生价值追求和行为取向的精神力量。大学精神主要体现了两方面的要求，一是大学发展规律的要求，二是大学服务使命的要求。如果这两方面的要求都在大学精神中得到了体现，而且能够很好地将其结合起来，那么这样的大学精神就是符合办学实际的、为师生员工所广泛认同和接受的大学精神。

从大学发展的规律出发，对大学精神有三个层面的理解：一是集中体现了

一所大学的价值观念、发展理念和道德信念等，在大学文化基础上产生出来的高层次的精神结晶，作为整个大学文化形态的精神凝聚，对大学文化的各个层次起着统领和引导作用，是整个大学文化的核心和灵魂；二是集中反映了现代大学所代表的那个时代的精神，是大学自身发展的内在需要与实现高等教育目标的上层使命共同作用形成的群体意识；三是集中体现了作为担负社会教育责任和科学研究责任的大学师生共同的精神支柱，只有大学精神才能将师生真正凝聚在一起，是一所大学不断开拓、创新，不断发展、进步的动力源泉。[①]

从大学服务的使命出发，对大学精神有两个层面的理解：一是集中体现了服务国家与社会的使命感和责任感，是在自身发展过程中形成的一种长期矢志不渝为国家和社会做贡献的情感结晶，对办学实践具有一种无声、无形却又十分深刻的引领作用；二是集中反映了全体师生服务国家和社会的人生理想和价值追求，是全体师生在长期的学习、工作和生活中形成的一种自愿服务于国家和社会的情感结晶，对全体师生的思想和行动具有潜移默化的重要影响。

可见，大学精神是大学在长期发展过程中形成的具有自身大学特色的稳定的为全体师生广泛认同并在办学实践中得到体现的坚定信念，是大学及其全体师生对自身办学境界的崇高追求，是大学及其全体师生对自身办学使命的高度概括，是大学及其全体师生共同的行动指南。大学精神一般通过大学的精神口号、办学思想与办学理念、大学使命与办学特色、目标定位与文化传统以及大学的校训、校歌等体现出来。

二、大学精神的特征

（一）大学精神具有时代性特征

大学精神是我们所处这个时代的精神、价值观与社会风气在大学这一微观领域的具体折射，它不会也不可能超越于这个时代与这个社会，始终与这个时代与社会紧紧联系在一起。1925年，鲁迅先生为北大27周年校庆写了《我观北大》一文，"北大是常为新的，改进的运动的先锋，要使中国向着好的，往上的道路走。"[②]北京大学是新文化运动的中心和五四运动的策源地，在运动中

---

① 王永友. 关于大学精神与校园价值观 [J]. 中国高教研究，2003（4）：80-81.

② 刘克选. 北大与清华 [N]. 北京：国家行政学院出版社，1998：113.

形成的"爱国、进步、民主、科学"精神，是20世纪以来整个时代精神的折射，是20世纪以来整个中华民族精神的缩影，更是北京大学100多年来长盛不衰的源泉所在，是北大精神之魂。2014年5月4日，习近平总书记到北京大学与师生座谈时指出："每个时代都有每个时代的精神，每个时代都有每个时代的价值观念"，"北京大学广大师生始终与祖国和人民共命运、与时代和社会同前进"①。2016年4月，习近平总书记在给清华大学建校105周年的贺信中指出，"清华大学秉承自强不息、厚德载物的校训，开创了中西融汇、古今贯通、文理渗透的办学风格，形成了爱国奉献、追求卓越的精神和又红又专、全面发展的培养特色"②，这既是对清华大学的大学精神做出的高度概括和凝练，也是对清华大学的大学精神所体现出的时代精神的高度赞誉和褒扬。今天，任何一所大学的发展都离不开这个时代，都必须与这个时代同呼吸、共命运，我们所处的这个时代也要求大学必须承担起社会赋予的责任，既包括教育的责任、学术的责任，也包括为社会服务的责任、引导社会前进的责任，大学精神必须体现这种责任，与时代同步、与时俱进。

（二）大学精神具有传承性特征

大学精神是在继承和发展人类优秀文化遗存和世界先进文明成果基础上所展现出来的一种人文精神，是在继承和发展自身大学历史沿革、文化传统、学术思想基础上所体现出来的一种人文情怀，是一所大学精、气、神的真实写照，具有明显的传承性特征。每一所大学都会通过自身独特的教育教学活动、科学研究活动和管理服务活动，以人才培养、科学研究、社会服务、国际交流等作为基本载体，经过研究、融合、吸收、消化和选择，不断积淀人类优秀文化和世界先进文明成果，将本民族的优秀文化与社会的先进文化一代一代传承下去，将科学的知识和进步的思想在一代一代学子中进行传播，既把健康、科学、高尚的文化信息传播给所在大学的全体师生，同时也向社会、向广大人民群众进行传播；既把本民族的优秀文化向世界传播，也将世界上一切优秀的文明成果吸收进来并向本民族传播，这正是大学精神所具有的传承性特征的重要

---

① 习近平. 青年要自觉践行社会主义核心价值观 [N]. 人民日报，2014-05-05，02-03.

② 习近平致清华大学建校105周年贺信 [N]. 人民日报，2016-04-23，01.

体现。也就是说，大学精神的传承性，不仅表现为一所大学对本民族优秀文化的传承，对自身大学发展过程中所形成的独有价值观念的传承，同时还表现为对其他大学优秀文化的学习，对世界一切文明成果的借鉴。

（三）大学精神具有个性化特征

每一所大学都有其独特的文化，都有其与众不同的文化特色，都有其不同的校风、学风，这些不仅是一所大学独特个性的集中反映，也是其大学精神个性化特征的反映。北京大学"爱国、进步、民主、科学"的大学精神，是一百多年来中国大学精神的代表，不仅具有光荣的革命传统，同时也有着优良的学术传统，始终与时代发展和历史前进的步伐交相辉映。从蔡元培校长的"学术自由""兼容并包"、不拘一格办大学，从新文化运动、五四运动到一二·九运动，北大师生喊出了"华北之大不能安放下一张平静的书桌"，以及北大师生历次可歌可泣的反封建、反压迫、反内战、反卖国主义、反专制主义的爱国运动到20世纪80年代北大学生率先喊出"团结起来、振兴中华""从我做起、从现在做起、从身边小事做起"的口号……无不体现出北大精神的独特魅力。北大精神既是一种崇尚并执着于开放宽容、学术自由、独立思想和创造的"校格"，也是一种追求真理、追求民主和科学的现代精神；既是一种致力于民族强盛、国家富强、人民幸福的爱国主义精神，也是一种始终洋溢着学术、文化和思想之青春活力的理想主义精神，处处体现着"北大精神"独特个性。中山大学"自由的、创造的、革命的"校风以及孙中山先生写下的"博学、审问、慎思、明辨、笃行"的训词，是中山大学独特大学精神的体现。20世纪40年代，老校长黄尊生先生在中山大学22周年校庆时讲话指出："大学之有学风，犹个人之有品格，其人之高下，即从其流品而评定焉"[1]，中山大学独特的学术风气正是其大学精神的个性化反映。

（四）大学精神具有潜隐性特征

大学精神始终承载着大学自身发展的历史和国家发展的历史，始终承载着一所大学的光荣传统和文化底蕴。大学精神深深地潜藏在其悠久的发展历史之

---

[1] 黄尊生.创造的中山大学学风 [J].国立中山大学二十二周年校庆特刊，1946（1）：2.

中，潜藏在其日复一日、年复一年的人才培养、科学研究与社会服务之中，潜藏在大学师生的学习、工作和生活之中，潜藏在一代又一代大学校友的行为实践之中。新中国成立后不久，面对实现国防现代化的强烈呼唤，以毛泽东主席为核心的第一代中央领导集体决定创建中国人民年解放军军事工程学院，选址哈尔滨，简称"哈军工"。哈军工的办学历程竭尽艰难，校名几经更改，从"哈军工"到"哈船院"，从"哈船院"再到今天的"哈尔滨工程大学"，60多年来为共和国培养了上百位将军、省部级领导和几十位院士，研制出上百项填补国内外空白的科技成果，为共和国的国防科技事业做出了不可磨灭的重大贡献。这所大学不仅承载着"哈军工"的光荣传统，哈军工形成的坚持"祖国第一、服务国防"的办学目的，"又红又专、全面发展"的人才目标，"教师为本、两老团结"的办学方针，"教书教人、学生为本"的办学理念，"紧跟前沿、特色办学"的发展战略，"高起点、跨越式"的发展模式，以及"忠诚奉献、坚韧拼搏、艰苦奋斗、团结协作、求实创新"的校风，"严谨、严密、严格"的"三严"作风，"崇尚科学、追求真知，不畏艰难、发愤图强，敢于攻坚、善于创新，甘于奉献、忠心为国"的科研作风，无不体现出这所大学"忠诚使命、胸怀大局、甘于奉献、勇攀高峰"的大学精神①，这一精神深深地根植在一代又一代"哈军工"传人的血脉之中，激励着哈尔滨工程大学的广大师生和校友始终坚持"以祖国需要为第一需要、国防需求为第一使命、人民满意为第一标准"的精神追求，去续写学校光荣的历史与辉煌的未来。

三、大学精神的功能

（一）主导功能

大学精神具有主导功能，决定着大学文化的发展方向和大学发展的性质，是大学师生的灵魂集聚，是大学发展的根本动力所在，也是大学师生的精神支柱。大学精神主导着大学的人才培养、科学研究和社会服务。大学的根本任务是培养人，但是，大学培养什么样的人，是培养创新型人才还是培养实用型人

---

① 王永友. 哈军工文化研究——兼论哈军工思想政治教育 [M]. 北京：中国社会科学出版社，2017（2）：2.

才，是培养国际化人才还是培养本土化人才，是培养通才还是培养专才；大学怎样培养人，能否按照习近平总书记在同北京大学师生座谈会上讲话提出的"勤学、修德、明辨、笃实"[①]要求去培养人才，这些都取决于大学精神主导功能的发挥。大学的一个重要任务是发展科学，但是，发展什么样的科学，是发展真正的科学还是发展伪科学，科学的发展是维护世界和平还是挑起人类的战争，科学技术的应用是对资源的掠夺还是对生态环境的保护等，也都取决于大学精神主导功能的发挥。大学不仅要为社会发展服务，还要引导社会的发展和进步，但是，怎样服务于社会，怎样引导社会的发展和进步，是注重社会效益的服务还是注重经济回报的服务，是引导社会走向文明还是走向蛮荒，是引导社会健康发展还是无序繁衍等，同样取决于大学精神主导功能的发挥。因此，大学精神不仅承载着现代大学与国家发展的历史，更是主导着现代大学与国家发展的未来，大学精神是推动大学发展和社会进步的精神力量。

（二）引领功能

大学精神具有引领功能，决定着大学文化的发展目标和大学发展的方向，是大学师生前进的灯塔，是大学发展的根本方向所指，也是社会发展进步的动力。大学精神不仅引领大学的发展方向，同时也对社会发展产生引领作用。现代大学的人才培养、科学研究、社会服务、文化传承与国际交流合作，无不受到大学精神有形与无形力量的影响，不仅影响着一所大学确定什么样的发展目标以及怎样去实现目标，还会深刻地影响着大学师生的思想和行为，做什么以及怎么做。不同的大学因为大学精神不同，对于人才培养、科学研究、社会服务、文化传承与国际交流合作，会有着不同的目标追求和实现方式。大学师生追求什么样的人才培养目标、怎样去实现人才培养目标？大学生追求什么样的科学研究、怎样去开展科学研究？大学师生追求什么样的社会服务、做出什么样的社会贡献？大学师生追求什么样的文化传承、怎样去推动文化传承？大学师生追求什么样的国际交流与合作、怎样开展国际交流合作？这些都是大学精神引领功能作用的结果，不同的大学精神其结果也会不同。同时，大学精神不

---

① 习近平. 青年要自觉践行社会主义核心价值观 [N]. 人民日报，2014-05-05，04-05.

仅在大学内部发挥作用，对大学发展及其大学师生产生影响，也会对大学所在社区、所在城市产生影响，以至对社会发展变革、对政治经济发展产生影响，引领社会发展。大学精神的引领功能主要是通过大学的对外形象与大学师生的对外交往发挥作用，通过大学产生的科学研究成果与大学的历史传统、精神气质、道德风气等直接作用于社会。当一所大学具有良好的对外形象并能够获得社会认同，大学精神就能够对大学所在社区、所在城市、其他大学乃至社会文化变革和政治经济发展产生引领作用，就会带动和影响所在社区、所在城市乃至整个社会的文化变革、经济发展和社会进步。社会越发展、越前进，对大学的要求就会越高、越迫切，大学精神的引领功能就会越突出、越重要。

（三）约束功能

大学精神具有约束功能，对大学的发展和大学师生的思想、行为具有约束和规范作用，是大学师生思想、行为的自动矫正器，是大学发展的自动调节器，是大学师生自觉的精神追求。大学精神对大学师生思想、行为的约束和规范，是大学的历史传统、精神价值观以及由此形成的校园风气、文化环境等软性力量对大学师生的约束和规范，不同于管理规章制度等硬性力量对大学师生的约束与规范，是对大学发展与大学师生思想、行为的一种无形的软约束。为了正常的教育教学、科学研究、产业发展、管理服务，任何一所大学都会制定一系列的管理制度，这些制度构成了一所大学最基本的行为规范，成为反映大学制度文化的主体内容。但是，制度具有滞后性，大学发展与大学师生的思想、行为不可能都由制度来制约；同时，制度体系无论怎样完善，所涉及的范围和事项总有限，不可能对大学发展与大学师生的所有思想、行为都作出规定，随着形势与环境的变化，制度也很难顾及各种复杂情况和实际需要。因此，在大学制度体系所构成的基本行为规范之外，在制度对大学发展与大学师生的思想、行为进行规范和约束的最低要求之上，只有充分发挥大学精神的约束功能，才能更好地规范和约束大学发展与大学师生的思想、行为，调动起全体大学师生的积极性与主动性。大学精神的约束功能，通过大学的历史传统、精神价值观等软性力量的作用，形成一种群体意识、大众舆论和集体行为习惯，造成一种强大的使个体行为从众化的群体心理压力和动力，使大学师生产生一种心理共鸣和心理约束，进而对自己的思想、行为进行自我约束和控制，对大学发展有着很强的规范作用。大学精神所具有的约束和规范作用，对于协调大学与社会的关系，促使大学担负起应尽的社会义务，承担起大学应付的社会责任等都具有强大的约束作用，成为大学的一种"文化自觉"，这种无形的"软约束"机制对大学发展与大学师生思想、行为的约束和规范十分有效，比有形的"硬约束"具有更强大、更持久、更深刻的影响。

（四）凝聚功能

大学精神具有凝聚功能，能够鼓舞大学师生的士气、焕发大学师生的斗志，是大学师生的心理黏合剂，是推动大学发展进步的心理聚合物，是大学师生共有的精神家园。大学精神一旦被认同和接受成为大学师生的精神支柱，就会在大学发展进程中遇到挫折或重大紧要关头时产生一种强大的向心力和凝聚力，把大学师生团结起来，使大学迈过难关实现更大的发展。大学精神始终关联着大学及其大学师生的前途和命运、关联着大学及其大学师生的一言一行，对大学及其全体师生形成一种强大的吸引力和号召力，使全体师生产生一种很强的心理认同和文化认同，愿意为大学的发展发挥自己的聪明才智，在心理和行为上主动为大学的理想和发展贡献自己的力量，并自觉维护大学的利益和声誉，使大学的优秀历史文化传统和良好校风学风得以传承和弘扬。大学精神凝聚功能的发挥，只有当大学师生个体的精神追求与大学精神融为一体时，大学师生才会对大学精神产生"认同感"，才会对大学的发展产生"使命感"，才会对自己的学习、工作、教学、研究以及身为大学的一员感到骄傲而产生"自豪感"，才会主动学习、工作把大学当成自己的家而产生"归属感"。这种"认同感""使命感""自豪感""归属感"，使大学师生能够主动把自己的思想、感情、行为与所在大学联系起来，始终与大学在各方面保持着和谐一致，在潜意识里对大学有一种向心力进而大学也就自然而然地对大学师生有一种强大的凝聚力。大学精神的凝聚功能还具有排他性，使得大学师生对外部环境产生排斥和保持压力存在，对外部环境具有很强的敏感性和竞争性，进而对所在大学产生一种依赖，促使大学师生凝聚于所在大学这个群体，形成一个互相依存的"命运共同体"，增强大学内部群体的团结和统一，进而在发展中形成一股强大的力量。

第二节　大学精神的形成机理与作用机理

一、大学精神的形成机理

既然大学精神是一所大学及其全体师生在长期的教学、科研、管理和服务等办学实践活动中形成的理想信念和价值追求，那么大学精神的形成就一定是基于每一所大学自身的基础条件、历史传统、发展目标、时代要求等，为促使大学的发展更好地满足于国家和社会需要，经过大学自身与全体师生的共同努力，在长期的教学、科研、管理和服务等办学实践活动过程中，精心培育而逐步形成的。由此可见，大学精神的形成主要受到以下几个方面条件的影响：

（一）受到大学发展历史的影响

每一所大学都有不同的发展历史，有的大学办学历史较长，有的大学办学历史较短，在不同大学的历史发展进程中，其人才培养、科学研究、社会服务等都会有着明显的不一样，有的在其办学历史进程中培养了一大批有重要影响的科学家，形成了一批具有明显优势的学科，为国家和社会做出了重大贡献；有的在其办学历史进程中主要倾向于基础科学的人才培养，有的主要倾向于工程科学的人才培养，有的主要倾向于人文社会科学人才的培养，有的倾向于应用型人才的培养；有的在其办学历史进程中为国家的国防事业做出了重要贡献，有的为国家的教育事业做出了重要贡献，有的为国家的农业发展做出了重要贡献，有的为国家的海洋事业做出了重要贡献，等等，这些不同往往蕴含在大学的历史建筑、历史人物、历史事件、历史故事等办学历史之中，大学精神也就同样蕴含其中。由于不同大学的办学历史不同，培养的人才不同，研究的领域不同，做出的贡献不同，那么不仅其大学精神的内涵不同，其大学精神形成的过程也会有异。

（二）受到大学办学传统的影响

办学传统是一所大学在办学实践中所形成的办学经验、办学理念、办学风格和办学模式等要素的综合，既可以表现为某种理念模式，也可以表现为某种行为模式。办学传统是一种内在的东西，隐含在大学发展的历史之中，是在办学思想、办学理念指导下所产生的办学行为上的一种稳定的特性。无论办学传统的表现形式是什么，都会体现出一所大学在教育教学、人才培养、队伍建设、科学研究等的办学规律，体现出一所大学的办学特色与服务使命。可见，每一所大学都有自己不同的办学传统，有的大学可能在人才培养上形成了某种办学理念被传承下来，有的大学可能在办学风格上形成了某种独特的校风或学风被传承下来，有的大学可能在科学研究上形成了某个具有独特优势的方向或领域被传承下来，有的大学可能在学科建设上形成了某些奠定自身地位和影响的特色优势学科被延续下来，等等。不同的大学在办学理念、办学风气、研究领域或学科特色等方面是不同的，无论是其不同的办学理念模式或行为模式，都有不同的形成过程或形成方式，由此可见，不同大学的办学传统就会不同，那么其大学精神的内涵和形成过程也就不一样。

（三）受到大学所在地域文化的影响

不同的大学所在的地理位置不同、地域特点各异，地域文化成为影响大学精神形成的重要因素。世界上不同的国家、同一国家的不同地区，有着较大的文化差异，每个地区有着其独特的地域文化特征，这些都会对包括大学精神在内的大学文化产生重要影响。一方面，大学精神的外显元素中普遍含有一所大学所在地域的文化因子，在大学所在地区的历史、人文、宗教、气候、环境等影响下，会呈现出明显的地域文化色彩，如大学的校歌歌词、大学的路名、人文景观等，一般都会有大学所在地域文化的特点；另一方面，大学精神的内在气质中普遍会体现出一所大学所在地域的文化精髓、文化气势和文化气场，所在地域人们的语言、习俗、行为、习惯等，自然而然会对大学师生的思想观念、行为模式、价值追求等产生重要影响，使大学精神呈现出一所大学所在地域文化的特点。

综上，在大学发展历史、办学传统与地域文化的综合影响下，那些特色学科、优势领域与高端人才等的发展与成长的历史，那些好的经验和好的作风等优良办学传统，那些人文、宗教、习俗等地域文化思想，所形成的文化场将共同作用于大学师生，并在大学全体师生长期共同孕育的基础上，经过不断总结、凝练、提升进而形成大学精神。大学精神的形成过程，也是大学的历史发展过程，在这一过程中，每一所大学都会涌现出若干知名学人。在这些知名学人的身上，会体现出一所大学的学术理想、价值追求、人文气韵、办学风格、学科特色和服务领域等。这些知名学人就是大学精神的典型代表，他们身上所展示出来的品格、气质与治学精神，是大学精神的集中反映。由此，大学精神的形成过程如图2.1所示：

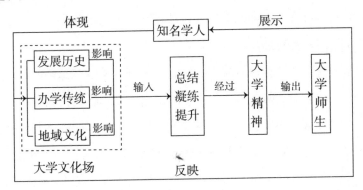

图 2-1　大学精神的形成机理

二、大学精神的作用机理

大学精神集中体现了大学及其全体师生追求的一种办学境界，具有独特的、鲜明的个性特征，是大学及其全体师生共同的理想信念和价值追求，对大学师生及其校友具有很强的感召力、凝聚力和向心力，能够不断增强大学及其师生的使命感和责任感。大学精神的作用过程，其实质是大学师生内心的一个选择过程和行动过程。在大学精神的作用下，大学师生的选择与行动，主要有两个方面：

（一）自然选择过程

无论是大学的人才培养、科学研究还是社会服务、文化传承，从整体来看，既是国家的需要，也是社会的需求，不管这种需要是什么，当大学和大学师生面对国际需要和社会需求时，都必须做出选择并采取进一步的行动。在选择和行动面前，大学及其大学师生所做的选择和采取的行动，可能满足国家和社会对大学及其师生的要求，也可能不满足国家和社会对大学及其师生的要求。在大学精神的作用下，如果这种精神是大学及其大学师生在长期办学实践中形成并积累下来的，并且是在办学实践中得到历代师生广泛认同、推动大学发展取得重大办学成就、产生良好办学声誉、做出特殊办学贡献，那么这种精神就会对大学及其师生形成强大的激励作用，进而产生一种内在冲动，不断激发大学及其师生的使命意识和责任意识，促使大学及其师生自然而然地放弃个体利益，对国家需要和社会需求做出自然选择，把国家需要、社会需求同个体的事业理想、价值追求结合起来去行动。这就是在大学精神作用下，大学及其师生的自然选择过程，这样的选择和行动具有较重的感性化色彩。

（二）理性判断过程

大学精神还可能成为一种思想、理念深入到大学及其师生的骨髓，成为大学及其师生主动遵循的价值准则。在面对国家需要和社会需求必须做出选择和行动时，大学及其师生所做出的选择和行动始终存在两面性，既可能满足国家和社会的要求，也可能不满足国家和社会的要求。当大学精神作为一种思想、理念作用于大学及其师生时，如果这种精神被大学及其师生广泛认同、接受并成为大学及其师生共同遵循的价值准则，成为大学及其师生个体价值观的一部分时，那么这种精神就会形成强大的理性力量，进而促使大学及其师生做出理性判断，主动把国家需要和社会需求作为自己事业发展的正确选择，把已经激发起来的使命意识和责任意识变成一种自觉行动。这就是在大学精神作用下，大学及其师生的理性判断过程，这样的选择和行动是大学及其师生由内向外、经过深入思考后的价值选择和理性行为。

哈尔滨工程大学作为一所国防科技院校，在60多年的办学生涯中，从哈军工到哈船院、再到哈工程，坐落在一个既不沿江、也不靠海的边疆城市，之所以能够始终坚持服务于国家的船舶工业、海军装备和海洋开发与核能应用事业，为国家的国防科技事业做出了不可替代的历史性贡献，其根本原因在于这所大学的师生，在"以祖国需要为第一需要、以国防需求为第一使命、以人民满意为第一标准"[①] 的"三个第一"大学精神激励下，自觉服从于国家需要与国防需求的选择，这种选择既是一种自然选择也是一种理性判断，既是自发的也是自觉的，虽没有丝毫犹豫但却是经过深入思考做出的历史选择。这是大学精

---

① 王永友.大学文化体系、机理、评价与建设方法研究[M].哈尔滨:哈尔滨工程大学出版社，2010: 1.

神作用发挥的典型案例，其作用机理如图2.2所示。

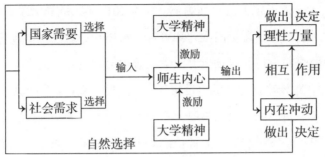

图 2-2　大学精神的作用机理

第三节　大学精神培育的逻辑理路

一、大学精神培育的逻辑归因

大学精神虽然在大学的发展过程中发挥着重要作用，但与当下大学评价导致的大学影响力相比较，大学精神正日渐式微。大学越来越官僚化，大学的行政权力越来越大，学术权力却在萎缩，有的行政人员高高在上，教师队伍却成为大学的弱势群体；大学越来越市场化，各类考试辅导班、培训班层出不穷，目的只有一个就是创收挣钱、挣更多的钱；大学学术腐败越来越突出，论文买卖、代写代发、抄袭剽窃屡禁不止，学术霸权、不学无术、学术挂名等现象越来越普遍，这一切都说明大学精神遭到践踏，急切呼唤大学精神回归，培育大学精神迫在眉睫。

（一）大学评价导致大学精神日渐式微

大学评价是导致当前大学精神式微的重要原因。目前世界范围内都对大学评价充满热情，国外的大学评价主要有 QS 世界大学排名、USNEWS 世界大学排名、泰晤士高等教育世界大学排名、世界大学学术排名等，国内的大学评价有教育部大学学科排名、上海交通大学学术排名、中国校友会大学排名、武汉大学大学排名、软科大学排名、武书连中国大学排名等。大学评价固然在一定程度上有助于社会更好地了解一所学校，但是大学评价指挥棒下的"数字竞争"给大学精神带来了很大的负面影响。早在2011年，欧洲大学协会（EUA）就对各种大学排名日益泛滥提出批评和警告。2016年，香港大学教育政策研究中心常务副总监李军主持了一项世界大学联盟项目"世界一流大学、科研及评价——全球化中高等教育使命的再反思"，项目联合来自9个国家和地区的13名高等教育学者，对不同国家顶尖研究型大学展开深入的国际比较研究，认为短短的十来年里，全球排名和科研评价已经联合成势不可当、无处不在的强大专政体制，系统地控制了各国高等教育的发展生态，越来越多的大学正不断沦陷为发表论文尤其是英文论文的量产工厂，教育和社会服务的人文功能日渐异化。可见，在现今大学评价越演越烈的形势下，大学精神正在逐渐丧失。

（二）大学的本质呼唤大学精神的回归

大学在本质上是一种功能独特的文化机构，教育功能是大学的根本属性，培养人才是大学的第一目标，大学的政治功能、经济功能、社会功能、意识形态功能等其他功能都是教育功能的衍生物，从属于教育功能。德国教育家雅斯贝斯认为，大学是公开追求真理的场所，所有的研究机构都要为真理服务，在大学里追求真理是人们精神的基本要求。儒家经典《大学》中也指出："大学之道，在明明德，在亲民，在止于至善。"[①]然而，自20世纪90年代特别是进入21世纪以来，大学在原有的三大功能人才培养、科学研究与社会服务上，发生了较大转移，不平衡性越来越凸显，一些大学定位不准，教师职责发生偏移，普遍把精力转移到所谓的科学研究上，争项目、发论文成为大学的"一道风景"，对人才培养却越来越不重视，教授给本科生上课本是天经地义的事，却需要教育部以文件的形式予以强制性规定。即便如此，在许多大学里本科生要想听到知名教授完整的一门课几乎是天方夜谭，多数高校以 AB 角的形式应对本科教学评估，教授挂名、助教上课成为普遍，这使得人才培养在大学成为最不重要的事情，大学的本质已然不在。可见，在现今大学本质被忽视的境遇

---

① 《礼记·大学》

下，我仍需要热切呼唤大学精神的回归。

（三）"双一流"建设需要重塑大学精神

"双一流"建设是党中央、国务院从国家和民族长远发展的战略高度，对高等教育事业做出的重大部署。"双一流"建设要求大学不仅要成为支撑改革发展的"人才库"、推动科技创新的"进步源"和产生思想理论的"策源地"，还要求大学必须具有崇高的使命感和责任感，具有敢为人先的学术创新精神，要求大学师生必须具有独立人格和独立思想，培养出社会责任感强、创新创造能力强、社会实践能力强、具有担当精神的一流人才。如何推进"双一流"建设的要求落地，真正建设一批世界一流大学、一流学科，使中国大学在世界大学的舞台上占有更高地位，同我国经济社会发展相适应，为实现中华民族伟大复兴奠定高等教育基础，迫切需要重塑大学精神。只有在大学精神的引领下，才能推动我国高等教育取得更大发展，推动"双一流"建设真正取得成效，建成一批世界一流大学和一流学科，才能切实坚守现代大学本质，培养出有理想、有道德、有文化、有纪律的"四有人才"，促使大学生努力做到"勤学、修德、明辨、笃实"[1]，努力成长为又红又专、德才兼备、全面发展的中国特色社会主义事业合格建设者和可靠接班人。

二、大学精神培育的逻辑要求

大学精神的培育，是高校思想政治工作的重要任务，也是新形势下加强和改进高校思想政治工作的重要抓手。大学精神的培育，必须遵循社会主义文化发展规律与高等教育办学规律，满足社会对大学的期望，为此，大学精神培育必须始终坚持社会主义方向、坚持学术第一原则、坚持社会责任根本。

（一）始终坚持社会主义方向

第一，大学精神培育必须始终坚持社会主义方向是由社会主义国家的性质决定的。大学是社会的重要组成部分，不可能脱离社会而存在，任何国家的大学都必然深深烙上祖国的印迹。我国作为社会主义国家，我国的大学必然具有

---

① 习近平.青年要自觉践行社会主义核心价值观[N].人民日报，2014-05-05：04-05.

鲜明的社会主义属性，作为大学灵魂的大学精神必然要坚持社会主义方向。第二，大学精神培育必须始终坚持社会主义方向是由大学的根本任务决定的。我国大学的根本任务是立德树人，是培养中国特色社会主义事业的合格建设者和可靠接班人。这一根本任务要求大学精神必须体现社会主义原则，必须与中国特色社会主义道路、理论体系、制度和文化相一致。第三，大学精神培育必须始终坚持社会主义方向是由大学的办学体制决定的。我国大学实行的是党委领导下的校长负责制，我国大学必须坚持党的领导，坚持马克思主义指导，用中国特色社会主义理论体系武装师生头脑，这一办学体制要求大学精神培育必须坚持社会主义方向，才能进一步加强党的领导，使培育的大学精神符合党和国家对大学的要求。

（二）始终坚持学术第一原则

第一，大学精神培育必须始终坚持学术第一原则是由大学的使命决定的。学术研究是大学的重要使命，大学是研究学问、追求真理的地方，学术研究是大学区别于其他教育、培训等机构的重要标志。追求真理、探索未知，是对大学的根本要求，也是大学进行学术探究的必然过程，大学精神的培育必须将学术研究作为第一准则，摆在大学发展的核心位置优先考虑。第二，大学精神培育必须始终坚持学术第一原则是由大学教师的使命决定的。大学教师不同于其他教师，开展学术研究是大学教师的职责所在。大学教师既要教书育人，担负起为国家培养人才的重要任务，也要潜心研究，担负起为人类社会发展创造新知识的重要使命。第三，大学精神培育必须始终坚持学术第一原则是由大学生的使命决定的。人才培养是大学的首要职能，大学精神决定着一所大学培养什么样的人、怎样培养人，大学生不仅要有开展学术研究的能力，还要有进行学术研究的热情，更要有从事学术研究的品性，崇尚学术、追求学术，以学术为自身成长成才的使命。因此，大学精神培育必须始终坚持学术第一原则，是大学、大学教师与大学生的共同使命使然。

（三）始终坚持社会责任根本

第一，大学精神培育必须始终坚持以社会责任为根本是由大学的社会性质决定的。任何一所大学都是社会的细胞，是社会的一分子，是社会的重要组成部分，任何大学都不可能关起门来办大学，任何大学的发展都离不开社会的支持和帮助。为此，大学有责任有义务回馈社会，把推动社会的发展进步作为大学精神的灵魂所指，把服务社会作为考量大学成长与发展的基本前提。第二，大学精神培育必须始终坚持以社会责任为根本是由大学的社会地位决定的。现代大学已经不是纯粹的象牙塔，大学的社会地位越来越高，社会对大学的期望也越来越高，这都要求大学必须承担起更多的社会责任。英国教育家埃里克·阿什比在评价美国高等教育时说，在世界高等教育历史上，美国的贡献"是拆除了大学校园的围墙"，也就是说大学具有重要的社会服务职能，任何一所大学不可能也不应该游离于社会，不应该也不能够在享受社会成员给予的较高地位后逃避服务社会的责任，这是大学精神所不齿的。第三，大学精神培育必须始终坚持以社会责任为根本是由大学的社会贡献决定的。大学对社会的贡献，既包括为国家和社会输出了大量的有用人才，也包括产出了大量的研究成果，推动了社会的发展和进步。一所大学对社会的贡献度与社会对大学的认可度是成正比的，任何大学只有对社会做出贡献，才能赢得社会的尊重和认可，才能更好地发挥大学对社会的影响力和辐射力。为此，大学必须把为社会做贡献作为大学精神的基本要求，以贡献社会作为大学精神的客观追求。

三、大学精神培育的逻辑指向

大学精神的培育，最根本的目的是要让大学成为真正的大学，而不是研究机构、不是培训机构，更不是企业、商业。为此，大学精神的培育，必须着力回归大学本质，着力坚守学术本位，着力"双一流"建设。

（一）着力回归大学本质

大学精神培育要着力回归大学本质，要求大学的发展必须把人才培养作为第一要务，坚持立德树人这一根本，回答好"培养什么样的人""怎样培养人"和"为谁培养人"的问题。第一，要解决好"培养什么样的人"的问题，并以此作为大学精神培育的前提，在立德树人上下功夫，坚持个人品德与社会公德、职业道德相结合，与学术道德、师德师风相结合，与校风、教风、学风建设相结合，更好地发挥大学精神在人才培养中的潜移默化作用。第二，要解决好"怎样培养人"的问题，以此作为大学精神培育的重点，在教师队伍建设和课程建设上下功夫，创新人才培养理念，不断优化课程体系，改革教育教学方法，扎实开展实践育人，更好地发挥大学精神在人才培养中的指导和引领作用。第三，要解决好"为谁培养人"的问题，并以此作为大学精神培育的根本，在理想信念上下功夫，坚持共产主义远大理想和中国特色社会主义共同理想，坚守人才培养的社会主义方向，坚定为人民服务、为中国共产党治国理政服务、为巩固和发展中国特色社会主义制度服务、为改革开放服务和社会主义现代化建设服务，更好地发挥大学精神在人才培养中的导向作用。

（二）着力坚守学术本位

大学精神培育要着力坚守学术本位，要求大学的发展必须把学术研究作为重点任务，坚守学术为本的原则，回答好"做什么样的学术研究""怎样做学术研究"和"为谁做学术研究"的问题。第一，要解决好"做什么样的学术研究"的问题，并以此引导大学精神的培育。大学要加强学术研究导向，要做真学术不做假学术，既要鼓励教师从事前沿基础性研究，又要支持教师开展技术应用研究，既要重视自然科学的发展进步，也要重视人文社会科学的繁荣发展，让每一位教师都能够按照自己的兴趣和专业优势自由地开展科学研究而不受其他干扰。第二，要解决好"怎样做学术研究"的问题，并以此推进大学精神的培育。大学要营造学术创新氛围，要真创新创真新，不要假创新创假新，坚持以创新为原则的学术研究，为学术研究提供良好的软硬环境，努力形成大学自身独特的学术研究范式和特色学术文化。第三，要解决好"为谁做学术研究"的问题，并以此加强大学精神的培育。大学要重视学术成果应用，要鼓励和支持教师出成果，出原创性学术成果，为国家发展和社会进步服务。"科学无国界，但科学家是有国界的"，要鼓励教师紧紧围绕国家经济社会发展的重大前沿问题、重大理论问题和重大现实问题开展研究，为实现中华民族伟大复兴的中国梦做出自己的学术贡献。

（三）着力"双一流"建设

大学精神培育要着力"双一流"建设，要求大学的发展必须以一流大学和一流学科建设为使命，坚持"双一流"的标准，回答好"建设什么样的'双一流'""怎样建设'双一流'""谁能成为'双一流'"的问题。第一，要解决好"建设什么样的'双一流'"问题，并以此关照大学精神的培育。我们要建设的一流大学和一流学科，既是站在世界一流大学和一流学科的高度提出的，但更是扎根中国大地的一流大学和一流学科，既要参照国际标准，更要有中国特色，是中国特色社会主义的一流大学和一流学科，这对于大学精神的培育具有重要意义。第二，要解决好"怎样建设'双一流'"的问题，并以此凸显大学精神的培育。我们既要积极对接国家战略、主动满足国家需求、自觉服务国家发展，担负起在中华民族伟大复兴进程中的大学责任；又要结合大学自身实际，抓住"双一流"建设机遇，更好更快地推进"双一流"建设取得成效，为国家发展和社会进步做出大学应有的贡献。第三，要解决好"谁能成为'双一流'"的问题，并以此厘清大学精神的培育。我们要准确把握大学自身的办学定位，科学看待大学自身的发展潜力，对能否成为一流大学和在哪个范畴内成为一流大学进行认真审视，对哪些学科能够成为一流学科和在哪个层次上成为一流学科进行客观分析，科学制定"双一流"建设目标和发展规划，使大学既不好高骛远又有战略眼光，既不是不思进取又能够脚踏实地，在"双一流"建设中实现大学精神的培育。

第四节 大学精神培育的路径选择

一、大学精神培育的全员之路

大学精神的培育是一项任重道远的战略工程，需要大学全体师生的共同努力，需要汇聚大学师生的集体智慧和力量。大学精神的培育，离不开大学管理者的顶层设计和科学谋划，离不开大学教师的积极参与和身体力行，离不开大学生的主动学习和自觉实践。

（一）大学管理者的顶层设计和科学谋划

大学管理者是大学有效运行的重要人员保障，是大学发展不可缺少的重要支撑，大学精神的培育离不开大学管理者的顶层设计和科学谋划。大学精神的形成并非是一个完全自发的过程，需要大学管理者的正确引导，大学党委书记、校长以及其他大学管理者在大学精神的形成和发展过程中具有重要影响。没有蔡元培校长"兼容并包、思想自由"的办学理念，就没有今天的北大精神。第一，大学管理者要深入研究大学历史与大学文化，厘清在大学发展的历史进程中，哪些因素发挥了重要作用、对大学产生了重要影响，需要大学师生进一步传承和弘扬，尤其是要准确把握其中的精神、思想、理念等要素。第二，大学管理者要结合大学发展的实际，准确把握大学自身特质，结合大学优良历史传统和国家、社会发展需要，在对大学历史文化深入研究的基础上凝练出大学精神，并对其作出符合时代发展和需要的阐释。第三，大学管理者要做好大学精神传播和落地的顶层设计和科学谋划，帮助全体师生更好地理解大学精神、接受大学精神、认同大学精神，让大学精神培育成为全校师生的共同责任，并将大学里现存的良好精神风貌融入大学精神的培育之中。

（二）大学教师的积极参与和身体力行

教师队伍是大学人才培养、科学研究、社会服务、国际交流与合作的主要群体，是大学发展的核心力量，大学精神的培育离不开全体教师的积极参与和身体力行。大学精神的形成和作用的发挥，需要大学教师的全心投入，无论是大学里的老教师还是青年教师，都对大学精神的培育具有重要作用。没有全体教师的积极参与与身体力行，大学精神就是"水中月、镜中花"。第一，大学教师要将大学精神自觉贯穿于自己的教育教学工作中，积极参与大学历史文化的挖掘与大学精神的凝练，深刻理解大学精神的内涵，既要在自己的教育教学工作中积极向学生宣传大学精神，又要结合自己的切身体会主动向学生讲解大学精神，更要在自己的教育教学实践中体现大学精神，增强学生对大学精神的理解和认同。第二，大学教师要将大学精神自觉贯穿于自己的学术科研工作中，既要在深入研究的基础上发文解读大学精神，又要在学术交流活动中传播大学精神，更要在科学研究实践中践行大学精神，增强大学精神的感染力。第三，大学教师要将大学精神自觉贯穿于日常生活与社会服务中，既要在人与人的日常交往中传播大学精神，又要在为社会服务的具体实践中展现大学精神，增强大学精神的影响力，促进大学精神更远距离、更广范围的传播。

（三）大学生的主动融入和自觉实践

大学生是大学的主体，也是思维最活跃、可塑性最强、对大学情感最深的群体，是大学发展的未来和希望，大学精神的培育离不开大学生的主动融入和自觉实践。大学精神的传播与发辉，需要全体大学生的自觉学习、思考和实践，大学生对大学精神培育的效果起着决定性作用。第一，大学生要在学习过程中深刻理解大学精神的内涵和实质，主动了解大学精神形成的历史过程，用心感悟大学精神的崇高和理想，进而在学习实践中自觉践行大学精神，充分彰显大学精神的育人价值。第二，大学生要在校园生活中按照大学精神的要求，展现出大学生的精神风范，无论是与人交往还是参加活动，要时时以大学精神提醒自己，处处以大学精神要求自己，自觉成为大学精神的代表者、宣传者、实践者。第三，大学生要在毕业后的工作中主动传播和弘扬大学精神，不仅要让大学精神的种子在社会上播撒，让更多的人知道、理解和认同大学精神，还要用自己的实际行动去践行大学精神，潜移默化地影响自己周围的人，自觉成为大学精神的传播者、传承者、实践者。

二、大学精神培育的全程之路

大学精神的培育是一项复杂的系统性工程，也是一项基础性的战略工程，需要在大学的办学历史与办学实践过程中始终如一的坚守，既要在人才培养中培育大学精神，又要在科学研究中培育大学精神，还要管理服务中培育大学精神，让大学精神的培育始终贯穿于大学发展的全过程。

（一）在人才培养中培育大学精神

人才培养是大学的根本任务，也是大学的第一功能。在人才培养中培育大学精神，是大学精神培育要着力回归大学本质这一逻辑指向的根本要求。第一，要将大学精神融入大学的人才培养定位，在人才培养目标中体现出大学精神的要求，用大学精神引领人才培养的前进方向，也就是在引领大学回答好关于"培养什么人"的定位问题中培育大学精神。有的大学致力于培养"领导者"，有的大学致力于培养"工程师"，有的大学致力于培养"学术大师"，有的大学致力于培养"职业技师"等，都是人才培养目标定位中对大学精神的彰显。第二，要将大学精神融入大学的人才培养过程，在人才培养全过程中体现大学精神的要求，用大学精神引领人才培养的具体实践，也就是在引领大学回答好关于"怎样培养人"的操作问题上培育大学精神。不同的大学有不同的教育教学理念、不一样的课堂教育教学、社会实践活动和校园文化活动等，这些不同的人才培养过程，都是培育大学精神、彰显大学精神的过程。第三，要将大学精神融入人才培养评价，在人才培养评价中体现大学精神的要求，用大学精神引领人才培养的评价导向，也就是在引领大学回答好关于"为谁培养人""培养成了什么人"的结果问题上培育大学精神。培养的是专才还是通才，是进行精英教育还是大众教育，决定着大学精神培育的思路、进程和走向。

（二）在科学研究中培育大学精神

科学研究是大学的重要职能，也是大学的重要功能。在科学研究中培育大学精神，是大学精神培育要着力坚守学术本位这一逻辑指向的根本要求。第一，要将大学精神培育融入科学研究理念之中。不同的大学有着不同的科学研究理念，有的强调原创性成果，更加注重科研创新；有的强调论文著作，更加注重科研产出；有的强调成果应用，更加注重科研服务。不同的科学研究理念，将会培育出不同的大学精神。第二，要将大学精神培育融入科学研究实践之中。不同的大学科学研究实践的过程不同，不同的学科科学研究实践也会不同，有的在科研实践中一丝不苟，对研究数据不容丝毫马虎；有的在科研实践中躬身田野，对调查访谈极其严格认真；有的在科研实践中扎根文献，对史实资料不许一点错漏。不同的科学研究实践，将会培育出不同的大学精神。第三，要将大学精神培育融入科研队伍的培养之中。不同的大学对待科研队伍培养的目标不同、态度各异，做法更是千差万别，有的重视发挥老教师的传帮带作用，有的重视发挥科研团队的协同合作功能，有的重视发挥集中学习培训的教育作用，有的则是靠教师自生自灭、自我摸索。不同的科研队伍培养模式，会产生不同的科研队伍培养效果，也就会培育出不同的大学精神。

（三）在管理服务中培育大学精神

管理服务是大学有序运转的重要保障，也是大学的重要职能。在管理服务中培育大学精神，是大学精神培育要着力"双一流"建设逻辑指向和坚守社会责任逻辑要求的必然结果。第一，要将大学精神培育融入大学管理服务的理念之中。不同的大学有着不同的管理服务理念，有的坚持"大学以教师为本、教育以学生为本"的管理理念，有的强调管理为人才培养和科学研究服务，有的强调管理要出效益、出人才、出成果，不同的管理服务理念体现出不同的大学发展水平，也会培育出不同的大学精神。第二，要将大学精神培育融入大学管理服务的实践之中。不同的大学有着不同的管理服务实践，有的大学的管理服务能够做到细致入微、热情周到，有的大学的管理服务能够做到及时高效、便捷快捷，有的大学的管理服务能够做到实心实意、务求实效，不同的管理服务实践给师生带来的感受和实际的效果不同，其大学精神的彰显和培育的结果不同。第三，要将大学精神培育融入大学的社会服务之中。不同的大学对待社会服务的态度、做法和效果不同，有的大学注重与政府机关搞好关系，有的大学注重与企业机构加强联系，有的注重培养满足社会需求的人才，有的注重产出服务企业需要的成果，有的注重为政府部门提供决策咨询。在这些不同的社会服务中，既彰显了不同大学精神对社会责任的坚守，又进一步促进了"双一流"建设中不同大学精神的培育。

三、大学精神培育的特色之路

大学精神的培育是一项实践性很强的宏伟工程，不同区域、不同类型、不同层次的大学，其大学精神的培育路径不可能完全相同。大学精神的培育，既有共性的经验和做法可供学习，更有个性化的特色培育路径可供借鉴，不同的大学要因地制宜、因史制宜、因人制宜，走出自己大学精神的特色化培育之路。

（一）因地制宜培育大学精神

因地制宜培育大学精神，就是要充分考虑大学所处的地理位置、气候环境、类型层次、学科特点、服务领域等个性因素，依据这些个性因素的特点进行大学精神培育。第一，大学精神的形成受地域文化的影响，与大学所在地理环境有直接关系，大学精神的凝练需要考虑大学所处的地理要素。如地处西南重镇重庆的西南大学，2006 年由原来的西南师范大学和西南农业大学合并而成，结合学校所处地理环境与学科特色，凝练出了"特立西南、学行天下"的大学精神，突出了学校的历史和地理方位，以及学校的学科特色和服务领域。第二，大学精神是一所大学的灵魂，必须与大学的办学层次、类型相一致，这样所培育的大学精神才能更好地发挥其对大学的指导和引领作用。也就是说，研究型大学与教学型大学、职业技术学院，理工科大学与人文社科类大学、师范类大学等，其大学精神的培育不应一样，要体现出自己的办学类型、办学层次和办学特色。第三，大学精神的培育要回归育人本质和坚守学术本位，那么大学精神就理应体现大学的服务领域和学科特点。如哈尔滨工程大学作为"哈军工"的传承者之一，在为国防建设服务过程中做出了重大贡献，在船舶与海洋工程、核科学与技术等领域具有学科优势，该校在传承哈军工精神的基础上凝练出了"三个第一"的大学精神，即"国家需要为第一需要、国防需求为第一使命、人民满意为第一标准"，突显了为国防服务的学科特色。

（二）因史制宜地培育大学精神

因史制宜培育大学精神，就是要充分考虑大学发展历史上对大学发展产生过重大影响的特殊历史事件等个性因素，依据这些重大历史事件的影响和作用推动大学精神培育。第一，每一所大学的发展历史不同，所培育的大学精神理应不同。如著名的西南联大，虽然存在时间短，但其在中国高等教育史上的地位却很高。西南联大的成立是由于躲避日本帝国主义的侵略，由三所大学内迁合并而成，这一特殊的历史培育出了西南联大"刚毅""自由"的大学精神，彰显了西南联大人威武不能屈的坚韧意志和坚决不做亡国奴的自由精神，深深地烙印在每一位西南联大师生的心中，成为凝聚和引领西南联大师生勇往直前、勇攀科学高峰的精神力量。第二，每一所大学遭遇的特殊历史事件不同，其对培育大学精神所产生的影响和发挥的作用不同。如清华大学的建立，是依靠美国退还给清政府的庚子赔款建立起来的，美国政府的本义是要培养认同美国精神的人，对我仍进行文化侵略和文化殖民，学校又建在被英法联军洗劫过的圆明园附近，清华大学的建立实际上是当时清政府的耻辱。这一重大事件在清华大学历史上产生了深远影响，对清华大学精神的形成具有重要意义。"自强不息、厚德载物"的清华大学精神，就是在这一重大历史事件的影响下形成的，始终警醒清华大学人为了国家，一定要生命不息，奋斗不止，始终肩负起国家和社会的责任。今天，在这一大学精神的指引下，清华大学为国家培养出了大批各行各业的领军人才和骨干队伍，成为中华民族伟大复兴的重要力量。

（三）因人制宜地培育大学精神

因人制宜培育大学精神，就是要充分考虑在整个大学的发展历程中对国家、社会或大学自身产生了深远影响的著名人物等个性因素，依据这些著名人物的思想或贡献所产生的影响开展大学精神培育。第一，在大学的整个办学过程中，那些对大学发展做出过重大贡献、产生过重要影响的知名校长，以他们的办学思想为据培育大学精神。如北京大学将老校长蔡元培，提出的"兼容并包、思想自由"不仅对北京大学乃至对那个时代整个中国的高等教育都产生了重要的积极影响。北京大学在培育自己的大学精神过程中，始终把蔡元培校长的思想作为自身大学精神的精髓代代相传，成就了今天北京大学精神的自由之风，引领北京大学的学术发展和全面进步。第二，在大学的整个办学过程中，那些对国家和社会做出过重大贡献、产生过重要影响的知名校友，以他们身上所展现出来的精神品质为根据培育大学精神。如上海交通大学校友钱学森，虽然身在他乡却始终心系祖国，历经挫折毅然放弃美国优厚的待遇回归祖国，投身国家国防科技事业，为中国航天和"两弹一星"事业做出了巨大贡献。上海交通大学就把校友钱学森身上"饮水思源、爱国荣校"的精神品质上升为大学精神，激励广大师生无论何时何地、身在何处，都要心系国家、为国贡献。

第三章　优秀文化传统与校园文化建设

党的十八大以来，习近平总书记就传承和弘扬中国优秀传统文化作出了一系列重要指示。他在多个场合指出："中国传统文化博大精深，学习和掌握其中的各种思想精华，对树立正确的世界观、人生观、价值观很有益处。"[①] 实际上，自1993年中共中央印发《中国教育改革和发展纲要》并指出要重视对学生进行中国优秀文化传统教育以来，中共中央、教育部、各省市有关部门都在不断探索在学校开展传统文化教育的途径与方法。近日，中共中央办公厅、国务院办公厅印发了《关于实施中华优秀传统文化传承发展工程的意见》[②]，第一次以中央文件的形式专题阐述中华优秀传统文化传承发展工作。校园文化对青年大学生成长成才具有潜移默化的作用，因此，将优秀文化传统融入校园文化建设不仅对延续中华文明、全面提升青年大学生文化素养意义重大，而且是增强国家文化软实力、维护文化安全、建设社会主义文化强国的重大战略任务。

[①] 习近平. 习近平谈治国理政 [M]. 北京：外文出版社，2014：405.
[②] 中共中央办公厅，国务院办公厅. 关于实施中华优秀传统文化传承发展工程的意见 [N]. 新华社，2017-01-25.

第一节　优秀传统文化的基本内涵与传承意义

中华优秀传统文化积淀着中华民族最深沉的精神追求，代表着中华民族独特的精神标识，是中华民族生生不息、发展壮大的丰厚滋养。为了充分发挥中华传统文化对于校园文化建设的潜在资源性意义，使之成为涵养校园文化的重要源泉，必须"讲清楚中华优秀传统文化的历史渊源、发展脉络、基本走向，讲清楚中华文化的独特创造、价值理念、鲜明特色"①。

一、中华优秀传统文化的基本内涵

中华优秀传统文化是中华民族在历史上形成和发展起来的比较稳定的文化形态，是中华民族语言习惯、文化传统、思想观念、情感认同的集中体现，凝聚着中华民族普遍认同和广泛接受的道德规范、思想品格和价值取向，具有极为丰富的思想内涵，是中华民族集体智慧的结晶。

（一）中华优秀传统文化中蕴含了丰富的价值理念

中华民族和中国人民在同自然、社会与他人的相处过程中形成了"讲仁爱、重民本、守诚信、崇正义、尚和合、求大同"等价值理念，为人们认识和改造世界提供了丰富的启迪，为治国理政提供了有益借鉴。"讲仁爱"是中华民族立人道德的核心，在修齐治平的理想与实践中，孔子讲"仁者爱人"②，孟子说人有"四端"③，都从人性善的角度指明人的本心先天就含有"仁、义、礼、智"等品格，为忠恕、仁政等道德与政治理念做了铺垫。"讲民本"是传统社会政治思想的基本理念，孟子讲："民为贵，社稷次之，君为轻"④，意思是说，相比于君王和社稷，百姓才是最应优先受到重视的，君子为民是一切社会

---

① 习近平. 习近平在中共中央政治局第十三次集体学习时强调：把培育和弘扬社会主义核心价值观作为凝魂聚气强基固本的基础工程 [N]. 光明日报，2014-02-26.

② 《论语·颜渊》："樊迟问仁。子曰：'爱人'。"

③ 《孟子·公孙丑上》："恻隐之心，仁之端也；羞恶之心，义之端也；辞让之心，礼之端也；是非之心，智之端也。"

④ 《孟子·尽心章句下》

政治活动的根本目的和价值标准，这也是中华民族以人为本思想的渊源。"守诚信"是做人的首要任务，是君子建功立业的底线，更是一国政治权威的标志。"自古皆有死，民无信不立"①，传统文化反复传达这样的理念，一个人如果没有信用，就没有立足之地，一个国家如果对百姓不讲信用，也必然要垮掉。"崇正义"是中华民族对政治、法律、道德等领域中的是非、善恶所作出的积极判断，它所追求的是公平正义的社会秩序和舍生取义、以天下为己任的责任担当。"正其义而不谋其利，明其道而不计其功"②，没有对正义的追崇，利益也就成了突兀的存在。"尚和合"是中华民族的性格和心理在社会生活和国家关系上的体现，《周易·乾卦》中说："乾道变化，各正性命，保合太和，乃利贞。""尚和合"强调矛盾关系中的协调，对待不同事物的差异和冲突，既不回避和掩饰，也不夸大和激化，而是努力通过沟通和协商的方式加以解决。"求大同"③则是中华民族最崇高的社会理想，它突破了一国一族的界限，追求天下为公的理想境界。不同时期、不同学派、不同政治团体都追求这样的理想社会，如老子的"小国寡民"，墨子的"兼爱非攻"，康有为的"大同社会"，孙中山的"世界大同"，都寄予和积淀了中华民族的价值追求。

（二）中华传统美德是中华优秀传统文化的精髓

习近平指出："中华传统美德是中华文化精髓，蕴含着丰富的思想道德资源。不忘本来才能开辟未来，善于继承才能更好创新。"④中华民族在漫长的历史发展中形成了"自强不息、敬业乐群、扶危济困、见义勇为、孝老爱亲"等美德，并随着时间的洗礼逐渐融入了中华民族的思维习惯和生活方式之中了。"自强不息"是个体修身力行的重要品格，"天行健，君子以自强不息"⑤，"非弘

---

① 《论语·颜渊》
② 《汉书·董仲舒传》
③ 《礼记·礼运》："大道之行也，天下为公。选贤与能，讲信修睦。故人不独亲其亲，不独子其子，使老有所终，壮有所用，幼有所长，矜、寡、孤、独、废疾者皆有所养，男有分，女有归。货恶其弃于地也，不必藏于己；力恶其不出于身也，不必为己。是故谋闭而不兴，盗窃乱贼而不作，故外户而不闭。是谓大同。"
④ 习近平习近平在中共中央政治局第十三次集体学习时强调：把培育和弘扬社会主义核心价值观作为凝魂聚气强基固本的基础工程 [N]. 光明日报，2014-02-26.
⑤ 《周易·乾卦》

不能胜其重，非毅不能致其远"①，只有自我刚强，才能担负起大任，只有坚持不懈，才可能完成大任。儒家的创始人孔子穷其一生追求理想社会，奔走各个诸侯国依然不改对"道"的追求，越王勾践卧薪尝胆以警示自己不能忘记复国大计，都是自强不息的典型。"敬业乐群"是传统职业道德的核心规范，他强调对所从事的学业、事业要专心尽责，对所交往的朋友要和谐融洽，不要被孤立。《礼记·学记》中就记载："一年视离经辨志，三年视敬业乐群"，儒家对学生的考察是非常具体的，入学一年后考察的是对经文的熟读与理解，以此来辨别学生的志向，入学三年后则要考察学生是否尊重专注于学业，乐于与人群相处。"扶危济困"是处理群己关系的一种美德，是中华民族重义品格的体现。墨子曾说"视人之国若视其国，视人之家若视其家，视人之身若视其身"②，扶危济困所体现的正是这样一种兼爱的精神，牺牲自己的利益以帮助他人，反映了中华民族对待他人的同情心和乐于助人的优良品质。"见义勇为"是一种敢于担当的无所畏惧的品质。儒家说"见义不为，无勇也"③，见到应该去做的事情而不做，就是没有勇气。传统文化中认为，义是人区别于禽兽的根本之处，人们在生活中遇到合于道义的事情就要勇敢去做，但"君子有勇而无义为乱，小人有勇而无义为盗"④，只有勇而没有谋略、不讲求义，那么就会出现作乱的事情。"孝老爱亲"即孝敬老人、爱护亲人，它是传统家庭美德的基本要求。孝老既要在衣食住行等物质方面满足父母的要求，也要尊重父母、事之以礼，不让父母担忧，对待父母的错误也要委婉地规劝；爱亲则是要兄弟之间互相关心、互相爱护，夫妻之间相敬如宾、同甘共苦。

（三）人文精神是中华优秀传统文化的基本精神

人文精神是人伦有序的理想中的文明社会的运行法则。中华优秀传统文化积淀着多样、珍贵的精神财富，是中华民族思想观念、风俗习惯、生活方式、情感样式的集中表达，至今仍然具有深刻影响。传承发展中华优秀传统文

---

① 《四书集注·卷四》
② 《墨子·兼爱》
③ 《论语·为政》
④ 《论语·阳货》

化，就要大力弘扬有利于促进社会和谐、鼓励人们向上向善的思想文化内容。第一，掌握求同存异、和而不同的处世方法。儒家在君子与小人的区别的问题上曾做过很多比较，例如"君子和而不同，小人同而不和"①，"君子喻于义，小人喻于利"②，"君子怀德，小人怀土；君子怀刑，小人怀惠"③，其中"和而不同"不仅是君子之道、事君之道，更是士人、国家之间的相处之道，体现了中华文化具有包容和忍耐、博采众长和与时俱进的特征。以"和"为准则就是要在听取各种不同声音的基础上独立思考和判断，在相互影响中使事物得到发展。第二，贯彻文以载道、以文化人的教化思想。"观乎人文以化成天下"④，人们在接受了各种文化形式的教育之后自然会形成一定的价值品质，而这样的品质也会潜移默化地融入到我们的生活。中华民族在教化中非常重视各种文化形式的熏陶作用，实际上也是将教化与国家治理结合在了一起。第三，锤炼形神兼备、情景交融的美学追求。对真善美的追求是人类永恒的话题，也是文艺创作的永恒价值。"酌奇而不失其真，玩华而不坠其实"⑤，文艺对美的追求要符合美的发展规律，要善于向人民、向生活寻求灵感与内容，通过加工与创作发挥展现人们丰富生活、发挥引领社会风尚的作用。第四，坚持俭约自守、中和泰和的生活理念。欲望的节制在物质层面表现为节俭、克制、清贫自守，在精神层面表现为坚其操守、泰然处之，天地万物各归其位。传统文化时常教导人们怎样的生活是值得追求和坚守的，应该在个体与自然、社会的交往中遵循天地运化的规律，保持自我的平衡。

二、当前传承优秀传统文化的重要意义

十八大以来，随着党和国家对传统文化的重视，特别是中华民族伟大复兴中国梦的逐步实现，全社会都形成了一股对优秀传统文化的热情，从官方到民

---

① 《论语·子路》
② 《论语·里仁》
③ 《论语·里仁》
④ 《周易·贲卦》
⑤ 《文心雕龙·辨骚》

间，参与主体逐渐增多，参与形式丰富多样。但是，在传承优秀传统文化的过程中，不免也存在一些急功近利、形式主义、片面否定、错误理解、开历史倒车的问题，甚至出现儒化中国、文化保守主义等倾向，没有能够在特定的历史条件下解读优秀传统文化的核心价值与时代意义。因此，在传承中澄清传统文化内涵、转化传统文化成果，对于延续中华文明、实现伟大中国梦，增强文化软实力、维护国家文化安全，提升全社会人文素养特别是当代大学生的民族认同感都具有重要意义。

（一）传承优秀传统文化是延续中华文明、实现伟大中国梦的重要支撑

优秀传统文化印记着中华民族在历史长河中的兴衰点滴，积淀着中华民族最深沉的精神追求，代表着中华民族最独特的精神标识。在人类文明之中，中华文明不是最早诞生的，但是古埃及、古巴比伦、古希腊、古印度、古罗马文明只盛极一时，而中华民族拥有五千多年的未曾中断的文明史，这是文明的创造者与传承者之间的默契，共同的生活区域和语言，共同的生活习惯与思维方式，在一定程度上让二者能够彼此认同。全球化时代，民族的复兴与文化的繁荣更是不可分离的。优秀传统文化通过价值理念、传统美德、人文精神凝聚中华文明，传承优秀传统文化正是延续中华文明的重要路径。正如习总书记所说："一个民族、一个国家，必须知道自己是谁，是从哪里来的，要到哪里去"①，一个民族、一个国家如果失去了对自身文化传统的自信与自觉，就必然堕入历史的深渊。中华民族要实现伟大复兴的中国梦，既要明了自己的文明史，深谙自己的文化传统，也要避免在全球化浪潮中迷失了自我。

（二）传承优秀传统文化是增强文化软实力、维护国家文化安全的战略内容

越是民族的，越是世界的。改革开放以来国内经济大发展，人民生活水平显著提高，社会文化消费需求空前增加；国际上经济全球化、科技信息化迅猛发展，各种思想文化交流交融交锋，为维护国家文化安全提出了更加艰巨的挑战，国家文化软实力之间的竞争日趋强烈。中华民族要拥有更多的话语权，不

---

①　习近平.习近平谈治国理政 [M].北京：外文出版社，2014：171.

仅要在经济发展和科技进步上对人类有所贡献，还要在文化上形成独特价值标识、成为世界文明的标杆，而中华优秀传统文化则是重要内容和突破点。尽管传统文化的发展在历史上也几经波折，但是中华优秀传统文化是中华民族的"根"与"魂"，沉淀了民族的集体记忆，它所彰显的民族历史、社会制度与历史成就是不容置疑的，至今仍是促进民族进步的思想保证和精神载体，因此，传承优秀传统文化就是要坚定中华文化自信，并以此自觉抵制西方文化的渗透和自我迷茫现象的产生。

（三）传承优秀传统文化是建设大学校园文化的重要方式

大学校园文化凝聚了大学的精、气、神，代表了大学的精神品格和培养旨趣，也深刻影响着大学教育的效果。大学校园文化的建设，离不开中华优秀传统文化的滋养，需要从优秀传统文化中需要智慧和借鉴。其一，优秀传统文化为大学校园文化建设提供理论滋养。习近平指出："中华传统美德是中华文化精髓，蕴含着丰富的思想道德资源。不忘本来才能开辟未来，善于继承才能更好创新。"[①]大学校园建设应当从传统文化中去寻找丰厚的理论资源，而传统文化博大精深，其中有适用于今天的优秀部分，也有不合时宜的部分。比如，中华优秀传统文化中蕴涵爱国、自强、诚信、知耻、改过、厚仁、贵和、重义、尚勇、好学、审势、求新、勤俭、务实等德目，将这些思想加以改造，融入到校园守则和校规校训中，融入到师生的日常思维方式、价值观念和行为习惯中，有助于形成良好的校园文化。因此，要秉着"取其精华，去其糟粕"的原则，挖掘传统文化中的优秀部分，将其改造成新的理论，为大学校园文化建设提供理论滋养。其二，优秀传统文化为大学校园文化建设提供实践之路。校园文化中的很多内容来源于对优良传统文化的提取和发展。对优良传统文化的弘扬，让优秀的传统文化重新焕发生机，就是大学校园文化建设的表现形式之一。对传统文化中的优秀教育资源进行挖掘和提炼，使之成为涵养校园文化建设的重要源泉，是校园文化建设的重要方面；知只是学的一个方面，通过行，可以将所知所学固化于行，内化于心，将传统文化中的美德运用于校园生活实

---

① 习近平. 习近平谈治国理政 [M]. 北京：外文出版社，2014：171.

践，则是践行校园文化的重要方面。

（四）传承优秀传统文化是完善大学生个人品格的重要途径

优秀传统文化不仅有利于构筑中国人的精神世界，更是构建大学生思想道德素质、增强民族认同感的重要基础。改革开放以来，中国的经济和社会面貌发生了翻天覆地的变化，社会的急速转型，打破了原有的价值体系，也打破了国人的精神信仰。中华优秀传统文化中蕴含了丰富的哲学思维、政治智慧与治国经验，还蕴含了强大的精神力量、道德理想和价值理念，对于回应市场经济条件下的浮躁心理、重塑中国人的精神世界具有启迪意义。大学是青年价值观形成的关键时期，大学生是国家的未来、民族的希望，他们具有什么样的价值观不仅关系到个人的发展和前景，还关系到民族的命运和前途。

传承优秀传统文化有利于提升大学生的传统文化涵养和民族自信。中华传统文化绵延五千年而不绝，中华民族曾一度为世界上最强大的民族，中华民族的文化是世界民族文化之林中的瑰宝。加强对优秀传统文化的学习，促使大学生传承优秀传统文化，有利于提升大学生对优秀传统文化的认识，增强大学生的民族自信心和民族自豪感，增强中华民族的文化自信。提升大学生的对国家命运与个人命运关系的认识。传统文化强调将个人命运同国家命运紧密相连，"天下兴亡，匹夫有责""先天下之忧而忧，后天下之乐而乐""苟利国家生死以，岂因福祸避趋之"等说法都充分体现了中国传统文化的情怀。大学生在传承传统文化的过程中，会受到这种情怀的影响，加深自己对国家命运同个人命运关系的认识，树立正确的人生理想和追求。提升大学生的个人思想品德。传统文化中包含着大量的关于个体思想品德修养的原则和方法，比如儒家关于"仁者""君子"的学说，关于"慎独""内省"的自我修养方法，了解和学习这些学说和方法，有利于陶冶大学生的情操，提升大学生的个人思想品德。总之，传承优秀文化传统不仅提高全民族的文化认同与人文素养，还能够着力完善大学生的道德品质、理想人格、政治素养，塑造大学生的世界观、人生观、价值观，正确认识当前中国特色社会主义的理论与实践，坚定自信。

第二节 优秀传统文化与校园文化的内在关系

优秀传统文化与校园文化有着相辅相成的关系。一方面，优秀传统文化为校园文化精神的形成、为校园日常行为的养成、为校园制度规范的建设提供借鉴和参考，使得传统文化成为涵养校园文化的深厚源泉；另一方面，校园是优秀传统文化教育的主阵地、校园文化内含着优秀传统文化的基因、校园文化实现了优秀传统文化的创新性转化和创新性发展，使得校园文化成为弘扬优秀传统文化的重要载体。

一、优秀传统文化是涵养校园文化的源泉

校园文化的建设发展，离不开对优秀传统文化的借鉴和发扬。校园文化的建设，需要根植于优秀传统文化的土壤之中，优秀传统文化则是涵养校园文化的重要源泉。

（一）为校园精神气质形成提供借鉴

校园文化是师生在长期的教学实践和学习生活中形成的价值观念、思维方式、生活方式与行为习惯。校园文化对师生具有潜移默化和深远持久的影响，指导并塑造人生。大学不是孤立的社会组织，属于社会文化组织，校园文化的发展同一定时期的社会政治、经济、文化、历史与国外影响都密切相关，它是展示学校形象、提高学校文明程度、体现学校综合实力的重要指标，所以，先进的、健康的校园文化会促进师生的发展，落后的、腐朽的校园文化则会阻碍师生的发展。

高校的人文精神是校园文化的重要组成部分，它对学生起着强烈的熏陶作用，直接影响学生价值取向、人格完善以及文化思想素质的提高。中华民族传统文化中向来存在着一以贯之的人文精神，即以人为核心，把人的伦理精神、道德情感的提升放在首位。儒家文化视人格完善为教育的终极目标，当前校园文化应当借鉴这一智慧，将人文教育贯穿于教育活动和校园文化建设的全过程，使整个教育活动和校园文化体现人性化、人格化、个性化的特征，强调人

的自由、尊严和人格，营造以人为本的校园人文环境。从而体现出积极健康的校园精神气质。

（二）为校园日常行为养成提供指导

在中国传统社会中，国家对百姓的教化过程特别强调遵从"人伦日用"的思想。所谓"人伦日用"就是指在传统生活中，老百姓自觉地将道德观念和道德规范系统贯彻于他们的日常生活的方方面面，内化于日常生活之中，使之成为引导百姓生活的思维方式、价值观念的一种过程或生活状态。在传统社会中，百姓自觉将伦理道德观念贯彻到日常生活之中，这构成了传统社会百姓生活的基本面貌。传统德育的贯彻除了直接的道德宣传之外，更多的体现于为百姓生活的各个角落，衣食住行、日常交往，无不体现着伦理道德观念和日常规范，这是传统生活，也是传统德育的最基本的面貌。

将传统文化融入校园生活过程，同样不能单纯地停留在思想理论层面，真正的融入，应该将传统文化融入到校园的日常行为的养成中，实现优秀传统文化，特别是优秀传统文化中德育资源的"人伦日用"。为此，在将优秀传统文化融入校园文化建设过程中，要强调将优秀传统文化转变为师生交往的具体准则；要强调将优秀传统文化的核心精神融入到校园活动的设置当中。总之，要让优秀传统文化内化于校园日常行为的养成之中。

（三）为校园制度规范建设提供参考

优秀传统文化中，有许多关于制度规范的智慧，这些将为当前校园的文化建设提供制度规范方面的参考。回顾历史可知，传统文化具有从指导思想到百姓行为规则的系统性的制度规范。在指导思想上，自董仲舒"罢黜百家，独尊儒术"以来，儒家思想长期成为中国社会的正统思想，指导一切制度和规范的设立。在制度规范的设置上，古代社会强调针对不同地域、不同对象设立不同的制度规范，例如，每个地方都有属于自己的乡规民约。又如，针对不同的对象，会有不同的道德规范来制约，臣子要遵从为臣之道，朋友要遵从交友之道，为人子要遵从孝道，等等。为此，我们可以辩证地加以对待，吸取其中的合理因素，摒弃其中的糟粕。比如，在校园制度规范的建设过程中，我们也需要确立正确的指导思想，那便是要坚持马克思主义的指导；针对不同的对象，设置不同的规范，老师要遵从教师守则，学生要遵从学生守则。同时，在制度规则的设置上，可以借鉴优秀传统文化的经验，如，可以将传统美德加以适当改造，纳入到教师守则和学生守则的具体条例中。

二、校园文化是弘扬优秀传统文化的载体

校园文化是弘扬优秀传统文化的重要载体，这体现在校园本身是优秀传统文化教育的主阵地，体现在校园文化中内含了优秀传统文化的基因，也体现在校园文化有利于优秀传统文化的创造性转化和创新性发展。

（一）校园是优秀传统文化教育的主阵地

文化的传承主要是依靠教育来实现的，大学要充分发挥以文化人的作用，将文化的传承、创新与交流结合起来，不仅要传承优秀传统文化，更要主动推动文化的创新与传播；不仅要研究回答传统文化领域的理论问题，更要研究回答传统文化在当前实践中的重大现实问题，这是大学教育的重要职责与必然使命。在大学教育中开展优秀传统文化教育，既能将各种理念、精神、习惯、规则等的学习和养成贯穿于课程设置中，也能够渗透于学校的日常管理和宣传活动当中，这是提升青年大学生对传统文化认知的重要渠道，而大学教育更是抓住了青年大学生世界观、人生观、价值观形成的关键期，教育效果明显，与此同时，大学在传承优秀传统文化中还能够依靠青年大学生良好的同辈影响力，在激活对传统文化的知识需求与个体运用能力提升方面具有非常大的潜力。

随着时代的变迁和社会的发展，大学的内涵与功能都会有所改变，但大学的文化本性不会变也不应该变，校园文化的建设不会停止也不应该停止，因为，脱离了文化的传承、创新与交流，人才培养、科学研究、社会服务也都成了无源之水、无本之木。因此，从文化自觉的高度主动吸收优秀传统文化，依照大学教育在育人上的要求有选择地开展优秀传统文化的普及与提升，才是大学教育保持自身繁荣与权威地位的必然之举。

（二）校园文化内含着优秀传统文化的基因

新时期，我国高校一大重要使命就是引导师生培育和践行社会主义核心价

值观。在这样的大背景下，校园文化的核心必然同社会主义核心价值观密不可分，并且成为培育和践行社会主义核心价值观的重要方式。我们知道，社会主义核心价值观并不是凭空产生的，它既根植于中国革命的实践，也根植于中国优秀传统文化的深厚土壤，比如，社会主义核心价值观在个人层面提出的"爱国、敬业、诚信、友善"都是来源于中华传统美德的重要组成部分。由此可见，社会主义核心价值观内含着优秀传统文化的基因，作为培育和践行社会主义核心价值观重要方式的校园文化，自然也内含着优秀传统文化的基因。

校园文化中借鉴大量的优秀传统文化资源，使得其内含着优秀传统文化的基因。比如，许多高校在校训的制定过程中，充分借鉴优秀传统文化的智慧，将传统文化关于道德品质和理想人格的追求改造为校训。如清华大学"自强不息，厚德载物"的校训就来源于《周易》中"天行健，君子以自强不息；地势坤，君子以厚德载物"说法。中国大部分的高校校训都借鉴了古代智慧，这充分反映大学校园文化内含着优秀传统文化的基因。

（三）校园文化助力优秀传统文化的创造性转化和创新性发展

校园文化有利于优秀传统文化的创造性转化和创新性发展，这体现在：第一，校园文化在自身的形成和发展过程中，借鉴和吸收了中华优秀传统文化的重要组成部分，这样一种借鉴和吸收本身，就是优秀传统文化创造性转化和创新性发展的具体体现。第二，随着时代的发展，校园文化需要与时俱进，不断创新发展，校园文化本身内含着传统文化的基因，校园文化在创新发展的过程中，也意味着优秀传统文化的创新和发展，因此，可以认为，校园文化带动优秀传统文化的创造性转化和创新性发展。

第三节　优秀文化传统融入校园文化建设的基本思路与具体路径

将优秀传统文化融入校园文化建设过程中，不是一蹴而就的事情，而是一项长期的事业。为了更好地完成这一事业，我们可以从优秀传统文化融入校园文化建设的基本思路和具体路径两个方面提出一些建设性意见。

一、优秀文化传统融入校园文化建设的基本思路

优秀传统文化融入校园文化的过程中，要充分明确教育目标，正确把握校园文化建设的基调；要坚持问题导向，明确校园文化建设的任务；更要打破传统思维，提升校园文化建设的效果。

（一）明确教育目标，把握校园文化建设的基调

牢牢把握社会主义先进文化前进方向。坚持马克思主义指导，坚持中国特色社会主义理论，坚持培育和践行社会主义核心价值观。将优秀传统文化融入校园文化，必须坚持以马克思主义为指导，正如方克立先生指出的那样："马克思主义与儒学的关系是主导意识与支援意识的关系。"① 应该说，这种见解是非常精辟的。"主导意识与支援意识关系"说主要是从古今关系立论，从坚持先进文化的前进方向立论，强调立足现实，顺应历史发展规律，而又不割断历史，将有价值的历史资源转化为支援意识，古为今用。当前，在继承中华传统美德并实现其创造性转化时，也应该以这一观点作为研究的前提，在校园文化建设过程中，牢牢把握社会主义先进文化的前进方向，也就是要坚持马克思主义思想的指导，坚持中国特色社会主义理论的指导，坚持培育和践行社会主义核心价值观。

坚持"育人为本，德育为先"的根本目标。"育人为本，德育为先"是校园文化建设的根本目标。校园文化建设的成效主要体现在人的全面发展。校园文化建设对培养青年大学生正确的世界观、价值观、人生观和理性的行为方式具有重要的作用。以优秀文化传统融入校园文化建设，必须始终把培养学生、促进学生的全面发展作为校园文化建设的根本出发点，破除简单化、行政化的建设思路，遵循文化发展的规律、教书育人的规律、学生思想认识形成的规律，将校园文化建设与大学生成长成才统一起来。

---

① 方克立. 关于马克思主义与儒学关系的三点看法[J]. 红旗文稿，2009（01）:27.

（二）坚持问题导向，明确校园文化建设的任务

优秀文化传统融入校园文化建设要坚持问题导向，具有问题意识。

以优秀文化传统促进校园文化建设，要以大学生的需要为中心导向。其一，要明确大学生的多重需求，大学生在学习既有对了解、认识和掌握优秀传统文化的需求，也有提高个人修养的需求，要针对大学生不同种类的需求，制定不同的教育教学方案。其二，要关注不同层次学生的需求。不同年级、不同年龄和不同层次的大学生，对文化学习的要求不尽相同。不同专业和不同地域学生，对文化的需求也可能存在差异。面对这些情况，优秀传统文化融入校园文化建设过程中，要充分重视大学生不同需求，尽可能做到因需施教。其三，以优秀文化传统促进校园文化建设，还必须紧紧围绕大学生的需要和关注的热点难点，有针对性、有步骤地主动回应困惑和满足好奇，通过优秀传统文化的渗透，促进大学生的认知发展与思想成熟，引导大学生自觉传承优秀文化传统。

以优秀文化传统促进校园文化建设，重视校园文化建设需求。校园文化发展有其自身的规律，不同学校对校园文化的需求不尽相同，同一学校在不同时期对校园文化的需求也可能不相同。面对这些情况，优秀传统文化融入校园文化建设过程中，要做到具体问题具体分析，充分尊重学校对校园文化建设的特殊需求，做到有的放矢。

以优秀文化传统促进校园文化建设，要兼顾传统文化创造性转化和创新性发展的需要。优秀文化传统内涵丰富，以其融入和促进校园文化建设，就必须讲明白什么是优秀传统文化，为什么需要优秀传统文化，传承哪些传统文化，既要讲清楚它最根本、最内在的思想，也要讲清楚具体的表象和完成方式。

（三）打破传统思维，提升校园文化建设的效果

改善实施理念，坚持以学生为主体。校园文化对青年大学生的影响是潜移默化的，高度重视优秀文化传统融入校园文化建设，必须要坚持学生主体，主动适应青年大学生分众化、差异化的群体特征，丰富校园文化的影响方式。

创新传播方式，积极利用新兴媒介。新形势下，网络媒介深刻影响着大学生的日常生活，大学生们通过网络获得资讯，通过网络聊天交友，通过网络发

布个人生活状态，通过网络消费购物，甚至通过网络学习科学文化知识。可以说，网络对于大学生生活而言无孔不入。传统教育方式注重面授和阅读带给大学生的影响，当前形势下，如果忽视新媒体对大学生生活的影响，必然难以获得良好的教育效果。因此，将优秀传统文化融入校园文化过程中，要坚持创新传播方式，积极利用大学生对新媒介的喜爱和依赖。既要借助微信公众号，微博平台等发布重要的宣传信息，也要借助微课、慕课等新型网络课程形式，扩展教育教学方法，提升传统文化教育和校园文化建设的效果。

破除一元思维，强调课堂内外联动。校园文化建设不能单纯依赖课堂教学，还需要大量课外活动的辅助。课堂教学是向大学生传授传统文化理论知识的重要平台，有助于大学生从抽象层面理解优秀传统文化的内涵。但单纯的课堂教学是不够的。中国传统文化想来强调知行合一，强调在实践中加深对某一事物和某一道理的认知。优秀传统文化融入校园文化的过程，实际上就是优秀传统文化进入学生头脑的过程，也就是提升大学生对传统文化的认知，升华大学生传统文化素养的过程。在这一过程中，要充分认识到课外活动对大学生传统文化教育和大学校园文化建设的促进作用。一方面，为大学生学习优秀传统文化提供更加生动活泼的学习途径；另一方面，让大学生有机会在现实生活中将所学知识在实践中获得检验，加深和巩固已有认识，提升传统文化教育效果，从而提升校园文化建设效果。

二、优秀传统文化融入校园文化建设的具体路径

关于优秀传统文化融入校园文化建设的路径问题，可以从教育形式的创新、文化产品的制造、校园文化空间意识的提升、传统文化融入校园文化建设的环节以及制度设计等方面来考虑。

（一）课堂教育与校园活动并举，创新优秀传统文化教育形式

事实上，早在1994年原国家教委就发出了《关于在高等学校开设中国优秀传统文化课通知》（〔1994〕192号文件），但是近年来，不论必修课还是选修课的开设都存在严重的教学资源短缺、人才不足、贯彻乏力的问题。2017年中共中央办公厅、国务院办公厅印发的《关于实施中华优秀传统文化传承发

展工程的意见》中再次强调，要"推动高校开设中华优秀传统文化必修课，在哲学社会科学及相关学科专业和课程中增加中华优秀传统文化的内容。"① 由此可见，继续加强优秀传统文化课程建设是高校的战略职责，但基于高校目前教育资源分配不均衡和高校教学发展的新动态，可以尝试探索课程教育与校园活动的融合，将优秀传统文化的传承融入校园文化建设，从而更好地激发青年大学生了解和传承传统文化的积极性和主动性。

以中国人民大学2013年起步的"读史读经典"活动为例。该活动设立的目的是帮助学生提高人文修养、获得历史启迪、提高表达与写作能力，实现学生的智力与人格双重发展。在实现形式上，"读史读经典"项目突破了传统的史学课堂教授模式，实现"史学阅读"与"读史实践"两个环节的有机结合。具体就是将该项目纳入本科教学方案，计2学分，属于必修课，但又不以课程的方式开展，而是在教师的指导下由学生自主选择、制定阅读计划，自选参加由学校或学院、党支部等多主体组织的包含讲座、参观、沙龙等在内的读史实践活动，自选题目完成一篇规范的论文。在成绩认定上，凡按时完成阅读任务，如期提交读书报告和论文，足项参与读史实践的学生，便可获得学分。② 在队伍建设上，中国人民大学由班主任担任"研读导师"，并选拔近百名优秀研究生担任80个班级的"读史辅导员"，深入班级提供阅读指导，带领班级开展读史实践。在师生朋辈的互动过程中，"研读导师"及"读史辅导员"的行为，无形中对学生产生潜移默化的影响。项目在引导学生"回归经典""接近名著"，营造"悦读"氛围，激发学生的阅读兴趣，培养学生的阅读习惯等方面都收到了良好的成效，既弘扬了优秀传统文化，也推进了社会主义核心价值观建设。项目的成功还促进了大家对大数据时代、互联网思维下学生工作的思考。③

由此，探索课程教育与校园活动的融合，可以将优秀文化传统的传承与校

---

① 中共中央办公厅，国务院办公厅. 关于实施中华优秀传统文化传承发展工程的意见 [N]. 新华社，2017-01-25.

② 王亮，谢天武，彭迦南：每个脑袋里扛着二十本经典——中国人民大学"读史读经典"助力本科生培养 [N]. 中国教育报，2015-05-01.

③ 中国人民大学召开2013级本科生"读史读经典"项目阶段总结会 [OL]. 中国人民大学新闻网，2015-01-02.

园文化建设实现有机结合，促进校园文化在提升大学生人文素养方面的积极作用。探索课程教育与校园活动的融合，首先，要实现学校教学管理整体推进，打通课程教学与团学活动的有机联系，创新学分认定标准与方法。将课程教学推广到学生喜闻乐见的校园活动中，通过讲座、沙龙、竞赛、文艺等多种方式激活大学生学习的积极性和主动性，培养大学生的人文素质，既减轻了教学的压力，也提升了校园活动的内涵。高校各部门应主动发挥联动作用和一体化进程，创新学分的认定与考核方法，将学习渗透到学生的日常生活中。其次，要摆正课程教育的立场，防止校园活动的自主性对课程教育主题的冲击。课程教育是传承优秀传统文化的主渠道，包括优秀传统文化必修课程、选修课程与多学科融合课程，课程教育借助校园活动增加教育的趣味性和灵活性，必须做好教学设计与过程管理，提升教学效果的针对性与实效性。在校园活动的组织上，要紧密结合优秀传统文化教育主题，如"高雅艺术进校园"活动和主题社团建设，可以将传统的戏曲、书法、传统体育等内容融进校园生活；竞技类的演讲比赛、知识竞赛、才艺展示等可以将传统技艺与知识教育融入校园生活。最后，探索课程教育与校园活动的融合，要积极发挥青年同辈群体的影响力与感召力。大学生自主性和自觉性的高低在一定程度上决定了课程教育与校园活动融合的效果，将辅导员、班主任、青年教师与高年级学生组织到青年大学生学习传统文化的教学与互动中，能够最大限度地激活青年大学生的看齐意识，自觉主动地完成教学要求、超越自我局限。

（二）自觉制造文化产品，做好校际交流与品牌推广

如何实现优秀文化传统对校园文化建设的促进作用，没有固定的、普适的方法，也不是所有的高校都能够在传承传统文化教育的过程中打造出自己的校园文化品牌，因此，各地区、各高校、各学院应始终坚持立德树人的根本目标，结合地域优势、校本优势、学院优势、师资优势探索适合自己的建设路径，并树立品牌意识，形成文化产品，将模式探索与传播推广相统一，主动为他校提供可资借鉴的资源。

在学校探索方面，以西南大学"三为三化"大学生传统文化教育筑梦工程为例。西南大学主要通过两个方面实现了学校传统文化教育的品牌化。一方

面，以特色活动为重点，成立传统文化宣讲团，以"请进来""走出去"相结合的方式，深入推进传统文化宣传普及；夯实"铸魂工程"，推进传统文化与社会主义特色原理和中国梦理论携手，提高思想政治理论课的吸引力和感染力；围绕中国梦"三爱三节"和传统节日打造"雨僧讲堂""含弘讲堂""光大讲堂""学行讲堂"四大讲堂文化品牌；组织开展"国学季风"主题教育活动，包括"一读、一讲、一演、一赛、一秀"的"五个一"重点活动和常规活动，传统文化传承教育与校园文化建设紧密结合；[①]组织专家编辑出版了《读点经典》系列丛书、《诸子百家箴言选》等供学生选读。[②]另一方面，以媒体传播为亮点，建立传统文化专题网站，开办《西南大学手机报》《西南大学学子手机报》，"西南大学"移动客户端和官方微博、微信等网络新媒体；开展"心系传统，血脉相连"微博原创、"家乡传统文化以小见大"微视频、"毕业季——我为文化代言"微讨论、家乡传统文化寻访展示等文化活动，"两会代表面对面"微访谈等文化活动，实现学生自我教育、自我实现，确保传统文化教育实效性。[③]

自 2014 年以来，教育部办公厅就出台了关于开展"礼敬中华优秀传统文化"系列活动的通知，教育部与《光明日报》在全国高校联合启动了三届"礼敬中华优秀传统文化"系列活动，以"文化根·民族魂·中国梦""阅读传统经典·品味书香生活""爱国情·强国志·报国行"三大主题为核心，活动依托人民网、光明网、新浪网、腾讯网以及全国高校博物馆育人联盟网站、中国大学生在线、易班网、《光明日报》、《中国教育报》、中国教育电视台等相关媒体进行成果展示和宣传报道，在此基础上，推广众多全国高校"礼敬中华优秀传统文化"示范项目和优秀活动特色展示项目。

由此，自觉制造文化产品，做好校际交流与品牌推广，已经成为高校自

---

① 西南大学以开展优秀传统文化教育为结合点，积极推进培育践行社会主义核心价值观 [N]. 中华人民共和国教育部，2014-07-22.

② 西南大学实施经典品读育人项目，传播中华优秀传统文化 [N]. 中华人民共和国教育部，2016-01-13.

③ 西南大学以开展优秀传统文化教育为结合点，积极推进培育践行社会主义核心价值观 [N]. 中华人民共和国教育部，2014-07-22.

觉传承优秀传统文化的必然举措，也是丰富校园文化建设内容、增强校园文化影响力的重要方法。自觉制造文化产品、做好校际交流与品牌推广，一方面要立足于本地本校特色资源与教学能力，结合学生需求，通过资源深挖与主动联动，充实或提升校园文化品质。自主文化产品和品牌的打造是一个长时段的摸索与奉献过程，既要满足于青年大学生的认知水平，又要体现教学的深度与整体性；既要整合文化资源，又要有人力资源和学校的支持保障。另一方面，不断打造适应时代需要的中华优秀传统文化网络教育平台和宣传平台，主动占据互联网这一重要教育阵地，充分利用微信、微博、校园 BBS、校园 APP 等通信工具与学生交流对话，展示学生作品与活动成果，特别要在内容和形式的开发上，吸引青年大学生主动浏览，主动传播。习近平在全国高校思政工作会上指出，"做好高校思想政治工作，要因事而化、因时而进、因势而新"，"要运用新媒体新技术使工作活起来，推动思想政治工作传统优势同信息技术高度融合，增强时代感和吸引力。"[1] 在校园文化建设品牌的打造中，综合运用新媒体，不仅是吸引青年学生的关键手段，也是高校思想政治工作主动与社会趋势相衔接、积极走在舆论与传播前线的表现。闭门造车不如集思广益，通过自我推广与介绍吸引更多的高校参与、使用和评价，不仅能够推动品牌项目更好发展，还能够在全社会营造优秀文化融入校园文化建设的良好氛围。

（三）提升校园文化空间意识，激活青年大学生的反哺作用

校园是师生学习生活的场所，它能够立体地呈现学校的历史与发展、地区的特色与气质、社会的动态与焦点。提升校园文化建设的空间意识，推动校园空间的内涵式发展，就是将可视的物质文化与可感的精神文化充分利用起来，既能够使之成为传统文化的教育渠道，也要塑造成优秀文化教育成果的展示平台。

良好的校园物质文化一般是通过校园环境、文化设施和特色标志等实景来体现的。校园实景是窥探一所高校文化氛围的突破口，包括建筑的颜色、构造与空间格局，园林规划与休闲场所设计，雕塑设计与景观造型，宣传栏内容、

---

① 习近平.习近平在全国高校思想政治工作会议上强调：把思想政治工作贯穿教育教学全过程 开创我国高等教育事业发展新局面 [N].人民日报，2016-12-09.

密度与布局等等。优秀文化传统与校园文化的融合，要充分开发、精心设计符合教育教学目标的实景。例如，很多高校在建筑与园林设计上非常重视命名，诸如明德楼、至善楼、知行楼，梅、兰、竹、菊宿舍区，新民路、日新路，思源亭、坐忘亭等，有高校在园林设计上使用传统文化中的楹联设计，更增加了校园文化的人文气息，还有学校充分利用图书馆与休闲场馆设计文化长廊，展示历代文化名人、学科奠基人与优秀校友等。

良好的校园精神文化一般表现在校风、学风、人际关系，特别是精神风貌上。以优秀文化传统融入和促进校园文化建设，至关重要的目标就是将优秀文化传统融入青年大学生的头脑中，引导他们体悟、认可中华民族在历史中形成的核心理念与道德规范，并将其持之以恒地运用到日常生活中来。青年大学生是优秀文化传统促进校园文化建设的关键主体，他们在现有的传统文化教育环境下不仅可以审视自己的价值，而且还能够形成更高的符合实际的人生目标，这种最终展现出来的自我实现，能够有效地反哺校园文化建设。

（四）建设系统工程，将传统文化融入校园文化建设各环节

校园文化建设是个系统工程，包含各个环节，其中，课堂是大学校园文化建设的主阵地。主阵地的教育环节，一方面要将专业教育与传统文化教育结合起来，充分挖掘专业课中积极的人文因素，加强教师人文素养的训练，打造文化教育特色讲堂，联合校内外师资力量，为学生开设课堂教育和讲堂教育直观的教育阵地。另一方面，积极开设第二课堂活动，既给大学生提供展现才华的舞台，营造浓厚的校园人文氛围，又把丰富多彩的学生活动和传统文化结合起来，让学生在潜移默化中陶冶情操，提升品位，启迪思想。

上饶师范学院以全体在校生为参与对象，依托中华经典《弟子规》的诵读活动，一方面发挥课堂教学主渠道作用，通过思想政治理论课教学、专题讲座、班会等课堂活动深入解析、探讨《弟子规》经典要义；另一方面，积极开展丰富多彩、主题突出的践行活动，检验并深化学习效果，相辅相成，相互促进。上饶师范学院"践行《弟子规》，力做文明人"的活动包含四个层次：第一，内化于心。在《弟子规》"内化于心"的学习中，我们不是简单地依托于课堂讲解，而是更多地利用课余时间，以主题班会、读书会、辩论赛等形式展

开《弟子规》精神的大学习和大讨论。使《弟子规》思想渗透进大学生的灵魂深处。第二，外化于行。在"内化于心"领悟《弟子规》思想的同时，也进行着"外化于行"的宣传活动。"外化于行"的"行"不是"形式"的"形"，是"一言一行"的"行"，用自己的一言一行去感染他人，避免搞形式主义，是《弟子规》宣传活动的宗旨。在"内知"和"外行"的"知行"关系上，我们奉行古代哲学中"只有把'知'和'行'统一起来，才能称得上'善'"的"知行合一"的理论，以此形成道德文化的规范力量，来达到"文化规范"的社会效果。第三，固化于制。践行《弟子规》活动的价值不在于一时一事，而在于常态化的历史浸染和熏陶。为了促使《弟子规》活动的可持续发展，我们应统一地规划和部署文化活动让文化活动都能薪火传承，以制度来巩固活动效果。第四，感化于人。《弟子规》倡导"仁爱"思想，"泛爱众，而亲仁"，践行《弟子规》的所有活动一定要谨怀一颗"仁爱"之心，用"仁"去感悟他人，用"爱"去感动他人，用自身的行动感召他人，在校园中形成一种良性、动态的道德文明风尚。这四个层次充分体现了高校是如何通过建设系统工程的形式，将优秀的传统文化教育融入校园文化建设的各个环节的。

（五）加强制度设计，将传统文化融入校园文化常态化

传统文化融入校园文化不能浮于形式、流于观念，而是要重导向、重机制、重长效，这就需要以完善的制度体系来确保。从国家层面上讲，政府在政策导向上，要大力宣扬优秀传统文化的重要地位，对能够切实发掘和弘扬优秀传统文化的高校和个人给予精神鼓励和物质鼓励，引导和带动其他人。要建立和规范相关礼仪制度，完善学生行为准则，依法依规发掘和弘扬优秀传统文化蕴含的"正能量"。从高校层面讲，一方面设立相关的活动领导小组，从组织领导上给予支持，另一方面制定相应的规章制度，特别是对于一些优秀的活动，要做成品牌，形成惯例，构建长效机制。发掘和弘扬优秀传统文化不是权宜之计，而是我国思想道德领域建设的重要内容，也是培育和践行社会主义核心价值观的重要内容，因此必须常抓不懈，长期坚持，避免出现"三分钟热度"的情况。只有把制度运行贯穿于优秀传统文化融入校园文化的过程中，设置相关机构，明确制度规范，构建长效机制，才能真正做到有章可循、有法可

依、有司可管，发掘和弘扬优秀传统文化才能真正落到实处。

　　比如，广西师范大学经过积极的探索，基本形成了经典诵读、文化体验、课程学习、公益服务四大内容模块，并依托课程、文化、活动、大众传媒四大载体，使中华优秀传统文化教育和社会主义核心价值观培育从新生进入大学的第一个晚上开始，贯穿大学四年始终；在教育学习过程中坚持军训和文训相结合、显性教育和隐形教育相结合、老师指导和学生主动承担相结合、价值观培育和学风建设相结合，形成了"项目运营社会化、文化体验日常化、公益服务常态化、育人方式隐性化"的长效机制。

第四章　校园文化活动与校园文化建设

校园文化具有育人功能。校园文化活动作为校园文化的构成要素，既是校园文化建设本身的主要内容，也是开展大学生思想政治教育的重要载体和关键途径。中共中央、国务院在《关于进一步加强和改进大学生思想政治教育的意见》中指出："要大力加强大学生文化素质教育，开展丰富多彩、积极向上的学术、科技、体育、艺术和娱乐活动，把德育与智育、体育、美育有机结合起来，寓教育于文化活动之中。"①习近平总书记在全国高校思想政治工作会议上强调，要更加注重以文化人以文育人，广泛开展文明校园创建，开展形式多样、健康向上、格调高雅的校园文化活动，广泛开展各类社会实践。因此，优秀的校园文化活动对高校校园文化建设、对大学生的成长发展具有十分重要意义。

第一节　校园文化活动的特征与功能

高校校园文化活动是以马克思主义为指导思想，通过一定的组织形式，运用一定的文化载体，由广大师生参与的体现社会主义先进文化、体现时代精神和大学特色的文化活动，可以理解为大学校园中承载精神、文化的所有校园活

---

① 教育部思想政治工作司组编.加强和改进大学生思想政治教育重要文献选编：1978~2014[M].北京：知识产权出版社，2015:267.

动的总称。校园文化活动区别于一般文化活动，在于大学校园活动中的组织者、参与者、活动形式、文化形态等都具有十分鲜明的特征，是大学精神的外在表征。设计好、组织好、开展好校园文化活动，有利于塑造大学生的精神气质和行为品格，有利于形成一定的文化环境和文化观念，有利于引领文明和谐的社会风气。

一、校园文化活动的类型

高校校园文化活动形式多样，从内容上大致可以分为以下几类：

第一，思想教育类。

在大学校园中培养青年马克思主义者，积极宣传国家大政方针、政策，使青年大学生的思想和行动统一到党和国家的要求上来。如"我的中国梦""十八大精神宣讲团"等。思想教育类的活动多采用主题征文、主题党日团日活动、宣讲报告会、主题讲座、演讲比赛、知识竞赛、民族团结教育系列活动、读书月、实地参观等形式开展。

第二，文化宣传类。

在校园中培育和弘扬社会主义核心价值观，弘扬中华优秀传统文化、革命文化和社会主义先进文化，引导大学生崇德修身。宣传活动的载体丰富，包括校园内各种宣传栏、校园书刊、校园媒体等。宣传栏、校园书刊可以看作校园环境文化的一部分，而微博、微信公众号等新媒体平台则具有信息量大、传播速度快、声像并茂等特点，受到师生的喜爱。在少数民族地区，民族特色文化也常成为重要的活动内容，比如文化艺术节、民族风情展、校园那达慕、饮食文化节等等。

第三，专业实践类。

主要为衔接第一课堂专业教育的课外实践活动，营造求学求真、人心向学的氛围。主要的活动方式有：学习经验交流会、主题沙龙、读书研讨会、专业竞赛等。例如测量技能大赛、模拟法庭、医学生实验技能大赛等。

第四，文体娱乐类。

主要通过文艺、体育的活动方式，培养青年大学生的审美情趣和健康体格，提供展现才华、相互交流的平台。比如校园音乐、舞蹈、戏剧活动，校园书画、工艺、收藏活动，校园棋牌、游戏和野营活动以及校园健身、健美活动等。高尚、优雅、健康、有度的文体活动不仅可以陶冶学生的心灵、丰富学生的情感，还可以提升生活的品质，促进学生的全面发展。

第五，科技创新类。

主要包括智力或科技竞赛、发明制作等，如大学生科技节、"挑战杯"系列竞赛、数学建模大赛、ACM 程序设计大赛等。

第六，志愿服务类。

通过志愿服务和公益参与，培养青年学生家国情怀，引导其对国家、社会和他人的责任感和服务精神。如社区服务、看望孤寡老人、帮助残疾人、到农村支教、科技支农，等等。

第七，就业创业类。

帮助青年大学生应对就业和创业面临的问题，培养面对就业压力正确的应对方式，模拟就业创业可能遇到的问题，从而缓解就业压力，让青年大学生在毕业时更加自信和勇敢。如职业生涯规划大赛、就业讲座、模拟面试大赛、创业大赛等。

二、校园文化活动的特点

高校校园文化活动的发展过程，既是其内涵不断丰富、充实的过程，也是其对社会文化产生深刻影响的过程。在这个发展过程中，高校师生围绕培养目标，以社会先进文化为主导，利用物质资源、精神财富共同开展寓教育、娱乐、审美于一体的各种活动，其文化内涵和精神气质在长期的积淀中与校风、校园精神相融合，形成独特的高校文化品质和校园文化活动特点。

第一，高层次。

大学生校园文化活动定位高雅，这是由大学教育主体的高层次和人才培养的高目标决定的。高校坚持社会主义办学方向，以党的教育方针为指导，努力培养德才兼备的中国特色社会主义事业的合格建设者和可靠接班人。这一高目标，要求高校要综合运用课堂教学和文化熏陶的方式，使大学生在校园中增知识、修品德、长才干。同时，高层次的教育者在指导和参与校园文化活动的过程，也是其以自身的道德和行为潜移默化地影响学生的过程。

第二，时代性。

校园文化活动具有鲜明的时代性，往往与社会的政治、经济、文化以及教育等多方面都息息相关；同时校园文化受社会主流文化的影响，校园文化活动也与社区文化活动、家庭文化活动等相互作用。

第三，多样化。

校园文化活动在突出主题特色、弘扬主旋律的同时，还具有多样化的特点。使得校园文化活动更加生动形象、深入人心。多样化体现在活动类型的多样、活动内容的多样、活动形式的多样，体现了青年学生的蓬勃朝气和创新精神。

第四，教育性。

立德树人是教育的根本任务，人才培养是高校的中心工作。校园文化活动蕴含着思想政治教育的功能，以育人为己任，必然具有教育性。校园文化活动作为第二课堂的重要内容，总是要采用学生喜闻乐见的方式，在丰富校园文化活动的内涵和精神品质的同时，增加了思想政治教育的易受性。

第五，传承性。

校园文化在建设和发展过程中始终坚持在继承的基础上创新，包括校园的传统、校风、校纪以及校训等等都得到了良好延续。不同的高校由于自身的特色的不同，也表现出了鲜明的地域特点。这些校园文化的特质也决定了校园文化活动具有一定的传承性，使得校园文化活动品牌的培育成为可能。

校园文化活动的特点使得校园文化活动具有了独特的生命力和感召力，成为广大青年大学生施展才华、展示青春风采的广阔舞台。在校园文化活动中，大学生熏陶人格、陶冶情操、启迪智慧，促进自身的全面发展。

三、校园文化活动的功能

文化是教育的主要内容，是高校开展思想政治教育的重要根基。优良的校园文化活动对于高校师生的成长有着重要的教育、导向以及熏陶作用，具有将先进文化辐射至全社会等多重功能。

第一，导向功能。校园文化活动导向功能，是指校园文化活动对校园主体的价值取向和行为取向所起的引导作用，使之符合学校所确立的素质教育的培养目标。校园文化活动中的人文文化的不断沉淀，大学生的道德感和社会责任感自然将得到增强，爱国主义、集体主义、社会主义精神就能逐步树立。正是由于校园文化活动强大的导向力和感染力，才使学生的知识、能力和素质得到不断的充实和完善，使他们的视野、思路更加开阔，知识面更加宽广，灵魂更加趋于高尚，成为和谐发展的人。

第二，约束功能。校园文化活动的约束功能是指建设一种健康的校园文化活动氛围，通过借助校园各种规章制度、校园媒体和舆论的力量，约束一些错误的观念或行为，以实现对校园文化活动主体的思想观念、思维方式、行为方式以及价值取向的塑造。高校是培养人才的摇篮，也是各种理论认识、社会思潮以及文化思想相互交融和碰撞的平台。如果校园内一些不良的风气不及时加以制止，就可能导致师生的价值观等发生混乱。

第三，熏陶功能。校园文化活动的熏陶功能，是指校园文化建设过程中形成的价值体系和思想观念，以及校园文化活动过程中体现的科学精神和精神风貌，使学生受到有效的思维和行为的锻炼与熏陶。良好的校园文化活动有助于培养学生健全的人格和独立的个性，促进学生的身心向着健康的方向发展。同时，高校校园文化活动中充满了艺术魅力，别具一格的活动形式，提高他们的审美情趣，调试其心理状态，有助于培养大学生健康的审美观念与价值观。

第四，凝聚功能。校园文化活动的凝聚功能是文化本身属性，使教育主体和活动参与者形成一种向心力和归属感和认同感，将高校视为是自己的精神家园，将自身的发展与高校、与文化的整体发展联系起来。校园文化有着较强的稳定性，在一定的阶段内其影响也较为稳定，使高校成员的行为、思想以及意识得到有效的规范与维系。校园文化充分地体现了时代精神与传统文化的交融，其本身强大的凝聚功能促使一所高校形成了具有支撑力的灵魂与思想动力。

第五，激励功能。校园文化活动的激励功能是指能够让广大青年学生发自内心的产生一种朝气蓬勃、奋发进取的精神效用，激发教师、学生和职工的驱策力与使命感，从而在校园内形成开拓进取的优秀风尚，形成促进成员相互进步的激励机制与环境。文化对于人的激励作用并不是一种短期心理影响，通过校园精神的调节，使高校成员的思维更加趋于合理，使广大师生都能够积极向上，并向着共同的目标而努力，对于高校思想政治工作来说，校园文化活动的激励功能则能够更好地为思想政治教育而服务。

四、校园文化活动的意义

大学生校园文化活动的开展，不仅有助于推动高校校园文化建设的和谐发展，同时在加强思想教育、弘扬民族文化、凝聚校园精神、建设和谐校园方面都有着重要作用。

第一，加强思想引领。大学生校园文化活动的重要意义之一在于有助于加强大学生思想教育，引导大学生自觉践行社会主义核心价值观。校园文化活动注重宣传党的大政方针、政策，教育引导大学生拥护中国共产党的领导，坚定"四个自信"；校园文化活动注重宣传中华民族灿烂文明，有助于培养大学生爱国主义情怀；校园文化活动鼓励大学生在多元文化中明辨是非、荡涤心灵，使大学生崇尚科学，追求真理，有助于培养科学的人文精神和人文情怀；校园文化活动在高校传承人类文明真知的环境中，鼓励大学生展现开拓创新的精神面貌，有利于提升大学生的时代责任感。

第二，弘扬先进文化。大学生校园文化活动通过一定的形式和途径弘扬中华优秀传统文化、革命文化和社会主义先进文化。中华民族五千年的历史创造了灿烂的物质文明和精神文明，形成了具有独具特色的文化传统。中国特色社会主义建设过程中，也积淀下丰富的精神文化。大学生校园文化活动开展，有利于大学生站在传统与现代的视角上，站在中国与世界的视角上，树立正确的人生观、价值观、文化观，体现了大学生校园文化活动的育人作用。

第三，凝聚大学精神。开展大学生校园文化活动是凝聚大学精神的重要途径和载体。大学精神应是校园师生的共同理想和价值取向，校园文化活动是大学精神的凝聚和表现。校园文化有更丰富的内容，如物质文化、环境文化、制度文化、行为文化等，校园文化活动则将大学精神和文化具体化。大学精神作为一种深层次文化，其内涵浸透在校园各种文化活动和文化行为中，表现出深层的、持久的魅力。

第二节　校园文化活动的理念与设计

校园文化活动的建设是有目的、有计划、有组织的。通过科学合理的设计，使校园活动内容不偏离校园文化的方向，使校园文化向更加有序、更具教育意义的方向发展。

一、校园文化活动的理念

高校校园文化活动设计实施的指导思想是：要以邓小平理论和"三个代表"重要思想为指导，坚持立德树人，坚持以文化人、以文育人，坚持社会主义先进文化的发展方向，遵循文化发展规律，借鉴吸收人类文明有益成果，以实施科学文化素质教育为基础，以建设优良的校风、教风、学风为核心，以优化校园文化环境为重点，以树立正确的世界观、人生观、价值观为导向，弘扬主旋律，突出高品位，努力建设体现社会主义特点、时代特征和学校特色的校园文化，不断满足大学生日益增长的精神文化需求，为培养社会主义合格建设者和可靠接班人提供强大的精神动力。

第一，校园文化活动要引导学生勤学求真。知识是树立核心价值观的重要基础，大学是学习知识的黄金时段。学习本身就是一个不断积累的过程，需要长时间的勤学苦练。校园文化活动应该多渠道、多形式营造"求真务实"的良好氛围，教育引导广大青年学生下苦功夫，求真学问，使学习知识与树立正确的价值观相辅相成、相得益彰。

第二，校园文化活动要引导学生崇德修身。"功崇惟志，业广惟勤。"立德树人是教育的根本任务，也是高校校园文化建设的核心目标。校园文化活动应该教育引导学生学会劳动、勤俭，学会感恩、助人，学会谦让、宽容，学会自省、自律。在活动中融入爱国主义教育、革命传统教育、党史校史教育，加强思想引领和文化熏陶；融入道德励志实践、诚信教育，弘扬社会主义荣辱观；融入中华优秀传统文化教育，融入讲仁爱、重民本、守诚信、崇正义、尚和合、求大同的时代价值。

第三，校园文化活动要引导学生明辨是非。校园文化是社会主义精神文明的重要内容，是对学生进行思想政治教育的有效手段，更是培养优秀人才的重要载体。优秀人才应具有坚定的政治立场和明辨是非的能力，是非明、方向清、路子正，付出的劳动才会结出成果。社会主义核心价值观的内容和要求为广大师生判断行为得失、做出道德选择、确定价值取向，提供了基本价值准则和行为规范，是当前大学校园文化建设的时代要求和标准。我们要把社会主义核心价值观的内容和要求纳入到校园文化活动中，使其和"三个倡导"的要求成为广大师生日常校园生活的基本规范，成为高校师生的共同行为准则和评判标准。

第四，校园文化活动要引导学生培育笃实品格。高校在培育校园文化、开展校园文化活动的过程中，应该始终坚持学生在实践过程中的"知"与"行"的统一，培养学生"扎扎实实干事，踏踏实实做人"的优良品格。在活动实践中不断深化对社会主义核心价值观的理解和认识，持续营造弘扬社会主义核心价值观的浓厚氛围，逐渐形成社会主义核心价值观教育的长效机制。

二、校园文化活动的设计原则

校园文化活动的设计决定着校园文化活动的方向和进程，应当遵循以下原则：

第一，目标取向原则。

目标取向是指大学生开展校园文化活动所要实现的目标和价值追求。设计校园文化活动，需要明确为什么开展、希望达到什么样的目标、取得什么样的收获，从而确立目标取向。这是大学生开展校园文化活动的前提。校园文化活动是学生从"自然人"向"社会人"转轨的助动力，是精神文化的大舞台，具备提高大学生创新意识、创新能力，以及培养创新人格的优势。因此，高校应坚持校园文化活动的价值导向，大学生也应充分明确组织和参与校园文化活动的目标。

第二，需求取向原则。

需求取向原则主要是指设计活动时要充分考虑活动主体，即大学生的发展需求，从而尽可能地使校园文化活动得到活动主体的"认同"。在校园文化活动过程中，要依据活动主体需求，帮助大学生解决好他们关心的问题，使参与者体会到活动的切身利益和重要价值，实现校园文化活动效益的最大化。

第三，团队合作原则。

校园文化活动绝大多数时候表现为集体或团队活动，以此培养大学生的集体主义观念，增强大学生的集体荣誉感，提高大学生的团队合作意识和团队协作能力。要注重鼓励大学生在参与到校园文化活动中锻炼合作意识，培养大局观念和集体主义观念。

第四，安全可靠原则。

是指校园文化活动过程中，要将参与者的安全摆在重要位置，确保校园文化活动的有序进行。要对不可抗力等因素或意外事件认真分析研判，提前制定应对突发事件的预案，避免人身伤害和财产损失情况的发生。因此，高校在组织校园文化活动，特别是群体性活动时，要将"安全第一"的观念贯穿始终，建立健全校园文化活动的安全保障机制。

第五，可持续发展原则。

可持续发展原则是指校园文化活动应当具有长期性、发展性和创造性，能够形成文化积淀和文化传承，形成校园文化活动的品牌。可持续发展应把握好以下几个方面：一是精心选题，要根据教育要求，依据大学生的需求，科学设计校园文化活动；二是认真策划，从可持续发展的角度，对活动的组织实施做好规划；三是分步实施，本着先易后难、先急后缓原则，有步骤、分阶段地实施项目；四是推陈出新，坚持与时俱进的工作思路，及时总结校园文化活动的成功经验，宣传推广校园文化活动的先进典型，始终校园文化活动的生机与活力。

三、校园文化活动的设计实操

校园文化活动的设计流程包括：明确活动目标、分析活动环境、选择活动方式、搭建项目团队、动员活动资源、制定风险预案等。

第一，明确校园文化活动的目标。

从管理学的角度看，组织或团队的目标具有独特的属性，因而在确立项目目标时，必须把握好活动目标的属性。活动实施的过程实际上是一个追求活动目标实现的过程。活动目标的表达可以分为三个层面：一是战略目标，就是校园文化活动建设的使命和意义；二是策略目标，是组织期望完成活动后所实现的"效益"；三是具体的活动目标，说明活动应该达到什么样的成果，比如成本目标、进度目标和质量目标等。

第二，认识校园文化活动的环境。

活动设计的开始，都应该对所处的客观环境有一个正确的认识，这也是对活动成功的客观因素进行了解和分析的必要过程。同时，随着社会进步和高校发展，大学生的需求日益呈现多样化和个性化特点。活动设计者要准确把握活动对象的需求，要增强与活动对象的沟通，也需要全面了解活动对象所处的环境。

第三，选择校园文化活动的方式。

校园文化活动的形式要符合活动目标、活动环境以及活动参与者的需求，采取"自上而下"或"自下而上"的组织形式，选择报告会、讲座、沙龙、知识竞赛、艺术展览、文艺汇演、网络话题讨论等等不同的形式来开展。

第四，组建校园文化活动的项目团队。

校园文化活动一般依托于学校、院系的党团组织、学生社团、学生会、班级等学生组织来实施。如果将一次校园文化活动看作"项目"，那么创建项目团队是保障活动开展的人力资源的重要一环。遴选和组建团队应遵循一些基本原则：一是成员应具备组织相关活动所必需的政治素质、基本知识和技能；二是成员都应具备主人翁的精神和合作态度；三是要选择合适且管理能力较强者作为活动负责人；四是要重视组织队伍的建设；五是要充分沟通并选择简捷有效的沟通模式；六是要明确责任，建立合作型的项目团队。

第五，寻求校园文化活动所需的资源。

资源既包括活动开展所必需的财力、物力、人力以及政策，涵盖了活动组织团队运作所必需的各方面的条件。许多活动之所以无法正常进行或达成目标，很大一个问题就是在资源方面没有得到足够的支撑。因而，在活动设计阶段要充分注意寻求可得资源，量体裁衣、量力而行，保障活动的正常有序开展。

第六，制定校园文化活动的风险预案。

制定风险预案的前提是进行风险识别，研判活动潜在风险，识别引起项目风险的主要因素，并对活动风险后果做出定性估计。活动风险识别中最重要的原则是通过分析和因素分解，把比较复杂的事物分解成一系列因素，并找出它们对于事物的影响、风险和大小。

四、优化校园文化活动的内容设计

优化校园文化活动重视校园文化活动的内涵建设。优化校园文化活动的内容要重视以下几个方面：

第一，加强文艺活动感召力。校园文艺活动蕴涵着丰富的思想政治教育实质与内容，并以一种隐性教育的方式增强教育的有效性。高校要着重挖掘学校历史文化资源，激发师生自主创作能力，打造以爱国将领、革命英雄、科学先驱、道德模范、敬业典型、志愿服务标兵等为原型的歌舞剧、话剧，将宣传教育融入节目编排、展演、宣传等环节中，深化大学生对社会主义先进文化的情感认同。积极推动校内、校外巡演，充分利用入学教育、毕业教育、重大节日、纪念日等时机，扩大文艺作品的受众面。通过加强艺术通识课程建设、支持学生艺术社团发展，有效提升学生的艺术涵养和鉴赏能力。同时，鼓励创作以弘扬社会主义核心价值观为主题的诗歌、散文、歌曲、动漫、视频、微电影、公益广告等文化作品，以文艺感召增强核心价值观的宣传教育实效。

第二，提升公益服务践行力。社会公益实践和志愿服务活动能有效促进大学生学以致用，知行合一。高校应积极推动学生参与到西部地区、农村、社区基层开展实践锻炼，常态化开展志愿服务"西部计划""研究生支教团"、科技、卫生、文化"三下乡"等活动。积极推动校园公益行，开展关爱老教师、校园环境保护、节能减排、帮困助学等公益服务，引导学生关心身边人、身边事，在服务他人、奉献社会的过程中将核心价值观内化为价值准则、外化为实际行动。同时，创新机制体制，将学生参与公益实践和志愿服务的情况作为评奖、评优的重要参考，以成果导向促进校园公益活动蓬勃开展，促进大学生在视野、品性、能力、水平等各方面进行提升。

第三，激发学生社团创造力。积极鼓励学生社团发挥团队特色、发挥动员优势，以形式多样、内容丰富的校园活动引导学生弘扬和践行社会主义先进文化和社会主义核心价值观，如依托文学杂志社、青年科技协会、助学社、志愿者团队、文体协会等开展主题宣讲、研讨沙龙、文艺展演、文体竞赛、科技创新、志愿服务活动等，营造"人人皆是教育之人、时时皆是教育之机、处处皆是教育之地"的校园氛围。同时，学校应把握原则、搭建平台、配备资源、有效激励，通过提升学生在校园文化建设方面的参与度，促进学生自我教育、自我管理和自我服务的实现。以活动立项的形式，由学生社团承担活动子项目的策划和组织，不仅可以激发他们的主动性和创造力，也能使得活动形式更生动，活动内容更贴近广大学生。

第四，优化新媒体网络传播力。开展校园文化活动应当紧扣当代大学生主体意识鲜明、热衷参与、注重表达的行为特点，与时俱进地开发网络平台，并有效利用新媒体平台。要始终坚持以广大青年学生喜闻乐见、乐于接受的方式方法逐渐深入，增强主流价值引导的教育效果。通过网络主题教育活动、优秀典型网络宣传等线上、线下联动，进一步校园文化活动的覆盖面和影响力。

第三节　校园文化活动的组织与管理

一、校园文化活动的要素

校园文化活动的管理可以围绕活动要素展开，校园文化活动建设的要素包括：

（一）校园文化活动的主体

校园文化活动主体是校园文化活动的直接继承者、建设者以及创造者，它直接关系到校园文化活动的性质、特征和功能。活动的主体具有能动性，其素质和组成决定着校园文化活动的性质和水平。各种校园文化活动主体由于其自身条件、社会角色和所处地位的不同，组织形式、参与方式和产生影响的方式也有很大区别。

（二）校园文化活动的环境

校园文化活动的环境主要包括自然环境、人际环境和文化历史环境。自然环境指的是校园附设的各种教学、科研以及生活等机构的领地、设施。人际环境则是由校园文化活动主体之间的相互交往、相互影响而形成的，它对于人的身心发展，对于人的积极性的发挥，对于工作效率的提高，都有重要的影响，是一种动态的、错综复杂的环境。而文化历史环境是指高校历史文化传统的积淀、当前时代背景和特征，以及活动主体参与文化活动的积极性与创造性。

（三）校园文化活动的手段和途径

校园文化活动手段是指校园文化活动的技术方式，包括各种社会实践、科研竞赛以及生活等方面的材料、设备等物质资料，以及非物质的语言和情感等。校园文化活动的途径是指活动主体与其所采用的手段方法的有机结合，通常包含宣讲会、报告会、讲座、辩论赛、读书活动、社会调查、宿舍文化活动、心理测试、心理咨询等。考虑到校园文化活动主体的角色、地位以及相关任务的不同，校园文化活动途径的选择也就受到一定的限制，不同的活动主体，在不同的环境条件下只能选择与之相应的途径。

（四）校园文化活动的对象和成果

校园文化活动的对象和成果主要体现为三种文化样式。一是与知识掌握、智力发展有关的教学科研等文化活动及其成果，即智力文化。二是与校园文化活动主体思想政治与道德品质的形成有关联的教育、自我教育等活动及其成果，即价值文化。三是与形成校园文化主体个性和谐发展有关的文化活动及其成果，即个性文化。

二、校园文化活动的组织

针对高校校园文化活动的组织工作，教育部、共青团中央《关于进一步加强高等学校校园文化建设的意见》（教社政〔2004〕16号）指出，"高校要精心设计和组织开展内容丰富、形式新颖、吸引力强的思想政治、学术科技、文娱体育等校园文化活动，把德育、智育、体育、美育渗透到校园文化活动中，使大学生在活动参与中受到潜移默化的影响，思想感情得到熏陶、精神生活得到充实、思想境界得到升华。"①

（一）校园文化活动的组织形式

组织形式通常有：学校主导型、学生主导型和项目委托型。学校主导型的组织方式，通常由学校职能部门、二级院系、党团组织发起，通过"学校——学院——年级——班级"的矩阵展开活动；学生主导型的组织方式，通常由学生社团、学生会、研究生会、班委等学生组织，以及学生自组织发起，直接面向全体学生开展活动；项目委托型近年来实际工作中常采取的方式，将学校计划开展的文化活动以项目方式委托给学生组织，将学校主导和学生主导两种方式结合起来，既发挥学校在校园文化活动中的指导作用，又发挥学生自我组织、自我教育、自我管理的功能。

（二）校园文化活动的一般组织程序

包括活动前、活动中和活动后的各个环节。如前期准备阶段，包括活动的设计策划、组建活动团队、准备活动物资、发布通知和进行宣传、宣讲活动方法和规则、挑选活动主持人、确定评判人员等等；活动进行阶段，如参与者的组织、维护现场秩序、保障人员安全、把握时间进度等；活动的总结阶段，包括新闻宣传、总结反思等。有些活动要聘请社会各方通力合作才能完成，需要提前做好学校、电台、电视台和社会各界的工作；有些活动还要注意事前排练及培训骨干，积极发挥学生骨干在校园文化活动中的组织协调作用。

（三）增强校园文化活动组织有效性的途径

一是要进行科学合理的策划。活动策划是组织单位、组织个体对活动的认识，需要达到的目标、活动本身的意义与步骤。同样的活动用不同的策划方式，其效果截然不同。二是组织工作环节要高效。校园文化活动的组织要发动到个人，参与到群体，拓展到网络，提高活动的参与度和覆盖面。管理上要细化目标管理、过程监控和结果反馈，保障校园文化活动的组织能实现预定目标。三是加强对组织团队的分类指导。对于学生处、校团委等学校职

---

① 教育部思想政治工作司组编.加强和改进大学生思想政治教育重要文献选编：1978~2014[M].北京：知识产权出版社，2015:276.

能部门主导组织的校园文化活动，可以设立专门工作小组，对活动进行统筹和跟进。对于院系、社团主导组织的各种活动，学校相关职能部门需要对活动进行关注，整合校内资源，达到活动组织资源利用的最大化。对于班级、宿舍组织的小型活动，要及时在院系做好活动备案。

三、校园文化活动的管理

（一）校园文化活动的管理环节

1. 整体管理。包括了解活动背景；成立活动组织团队，考虑负责人、团队规模；制定活动方案；指导活动开展，主要指启动、计划、执行和收尾的过程。

2. 团队管理。涉及到活动发起人、负责人、团队班子、团队其他成员。团队人员应当明确职责与分工，团队之间应通过集体会议、体验分享、文档发布等方式进行积极沟通。同时，要重视团队培训。

3. 进度管理。活动进度管理是对活动的每个环节进行分解控制，关键是以活动目标为依据，合理选取时间节点，编制进度计划，进行进度控制。

4. 成本管理。主要是对资金来源、财务控制的管理，包括成本预算和成本控制等环节。

5. 风险管理。风险具有随机性、相对性和可变性三个特征，但风险是可控的。可以通过活动的可行性分析、执行监测、活动评估来完善活动的风险防控机制。

（二）校园文化活动的管理原则

校园文化活动是以学生为主体，以校园为依托空间，并涵盖管理、教学等多个行为主体的群体文化活动。校园文化活动的管理应遵循以下原则。一是坚持正确的政治方向。这是高校坚持社会主义办学方向的要求。校园文化活动要教育学生热爱祖国、热爱中国共产党、热爱人民、热爱社会主义、拥护四项基本原则和改革开放政策，引导学生认真学习马克思列宁主义、毛泽东思想、邓小平理论和"三个代表"重要思想、科学发展观、习近平总书记系列重要讲话精神和治国理政新战略新思想新理念，学习党的路线方针政策，对学生进行爱国主义、社会主义、集体主义教育，增强学生的政治理论水平、政治敏锐性和辨别是非的能力和对社会主义现代化建设的信心和决心。二是维护校园和谐文明。校园文化活动要对学生进行社会主义核心价值观教育，进行中华民族传统美德、社会公德、家庭道德教育，使学生树立正确的世界观、人生观、价值观，提高学生的社会主义道德修养和品质。三是充分考虑受众差异。在校园文化活动过程中，要充分考虑和吸收不同民族的优秀文化传统，在民族尊重的基础上挖掘民俗传统中有利于社会和谐、时代进步、健康文明的内容，阐释其中与社会主义核心价值观相融相通之处，从而更好地引领少数民族大学生认同和践行社会主义核心价值观。

（三）建立和完善校园文化活动的保障机制

1.建立和完善校园文化活动的制度和机制。在机制设计上，应对校园文化活动的名称、类型、组织、流程等环节进行规定，明确没有按照规定执行的后果和处置方案，较为系统地管理校园文化活动。在制度建设上，完善的是经费保障和使用机制，确保校园文化活动经费到位，使用规范、有效。在活动反馈方面，加强过程评估，贯穿校园文化活动方案制定、活动实施以及活动效果全过程，可采用工作汇报、实际考察、试卷测验以及追踪考察等相结合的方式进行。

2.重视发挥大学生社团的积极作用。大学生社团是校园文化活动的重要组织机构，积极鼓励学术性、理论性等学习型社团的建设，同时为那些兴趣特长型社团的发展指明方向，大力倡导社会公益型社团的建设。学校应尽可能给社团发展提供服务，比如提供活动场地；提供宣传阵地，包括宣传窗、网络宣传等；提供业务指导，帮助他们联系专业教师和党政管理人员，对社团发展和活动的组织提供指导。

3.建设校园文化活动网上平台，用于宣传、推广校园文化活动，通过信息化的网络平台，在有声有色的校园网络文化活动中，进一步加强与学生之间的沟通与交流，促进高校的校园网络文化向着充满生机、文明和健康的方向发展，使网络文化在高校思想政治教育中发挥更为重要的作用。

4.加强校园文化活动管理队伍自身建设。首先需要加强思想政治教育队伍建设，要保证思想政治教育工作队伍的战斗力和凝聚力，坚持党性原则和甘为人梯的奉献精神。充分发挥高校各级领导在思想政治教育工作中的作用，落实党委统一的校园文化活动领导机制，以保证大学生具有正确的政治方向、立场和观点、严格的政治纪律、敏锐的政治觉察力以及坚定的共产主义信念。

优质的校园文化活动是加强校园文化建设的支点和平台，提供着丰富的养料。高校应积极努力地通过校园文化活动建设，开发形成良好的校园文化环境，形成高校培育社会主义合格建设者和可靠接班人的丰厚滋养。在实现路径上应注重以下几个方面：

一是要体现正确的价值取向。活动的主题要坚持以马克思主义为指导，牢固树立中国特色社会主义共同理想，弘扬和培育民族精神与时代精神，树立社会主义荣辱观，突显校园文化活动的思想引导力、理想感召力、精神凝聚力和道德规范力。要充分挖掘和利用学校传统宝贵资源，符合历史传承与文化创新要求，大力营造具有时代特征和学校特色的良好校园风气，形成学校以育人为本、教师以敬业为乐、学生以成才为志的优良校风。

二是要注重科学的系统设计。活动的策划要以战略眼光科学谋划，系统设计。在积极构建全过程、全方位、全员育人的良好格局目标下，推动形成校内各部门协同参与、支持配合的育人机制，建立健全校园文化建设的常态长效机制为目标，长期培育和凝练校园文化活动中优秀品牌项目，体现示范性、推广性和可持续发展性。在政策、资金、人力上要有持续的保障和长期的投入，形成完善的保障机制。切实解决校园文化活动组织开展中遇到的实际问题和困难；同时要加强理论研究，为不断推进校园文化建设提供理论支撑。

三是要注重路径和载体的创新。要坚持与时俱进和创新精神，不断丰富校园文化活动的载体和形式，充分发挥网络等新兴媒体的积极作用，建设好融思想性、导向性、服务性于一体的综合性校园网络平台，极开展健康向上、丰富多彩的网络文化活动。

第五章　大学生社会实践文化建设

第一节　大学生社会实践的文化基因

大学生社会实践是以育人为目的一种教育活动，也是高校校园文化的重要组成部分。加强大学生社会实践文化建设，深入推进大学生社会实践工作，对于加强大学生思想政治教育，着力解决"为谁培养人、培养什么人和如何培养人"三个根本问题，促进高校人才培养质量提升都具有非常重要的现实意义与理论价值。

一、大学生社会实践的概念界析

（一）大学生社会实践的基本概念

大学生社会实践是一个复合式的概念，是一个从实践——社会实践——大学生社会实践的逻辑结构过程。首先，从结构上存在两个限定词，一是社会，即实践的空间和路径；二是大学生，即实践的主体。其次，实践是一种教育活动。从教育内涵上看，教育可分为实践教育和理论教育。而社会实践是根据实践活动的空间划分的一种实践教育。除社会实践之外的空间应该还有很多，比如课堂、网络等。而大学生社会实践是大学生这一特定主体开展的社会实践活动的一个组合概念。但目前，对大学生社会实践的界定还存在着不同的认识，比较有代表性的主要有三种：一是从广义实践观视角出发，认为"大学生实践是人类实践活动的重要组成部分；是大学生在学习过程中学习知识、理论联系实际的应用与创新活动；是在成长成才过程中改造主观世界、促进自身全面发展的活动；是在走向社会过程中与生产劳动和人民群众相结合的、适应社会、承担社会责任的活动；是高校思想政治教育的重要途径。"[①] 这一概念相对比较泛化，从概念上看它不仅包括社会实践活动，同时也包括与课堂教学有关的实践活动、校园实践活动和虚似实践活动。二是从思想政治教育学科视角出发，认为"大学生社会实践是按照高校大学生培养目标，根据大学生思想政治教育的任务，结合学生政治发展的特点和思想政治教育规律，有目的、有计划地组织大学生走出校园，深入基层、深入群众、深入实际，以了解社会、认识国情，增长才干、奉献社会，锻炼毅力、培养品格，增强社会责任感为目的的各种实践活动。"[②] 当然，还可以从其他学科，如教育学视角出发进行不同的界定。三是从国家政策视角出发，对大学生社会实践的界定虽然没有明确，但我们可以从文件表述上进行分析解读。2004年中共中央、国务院出台了《关于进一步加强和改进大学生思想政治教育的意见》(中发〔2004〕16号)，提出："社会实践是大学生思想政治教育的重要环节，对于促进大学生了解社会、了解国情，增长才干、奉献社会，锻炼毅力、培养品格，增强社会责任感具有不可替代的作用。要建立大学生社会实践保障体系，探索实践育人的长效机制。"[③] 这里所提及的主要是对大学生社会实践的功能和作用进行了概括性的表述，而对概念本身则没有详述。此后，自2004年中央16号文件颁布以来，国家相关部委出台系列有关加强大学生社会实践的政策文件。通过对这些政策文件的研究，有关部委对大学生社会实践的认识和界定其实也是经历了一个模糊到清晰的发展过程。2005年1月7日教育部《关于进一步加强高等学校本科教学工作的若干意见》在论及实践教学时，指出："要切实加强实验、实习、社会实践、毕业设计(论文)等实践教学环节，保障各环节的实践和效果，不得降低

---

① 胡树祥，吴满意.大学生社会实践教育理论与方法 [M].北京：人民出版社，2010：48，61–62.

② 韩旭. 思想道德教育视域下大学生社会实践研究 [D]. 南京师范大学，2011.

③ 教育部思想政治工作司组编.加强和改进大学生思想政治教育重要文献选编：1978~2014 [M].北京：知识产权出版社，2015:267.

要求。"2007年2月17日《教育部关于进一步深化本科教学改革全面提高教学质量的若干意见》在论及实践教学时，指出"进一步端正学风，调动广大大学生的学习积极性和主动性，强化对课堂、实验、社会实践、毕业设计等教学各环节的管理，保证正常教学秩序和教学质量。""高度重视实践环节，提高学生实践能力。要大力加强实验、实习、实践和毕业设计（论文）等实践教学环节，特别要加强专业实习和毕业实习等重要环节。"这里就明确表明了实验、实习、毕业设计（论文）与社会实践是并列关系，而不是包含与被包含的关系。2005年2月1日共青团中央和教育部为贯彻落实中央16号文件联合下发的《关于进一步加强和改进大学生社会实践的意见》中认为，"大学生社会实践的总体要求是：以邓小平理论和"三个代表"重要思想为指导，认真贯彻以人为本、全面协调可持续的科学发展观，……开展教学实践、专业实习、军政训练、社会调查、生产劳动、志愿服务、公益活动、科技发明和勤工助学等"，这里所提到的大学生社会实践则包含了"教学实践、专业实习和军政训练"。以上所述，可见国家有关部门对大学生社会实践的界定和范围是不一致的，对其概念的认识了存在着差异。之后，到2012年1月10日，教育部、中宣部、财政部、团中央等7部门联合下发的《关于进一步加强高校实践育人工作的若干意见》中指出"实践教学、军事训练、社会实践活动是实践育人的主要形式……社会调查、生产劳动、志愿服务、公益活动、科技发明和勤工助学等社会实践活动是实践育人的有效载体。各高校要把组织开展社会实践活动与组织课堂教学摆在同等重要的位置，与专业学习、就业创业等结合起来。"随着实践育人工作的深入推进和大力开展，此时对大学生社会实践的概念和范围界定各部门的看法开始一致。我们可以将其概括为"高校按照人才培养目标的要求，以提高大学生综合素质，促进学生全面发展为目的，有计划地组织在校大学生利用假期和课余生活时间，参与社会政治、经济、文化活动的一系列教育活动的总称"。这一表述比较符合大学生社会实践的要求，也是学界所谓的从狭义视角上进行界定的一个概念，其类型可以分为社会调查、生产劳动、志愿服务、公益活动、科技发明和勤工助学等。本章所研究的也正是从国家政策视角出发的概念内涵。

总之，大学生社会实践既是大学生学习知识、理论联系实际的应用与创新，又是大学生认识世界、改造世界的重要途径，更是大学生提高思想政治素质，促进自身全面发展的有效载体。其实质是育人，是解决"怎么培养人"这一根本问题的一种教育方式。

（二）大学生社会实践的特点

大学生社会实践其实就是一种大学生的学习性实践、成长性实践和社会化实践，具有教育属性多重性、实践形式多样性、实践过程协同性、教育价值综合性、实践主题时代性、实践发展传承性和实践路径社会性等特点。

1. 教育属性多重性。大学生社会实践作为高校人才培养的一种教育方式，是大学生这一实践主体通过实践体验将认识转化为意志、情感和行为的重要过程，是联结学校教育和社会教育的重要纽带，它既是学校教育的重要组成部分，又是了解社会、服务社会进行社会教育的具体形式，更是学生正确认识自我、完善自我，不断提高素质和能力的重要途径。因此，大学生社会实践是融学校教育、社会教育和自我教育为一体的教育形式，充分体现了具有多重教育属性的显著特征。

2. 实践形式多样性。根据教育部等多部委下发的《关于进一步加强高校实践育人工作的若干意见》的文件精神，大学生社会实践活动主要分为社会调查、生产劳动、志愿服务、公益活动、科技发明和勤工助学等。大学生可根据自己的实际情况，进行有计划、有组织的选择参与其中的一种或几种实践活动，以达到增知识、长才干和受教育的目的和要求。这充分体现了大学生社会实践实践形式多样性的特征。

3. 实践过程协同性。大学生社会实践是一种能够较好地统筹家庭、学校、社会和自我等多种教育力量和资源的活动，同时社会实践活动还具有课程的开放性、跨学科性和互动性等特点。每一种教育资源都有自身的优势，组织开展大学生社会实践，需要尽可能多地动员和利用一切教育力量和教育资源，优势互补、协同推进、形成合力。既要取得家庭的支持，又要学校统筹安排；既要社会提供舞台，又要学生发挥自主性，自己参与设计、自己选择主题、自己组织实施、自己进行评价，还要充分利用与合作伙伴相互交流、分享成果的机会，培养锻炼人际交往能力和团结合作的精神。总之，只有将四方面因素协同整合，才使大学生社会实践取得育人成效。

4. 教育价值综合性。大学生社会实践活动的教育目标或价值是综合性的。它既可以体现在认知发展、技能形成方面，也可以体现在情感体验、品德与态度的确立等方面。在某一实践活动中，既可以对学生主体进行德育，也可以进行智育、体育、美育、劳动技术教育和心理健康教育等多方面的教育内容，进而达到综合素质的提升而不是单一教育目标或任务的实现。

5. 实践发展传承性。大学生社会实践与其他社会实践最大的不同主要在于实践主体的特殊性。大学生是一个充满活力、承上启下的年轻群体，而且这一群体的年龄始终处于年轻阶段。他们富有激情，善于继承和吸收前辈所创造的优秀成果，又善于立足当前、面向未来不断开拓创新。因此，大学生社会实践不仅是青年学生主体性的高扬与价值展示，而且是年轻人之间思想、文化、经验等交替传承的一个过程。在高校里，上一届的学生始终怀着一种师兄师姐的特殊情感，将自己在社会实践过程中的体会、经验和得失传授给师弟师妹，这种传承不会因主体的改变而改变，会始终如一的进行着。因而，大学生社会实践也正是在这种带有基因式的传承过程中不断发展，从而呈现出永不衰竭的永动状态。

6. 实践主题时代性。不同历史时期的大学生所处于社会环境不同，承担的历史使命和面临的机遇挑战也各不相同。一个国家和民族，少年强则国强，少年富则国富。大学生始终是一个国家和民族的希望与未来。因此，大学生必须根据所处的时期，唱响时代主旋律，奏响时代最强音，充分体现自身的价值，主动承担历史使命。在社会实践开展过程中，实践主题必须紧扣新时期党和国家的最新要求，全方位、多角度地探寻和挖掘新时期成长成才的因素并加以合理利用，有效地整合学生的知识结构和素质结构，加快自主建构，使自身的知识和素质得到不断的丰富、提高和优化，才能切实满足国家和人民赋予的责任，才能真正成长为一个对社会有用的社会主义合格建设者和可靠接班人。当前，我们所处的时代就是青年学生发奋图强，为实现中华民族伟大复兴的中国梦贡献自身力量的一个伟大的时代。大学生在社会实践过程中，必须始终围绕这一时代主题，将个人价值与社会价值融合统一。

7.实践路径社会性。大学生社会实践作为社会化实践，具有非常鲜明的社会参与性。大学生在实践过程中，其路径主要通过社会这一载体进行。大学生通过真实的社会环境，接触更广泛的社会群体，深入了解国情、社情、民情，缩小与校外现实社会的各种差距，接受社会教化、满足社会需求、掌握相应的知识和技能，习得并遵守社会主流价值体系与规范，明确未来生活目标，确定人生理想，并围绕社会的发展需要增长才干，为更好地服务社会，创造更丰厚的社会财富，推动社会文明的整体跃迁，甘心奉献。

二、大学生社会实践的历史发展

如果单从大学生社会实践的本质看，其历史渊源比较悠久。我们现在所讨论的"大学生社会实践"是在我国正式恢复高考制度，高等教育开始走上正轨，教育应如何结合实际进而提升人才培养质量的特定背景下提出来的。大学生社会实践这一概念是在1983年正式提出，之后全国各地和各高校团组织、学生会迅速、积极响应，此后大学生社会实践活动在全国得到广泛开展。其历史发展，我们可以将其分为三个阶段。

（一）萌芽起步阶段（1978—1982）

十一届三中全会召开之后，党和国家的工作重点开始转移到经济建设上，我国的政治、经济、社会、文化等各项事业蓬勃发展，国家的面貌焕然一新。1977年我国正式恢复高考制度，教育在国家经济和社会发展中的地位重新凸显。高校应如何才能培养高素质人才？1978年邓小平同志提出："各级各类学校对学生参加什么样的劳动，怎样下厂下乡，花多少时间，怎样同教学密切结合，都要有恰当的安排。"[①]人们逐渐意识到，高校要培养出有知识有能力的高素质人才，高等教育必须与社会生产劳动密切结合。1982年2月，北京大学学生利用寒假就农村实行家庭联产承包责任制以来各方面的情况，进行"百村调查"，写出调查报告157篇。此后，全国各高校大学生纷纷走入基层、走向

---

① 邓小平文选（第二卷）[M]．北京：人民出版社，1994:107.

社会、走进群众，开展了一系列便民服务活动，大学生社会实践在改革开放的春风中开始起步。但此时大学生社会实践尚处于萌芽阶段，还未形成一套较为系统的体系和成熟的做法，内容单薄、形式单一，主要集中在社会调查、公益活动、咨询服务等，部分高校仍不重视社会实践的重要作用。因此，大学生社会实践的发展并不平衡，有些高校还存在空白。

（二）快速提升阶段（1983—1998）

1983年以后，我国大学生社会实践步入快速提升发展时期，并逐步趋向制度化、规范化阶段。1983年10月，在《纪念"一二·九"运动48周年，开展"社会实践活动周"的通知》中提出了如何在新时期开展大学生社会实践活动的指导意见。1984年5月，时任团中央书记的胡锦涛同志在全国首次大学生社会实践现场观摩会上提出"受教育、长才干、做贡献"的指导方针，明确了大学生社会实践活动未来的发展目标。1986年，"社会实践建设营"行动计划正式出台。1987年颁布实施《中共中央关于改进和加强高等学校思想政治工作的决定》，着重强调积极参加社会实践对人才培养的作用。此后，大学生社会实践工作在全国范围内逐步实现了统一部署、组织、领导，并被作为课堂教育的重要环节被纳入教育计划。1989年江泽民同志在清华大学师生座谈会上强调，广大青年学生要广泛参与社会实践活动，在理论和实践结合的过程中努力克服自身的缺点。1991年出台《关于加强高等学校共青团建设的意见》，明确要求要充分发挥高校共青团在大学生社会实践活动中的作用，引导大学生快乐学习，健康成长。1995年团中央实施"中国大学生志愿者五年扫盲行动"，组织了15000支大学生志愿者服务队深入基层开展实践活动。1997年"大学生志愿者暑期文化、科技、卫生三下乡活动"名称正式出台，目前已成为最具影响力的大学生社会实践活动品牌之一。这一时期是大学生社会实践发展的关键时期，党和国家出台了一些相关的政策和规范性文件，社会实践也被纳入教育体制改革中，许多高校陆续加大了社会实践活动的开展力度，活动内容和形式也逐渐丰富多彩，规模不断扩展，但也存在着实践活动流于形式、实效性不高、地区发展不平衡等现象。

（三）转型创新阶段（1999 年至今）

1999年以后，我国大学生社会实践工作进入转型创新发展阶段。1999年，第三次全国教育工作会议上提出："教育同经济、科技、社会实践越来越紧密的结合，正在成为推动科技进步和经济、社会发展的重要力量。"[①] 因此，要深化教育改革，全面推进素质教育。此次会议标志着我国的教育已经进入转型发展阶段，也推动着大学生社会实践深入改革、创新发展，以不断满足经济、社会、科技发展的现实需要。1999年，青年志愿者扶贫计划、"挑战杯"大学生课外学术科技作品竞赛和创业计划大赛等一些具有代表性的大学生社会实践活动相继开展。2000年组建的"博士团三下乡"服务队，把先进的科学知识与技术带到基层，帮助解决人民群众的困难；之后国家正式确立"大学生服务西部计划"。 具体阶段性标志的是 2004 年中央下发16号文件，对大学生社会实践做了明确的定位，确定了指导思想，提出了具体要求；为深入贯彻中央16号文件精神，2005 年共青团中央下发了《关于进一步加强和改进大学生社会实践的意见》，强调充分认识加强和改进大学生社会实践的重要意义，进一步明确大学生社会实践的工作原则和总体要求，把大学生社会实践纳入到教学的计划当中去，不断丰富社会实践的形式和内容，积极探索大学生社会实践的长效机制，切实加强大学生社会实践的领导。到2012年，教育部等七部门联合下发《关于进一步加强高校实践育人工作的若干意见》，将大学生社会实践纳入到高校实践育人体系之中。在这一时期，从党的十五大"三个代表"重要思想的提出、十六大"全面建设小康社会"和"西部大开发"等重大战略决策的提出，十七大"科学发展观"的提出，十八大"两个百年目标""中国梦"的提出均为大学生社会实践提供了广阔的发展空间。此外，以互联网为代表的网络信息技术给大学生社会实践带来了新的发展契机，许多高校着手探索网上社会实践的发展路径，吸引更多大学生投身网上社会实践中来。在"万众创新，大众创业"时代背景下，大学生社会实践也呈现出新的特点，创新创业教育蓬勃发展，大学生社会实践在内容和形式上变得更加丰富和多元。

---

① 江泽民文选（第二卷）[M]. 北京：人民出版社，2006:335.

在分析大学生社会实践的历史发展过程中，我们可以从中探寻一个规律，大学生社会实践从萌芽起步到不断壮大，再到创新发展，它始终有一种内在的传承在起作用，就如同生物的遗传基因一样，既有传承又有创新。这种内在的传承我们可以将其视为大学生社会实践的文化基因。

三、大学生社会实践的文化基因

文化是人类在社会历史发展中不断创造、总结、积累下来的物质与精神财富的总和，是历史发展的体现，有强烈的、割不断的历史传统性。[①] 文化基因就是文化的 DNA，是决定文化系统传承与变化的基本因子、基本要素[②]；是可以被复制的鲜活的文化传统和可能复活的传统文化思想，是产生于过去、存在于当下、发展于未来的具有连续性的活性文化。[③] 大学生社会实践作为人才培养的一种载体和文化体系，为什么能得以传承和发展，毫无疑问是其内在的文化基因发生作用。大学生社会实践的文化基因是内在于社会实践文化现象中，并且具有在时间和空间上得以传承和展开能力的基本理念或基本精神，以及具有这种能力的文化表达或表现形式的基本风格。我们可以从普遍性和特殊性或共性和个性的视角进行分析。

（一）从大学生社会实践普遍性看

大学生社会实践作为以育人为目的一种教育活动或载体，根植着自身特有的文化基因。其共性文化基因主要体现在指导思想、实践内容、实践目的等几个方面。

一是大学生社会实践以中国特色社会主义理论为指导，以"受教育、长才干、做贡献"为方针，旨在引导青年学生践行社会主义核心价值观。这是大学生社会实践的最根本、最重要的文化基因，这一文化基因决定了大学生社会实践方向的正确性和思想的正统性。大学生社会实践只有始终坚持中国特色社会

① 王东 . 中华文明的五次辉煌与文化基因中的五大核心理念 [J]. 河北学刊, 2003 (5): 130–134.

② 曲辰 . 中国哲学与中华文化 [M]. 银川：宁夏人民出版社, 2006: 1.

③ 赵传海 . 中华优质文化基因在中国特色社会主义理论体系中的地位 [J]. 学习论坛, 2011(4): 8–13.

主义理论体系的指导思想，用马克思主义的世界观、人生观、价值观和方法论去认识世界、改造世界才能确保社会实践育人功能的充分发挥，才能科学回答"培养什么人，为谁培养人"这些根本问题。

二是大学生社会实践的内容以提升自我和服务社会为基本要求。大学生社会实践的类型和内容非常丰富，但其基本要求在于提升自我、服务社会。这是大学生社会实践教育理念的具体体现，也是大学生社会实践的价值所在。社会实践让青年学生在实践活动中将理论联系实际，并在应用中不断创新；同时又是让学生了解社会、认识社会、并服务社会，增强自身的社会责任感，既传承和发扬中华民族的优秀传统文化，又充分体现了不同时期的时代精神。提升自我是为了增长才干，为了让青年学生更好地服务社会；而服务社会又让学生在服务过程中进一步锻炼自我、提升自我，两者相辅相成，良性互动，实现形式、内容与过程的辩证统一，进而提高大学生的思想政治素质，促进青年学生的全面发展。

三是大学生社会实践的目的在于育人，在于通过实践活动促进青年学生的全面发展，最终实现中华民族的伟大复兴。中华民族的伟大复兴体现在国家富强、民族振兴和人民幸福。大学生是国家和民族的未来，是实现中华民族伟大复兴的主力军。民族复兴关键在人，在于我们能否培养出一大批社会主义合格的建设者和可靠接班人，而不是培养出背叛国家和民族利益的"唯利者"。因此，大学生社会实践始终坚持以人为本的教育理念，将集合中华民族独特的发展道路、民族传统、心理期待的文化符号不断传承和发展。大学生社会实践培养的是一种吃苦耐劳、求真务实、勇于创新的精神，承载的是民族精神的传承和延续，蕴含着民族复兴的强大精神力量，是实现中华民族伟大复兴的重要因素，这是一种强大的文化软实力。因此，实践目的所蕴含的文化基因携带着在社会实践中坚定中国道路，弘扬中国精神，凝聚中国力量的一种精神特质。

四是从实践教育历史发展看，实践育人思想古已有之。中国古代的劳动教育观、儒家"知行合一"教育思想就是实践育人的传统文化渊源。孔子曾说"学而时习之"，其中的习就是实践，认为行比知更重要；荀子提出"闻之不若见之，见之不若知之，知之不若行之"，这是荀子的实践教育观，也再三强调了实践的重要性；朱熹的"力行"思想也强调道德教育只有通过实践才能转化为道德行为。因此，溯源实践教育，大学生社会实践教育就是儒家"知行合一"教育思想的继承和发展，从其自身发展而言先天就携带着优秀传统文化的基因或血脉。

（二）从大学生社会实践的特殊性或个性看

大学生社会实践作为一种文化体系而言，不同的高校自身又存在着特有的文化元素，这个文化元素就是大学生社会实践的特殊性。而这种特殊性具体体现在各个高校所积淀的不同的大学文化和大学精神上。校训是一个高校的灵魂和文化精神，比如清华大学与北京大学的校训就不同，清华大学的校训是"自强不息、厚德载物"；北京大学的校训早先是"思想自由、兼容并包"，现是"爱国、进步、民主、科学"；浙江大学是"求是创新"；浙江师范大学的校训是"砺学砺行，维实维新"，体现了师大人坚守黄土地艰苦办学的"自信自强、艰苦奋斗、务实创新、乐于奉献"的师大精神等。各个高校的校训都不同，它所体现的是一个学校自身的文化传承，根植于每个大学生的身体机能之中，因而每个高校所培养出来的学生其外在行为、内在思想、文化形态（语言、行为、精神）等方面的显性状况都有所不同。为什么以前有人会说，清华大学和北京大学的学生混在一起可以明显予以区别，这就是两个学校所培养的学生身上传承的文化基因存在差异。因此，在大学生社会实践中，每个学校都会形成各自的实践品牌或特色和不同的实践文化，而这个特色和实践文化就是高校各自不同的文化基因在起作用。大学生社会实践之所以能够经久不衰，除了学校的有效组织和各方大力支持之外，更重要的恐怕是其内在的文化基因在不断传承和创新发展。

大学生社会实践的共性文化基因和个性文化基因的组合和排列就构成了大学生社会实践的文化基因谱，不同的文化基因组合也就造就了不同历史时期大学生社会实践生动活泼、精彩纷呈的良好局面，它对传承实践文化、维系实践认同、规范实践行为、推动实践发展起着非常重要的功能与作用。

第二节　大学生社会实践的实施与管理

大学生社会实践因其自身特有的文化基因，不仅促进了大学生社会实践的创新发展，而且也加强了大学生社会实践文化的建设与繁荣。推动大学生社会实践文化建设关键还在于如何加强大学生社会实践的实施与管理。在大学生社会实践的实施与管理过程中，我们需要厘清应该遵循什么原则、构建什么机制，应辩证看待其中存在的问题，精确判断今后发展的趋势。

一、大学生社会实践实施与管理应遵循的基本原则

（一）系统性原则

大学生社会实践是一个系统工程，在具体的实施与管理过程中，需要加强校内与校外资源和要素的整合。首先，要加强校内资源的整合，要构建相应的组织机构，将相应的部门与单位联合组成领导小组，对大学生社会实践工作进行统筹规划，统一安排，进行有针对性的指导和支持。其次，要加强与校外资源的沟通与协调，尤其要加强与政府、企事业单位、乡镇街道、社区农村以及社会组织，在校外资源的支持下有效解决实践方式、实践部门、经费支持等保障问题。校外资源可以为大学生社会实践提供需求驱动、提供实践支持，进而构建一个完备的社会实践教育体系，积极为大学生社会实践打造可行互动、保障有力的良好平台。在整合各方资源的过程中，需要加强各要素之间的协同，高校要结合时代特征、地方需求和学生实际，创新社会实践教育理念，将地方社会经济发展需求和高校专业发展与人才培养模式有效对接，从而形成社会实践教育合力，使育人目标得以更好的实现。

（二）人本性原则

大学生社会实践是以育人为目的的教育活动。在大学生社会实践实施和管理过程中，必须始终坚持以人为本的原则。首先，要尊重大学生的差异性。要根据大学生在专业、知识结构、成才需求和个体性别、能力、素质、性格等方面差异性，增强实践内容与实践主体特点的契合度；其次，要满足学生的成长

需要。充分遵循学生成长规律，将学生的成长需要与实践活动相结合，让学生在实践过程中体悟世情、国情、社情和民情，在实践中得到锻炼，使人才培养从知识传授向能力提高转变，不断提高学生的成才意识、创新能力和社会责任感，进而增强道路自信、理论自信、制度自信和文化自信；第三，要充分发挥学生的主体性作用。要坚持学生的主体地位，充分发挥学生在社会实践中的主体作用，实行"自我教育、自我服务、自我管理"，尽可能让学生自行设计实践方案，组织开展实践活动。

（三）广泛性原则

大学生社会实践的实施和管理要坚持广泛性原则，首先，要面向全体学生，而不能仅仅停留在部分学生骨干层面。要通过广泛动员和主题教育，让学生认识到社会实践的意义和价值，积极主动地参与到社会实践活动中去，在实践中思考、在实践中锻炼、在实践中创新、在实践中成长。在坚持广泛性原则的基础上，要注重实践活动开展的适宜性和层次性，针对不同年级和不同专业的学生应结合实际，有针对性地组织开展相应的实践活动，不能一刀切。其次，要广泛参与社会。不仅要了解发达地区的情况，也需要了解贫穷落后地区的现状；不仅在政府、事业企事业单位开展社会实践，也需要深入农村基层调查研究、宣讲服务。第三，要广泛开展系列活动。要组织开展社会调查、生产劳动、志愿服务、公益活动、科技发明和勤工助学等多种形式的社会实践活动，全方位锻炼学生，培养学生，切实促进学生的成长成才。

（四）长效性原则

大学生社会实践不是一个阶段性的工作，而是一项长期的育人工程。在实施和管理过程中，要始终坚持实效性和长效性。只有确保每次社会实践活动的实效性才能切实保证社会实践的长效性，从而得到政府、社会和家庭的广泛支持。要实现大学生社会实践的长效性，首先，要精确定位，以价值观引领、学术导向强化大学生社会实践的内涵，结合国家发展战略、地方经济社会发展需要和重要时间节点，着眼时代发展、社会变革的焦点热点，坚持社会实践与人才培养相结合、与社会需求相结合、与学科优势相结合、与就业创业相结合。

其次，要构建大学生社会实践的相应机制，如组织机制、激励机制、评价机制、保障机制等，为大学生社会实践的长效性提供机制保障。第三，要加强大学生社会实践的理论研究，深入探寻其中蕴含的育人规律，科学判断大学生社会实践的未来发展，为大学生社会实践的创新发展提供理论支撑与实践指导。

二、大学生社会实践实施与管理的工作机制

大学生社会实践关键在于建设，动力在于发挥青年学生的主体作用，活力在于建立有效的运行机制和制度。大学生社会实践的实施与管理需要建立科学的工作机制，既要有组织机制、考核评价激励机制、运行机制为保障，又需要积极搭建工作平台，同时还需要加强社会实践理论研究，用最新理论成果指导大学生社会实践。

（一）建立健全大学生社会实践组织机制

运行顺畅、科学合理的组织架构是大学生社会实践教育可持续发展的组织保障和前提条件。大学生社会实践属于实践育人的工作范畴，其组织架构应遵循单中心、多层级、广覆盖的原则。目前各高校都成立了实践育人领导小组，大学生社会实践归属于其职责范围，由分管思政工作的校领导牵头负责，教务部门、学工部门、研究生管理部门、科研部门、人事部门、财务部门、宣传部门、团委等相关职能部门为成员单位，可设立大学生社会实践工作办公室，办公室设在学校团委。学校层面重在负责大学生社会实践的顶层设计，加强校内各方面资源的统筹协调和校外资源的沟通协同，明确社会实践的指导思想、主题确定、文化培育、经费保障、评估考核以及实施方案设计等。各相关学院可以成立相应的工作办公室，与学院的学生工作办公室或分团委合署。在学生层面，由团委整合各学生社团成立大学生社会实践协会，充分发挥学生"自主管理、自我教育、自我服务"的主体作用，负责具体实践活动的开展，并通过高低年级的传帮带，调动学生积极性，激发学生自主实践意识，促进实践活动的深入开展。在教师层面，由人事处、教务处、学工部和团委组织大学生社会实践指导教师的聘任、培训和绩效评估。

（二）创建灵活的社会实践运行机制

在广泛深入地开展大学生开展社会实践活动中，我们应灵活机动。首先，要给予学生自主权。在理论上操作上应及时给予支持指导，在时间上要充分利用假期和课余时间，在主题上鼓励学生自己选择议定。其次，社会实践内容和形式必须因人而设、因地制宜。大学跨度三到四年，不同院校、不同年级、不同专业各有特点，我们应根据以人为本原则和因材施教原则，充分尊重学生的差异性和成长规律，差异性开展社会实践活动。如一年级学生，对社会不甚了解，则应以培养其"亲社会行为"为主旨，参加公益活动进行社会实践；二年级学生，仅具备一定的理论层面知识，需要对社情、国情有直观的了解与深刻的理解，因此应该采取社会调查等方式，进行社会实践；三、四年级学生是学生即将进入社会的准备阶段，社会实践应以就业实习为主，旨在培养学生解决实际问题、适应社会的能力。第三，要扩大学生的实践活动范围和视野。把学生带入团体和社会大熔炉，为学生提供更多更新的信息和更具体生动的体验的情境和机会，使他们的知识和素质得到不断的检验、丰富、提高和优化，引导他们在观察、分析、判断中发现差距、明确目标，学会适应、懂得选择、善于负责，培养良好的习惯、坚强的意志和体魄，深刻体会自我完善、自我发展、自主建构的乐趣、作用和意义。

（三）建立科学的考核评价激励机制

大学生社会实践在组织实施过程中到底取得怎样的成效，如何有效提升人才培养质量，需要有一个客观、科学、完善的考核评价机制。大学生社会实践评价机制可以由评价指标、评价机构、评价结果反馈三部分构成。首先，研究大学生社会实践评价指标体系。评价社会实践，应将社会、学校及学生三个层面的衡量标准有机结合，既要定性考核又要定量考核，既要过程考核又要效果考核，既要结构考核又要综合考核，既要分级分等的宏观考核又要做到细节上详细清楚，只有尽可能反映出真实的水平，才有可能得到学生的认同，并相互交流借鉴，真正实现社会实践锻炼人、培育人的积极效果。同时，要通过纵向与横向两个维度进行比较分析。纵向维度主要指高校自身在大学生社会实践过程中人才培养质量上的前后比较，可以通过量化指标建立数据库进行客观分析，科学反映育人成效；而横向维度则是通过同类院校之间实践育人成效的比较。其次，评价机构建议由学校委托第三方进行评价，以避免社会实践关联方因体现自身工作业绩而存在弄虚作假，要确保评价的科学性、真实性和客观性，从而确保社会实践工作持续推进，存在不足之处就及时整改，不断改进提高，而取得实效的可以及时总结借鉴推广，从而推动大学生社会实践工作的整体提升。第三，评价结果反馈。由第三方机构作出的评价报告直接反馈给相关高校党委，并报上级主管部门备案。另外，学校党委要根据大学生社会实践考核评价结果，建立相应的激励机制。一方面，对于表现优秀者，给予物质及精神方面的奖励，形成示范作用，从而鼓励大学生积极参加社会实践。另一方面，对参加社会实践指导并表现优秀的教师给予奖励，可以量化的方式将参加社会实践并表现优秀的教师纳入优秀教师档案，作为其评定职称、评选先进的重要依据。

（四）搭建立体式成长平台

为了有效推进大学生社会实践的互动性和创新性，从人才培养的角度，高校可以积极搭建信息、社群和创新创业教育三个学生成长平台。一是信息互动平台。信息互动平台有线上线下平台，学校的线上平台主要包括以微信公众号为窗口的社会实践政策和社会实践活动互动平台、微信群和QQ群的实时交流平台、实践能力测评与提升咨询平台；学校的线下平台包括由校内指导教师、校外专家和企业家、知名校友等为学生提供极具专业性、实践性的社会实践咨询指导。二是朋辈学习平台。学校可以构建以不同社会实践内容为纽带的实践社群，建立若干个以社会实践教育为特色的大学生朋辈学习平台，通过组织开展各类活动或实施一些社会实践项目，形成社会实践主体之间交流看法、解决问题、招募团队、推荐机会的互动平台。三是创新创业平台。创新创业教育，既要培养学生掌握创新创业基础知识，又要训练学生批判性和创造性思维，培育敢冒风险、挑战权威、团结协作和社会担当的综合素养；同时，还要锻炼学生综合运用专业知识分析问题、解决问题的创新、创造、创业实践能力。一方面要立足于现有高校——政府——科研院所——行业企业资源，进行资源整合、功能整合、体制创新，形成政府资助、社会参与、市场化运作的社会实践育人新模式。学校通过以大学生创新创业为导向的高校——政府——科研院所——企业协同机制，开展创业实训、创业孵化等方面的合作，改革人才培养模式，提升学生的创新精神、创业素养、实践能力、社会责任感和就业能力，为地方经济发展提供人才支撑、技术支撑、文化支撑、思想支撑；另一方面，根据学校不同条件，可以在校内适度成立创业孵化平台，如面向在校学生招标校内各种类型的学生创业实训基地，由学生自主经营、自负盈亏，模拟真实创业过程。

（五）提供强力的理论支撑

加强大学生社会实践理论研究，要善于总结大学生社会实践的工作经验，要将工作经验上升为科学理论；同时也要善于探索和研究大学生社会实践的有关规律，尤其是大学生社会实践的发展规律、社会实践育人规律等。可以通过项目化培育的方式，鼓励思想政治教育工作者积极开展研究工作，通过科学研究产生一系列理论成果，并用最新理论成果指导大学生社会实践，进而促进大学生社会实践的创新发展。近年来，大学生社会实践理论研究取得了丰硕的成果，也培养产生了一大批专家学者，这也是中央进一步加强和改进大学生思想政治教育的成果体现。实践证明，大学生社会实践活动的开展只有在科学理论的指导下，才能确保社会实践工作的科学性、合规律性和合价值性。

三、大学生社会实践的实施与管理应注意的几个问题

大学生社会实践在实施与管理过程中，为确保育人成效，我们还需要注意几个问题：

（一）正确认识大学生社会实践的效应问题

大学生社会实践的教育效果存在或然性，也就是说它不是在什么情况下都是正效应，盲目的、没有引导的社会实践甚至会适得其反。在社会实践活动中，青年学生既看到了改革开放以来我们党和国家取得的巨大成就，也不可避免地接触到社会诸多不良现象，如城市低收入阶层生活问题、腐败问题、理想信念问题等。面对这些现实问题，青年学生如何没有正确的认识论和方法论为

指导，往往容易用现实否定理想，在思想情感上会产生困惑、失望和沮丧，如不及时加以引导，社会实践就可能产生教育负效应。这就要求我们，一方面，要有计划、有目的、有组织、有引导地开展社会实践活动，要加强对大学生社会实践的有效引导；另一方面，必须着力培养学生运用马克思主义的立场、观点和方法去观察问题、分析问题和解决问题的能力。目前，许多高校在社会实践的实施过程中，过于注重实践形式，过于注重实践环节，但让学生感受成就的多，分析问题的少。学生一旦接触到真实的社会，理想、信念和信心极易出现短时间的动摇和灭失。回避现实的教育是失败的教育。我们既要让学生在实践中感受美好（应居主导地位），又要让学生全面接触到真实，不刻意回避现实与问题。这既是我们教育辩证的客观需要，也是青年学生增强忧患意识和社会责任感、早日成才的需要。

（二）正确处理课堂学习与社会实践的关系问题

在学校开展大学生社会实践的过程中，部分学生不能正确处理课堂学习和社会实践的关系，有的过于热衷参加社会实践影响学习、耽误学习，甚至丧失学习兴趣。在学校期间，学生的主要任务是学习，课堂学习与社会实践两者相辅相成，这是青年学生成长成才的两条腿，缺一不可，两者不可偏废，更不能本末倒置。我们要在课堂学习的基础上，通过社会实践，实现理论与实践相结合，社会实践与专业学习相结合，实现第一课堂与第二课堂之间的有机结合与优势互补；要引导学生在社会实践中深化学习，将知识转化为能力，进而提升自我；要引导学生通过社会实践，发现自身存在的差距与不足，进一步增强自己的学习主动性，补足短板，不断完善自我。课堂学习是学得，社会实践是习得，但我们更要追求的是悟得。我们要让学生在学得中接受间接经验，在习得中正确感悟、体悟，从实践中悟得真知、真理。从某种意义上说，这才是实践育人的真谛。

（三）正确把握大学生社会实践的发展趋势问题

未来大学生社会实践的发展趋势不管如何变化，我们必须始终把握住几个基本原则。一是在指导思想层面，必须始终坚持中国特色社会主义理论的指导，始终坚持以践行社会主义核心价值观为根本。这是大学生社会实践得以不断创新发展的灵魂，只有守住这个灵魂，才能确保大学生社会实践活动的方向性和价值性，才能保证它的正向作用与教育效应；二是在实践活动层面，必须准确把握社会实践的三个基本出发点，即从我国国情的客观实际出发、从社会发展的需求客观实际出发和从大学生的内在需求出发。只有坚持这三个基本出发点，才能真正实现改造客观世界和改造主观世界互动发展，达到教育效益与社会效益的"双赢"结果。

从个体而言对事物的认识和看法都会存在两面性，一是正向作用或是积极作用，二是反向作用或消极作用。比如，实践调研中面对中国农村的贫困问题，积极作用是看到这一现象更能激发学生的成才欲望，渴望通过自己的努力去改变这一落后面貌，更好地报效祖国服务社会，从而增强自身为实现中国梦和中华民族伟大复兴的责任意识、历史使命和担当精神；而消极作用可能就是因为现实否定自己的理想，感叹现实的不公和不均，悲观看待国家发展的短板与不足，甚至对实现小康社会、实现中国梦和中华民族伟大复兴感到失望和信心不足。

最后，大学生社会实践的实施与管理要牢牢把握理论创新这一核心，深入基层这一前提，政策保障这一根本，制度保障这一基础，组织保障这一关键，不断推进大学生社会实践工作创新发展，助推大学生社会实践文化建设质量稳步提升。①

第三节　大学生志愿服务和志愿服务文化

十八大以来，以习近平同志为核心的党中央高度重视青年志愿服务事业。习近平总书记先后给"本禹志愿服务队""郭明义爱心团队""南京青奥会志愿者"三支志愿者服务队回信，鼓励广大青年志愿者"同人民一道拼搏、同祖国一道前进，服务人民、奉献祖国"。自2001年团中央推出"注册志愿者"制度

①　冯刚主编.改革开放以来高校思想政治教育发展史 [M]. 北京：人民出版社，2018:244-247.

以来，经过规范注册的青年志愿者人数逾4000万名，大学生志愿者更是成为青年志愿者的中坚力量。

一、大学生志愿服务

《中国注册志愿者管理办法》第十二条指出：志愿服务是指志愿者不以物质报酬为目的，利用自己的时间、技能等资源，自愿为国家、社会和他人提供服务的行为。志愿服务主要领域包括：扶贫济困、助老助残、社区服务、生态建设、大型活动、抢险救灾、社会管理、文化建设、西部开发、海外服务等。大学生志愿服务是以大学生志愿者为主体展开的，组织方式包括学校组织开展、学生自行开展两类。大学生志愿服务的特点概括为：一是无偿性，不以获得物质报酬为目的，无偿为他人提供服务；二是自愿性，大学生志愿服务出于个人意愿，而非强制命令或要求；三是实践性，志愿服务属于大学生社会实践活动，是大学生接触社会、了解社会、服务社会的平台；四是组织性，目前大学生志愿活动主要依托学校团组织或学生组织开展。

（一）新中国成立以来大学生志愿服务的发展历程

新中国成立以来我国大学生志愿服务分为五个不同的发展阶段：

第一阶段：新中国成立至20世纪80年代初，以学雷锋行动和义务劳动为主。1955年8月，北京市组织了第一支青年志愿垦荒队，数万名青年踊跃报名，自愿到边远地区开荒种田，这是新中国成立后最早的有组织的公益活动，也是当代青年志愿活动的萌芽。[①]1963年3月5日，毛泽东同志发出了"向雷锋同志学习"的号召，在全国范围掀起了"学雷锋"的热潮。"学雷锋做好事"成为我国特殊的具有志愿服务色彩的行动，为志愿服务事业的发展奠定了良好基础。

第二阶段：20世纪80年代到90年代，以社区志愿服务为主要形式。1986年国家民政部提出在全国开展社区服务。此后一些学校以"义务服务"的名义，有计划地组织学生为周边群众提供无偿服务，有的街道还专门成立了"义务服

---

① 魏娜. 我国志愿服务发展：成就、问题与展望[J]. 中国行政管理，2013（7）：64.

务队"①。当代大学生志愿服务也从这一阶段开始起步。

第三阶段：20世纪90年代至21世纪初，以青年志愿服务行动的出现为标志，大学生志愿服务项目先后涌现。1993年，2万多名铁路青年率先打起了"青年志愿者"的旗帜，在京广铁路沿线开展为旅客送温暖志愿服务，青年志愿者行动在全国启动。1994年，中国青年志愿者协会成立，随后全国各省级协会也逐步建立起来。此后，以大学生为主体的青年志愿服务项目不断涌现。1996年，中国青年志愿者扶贫接力计划试点，这是青年志愿者行动第一个长期项目。2003年，团中央、教育部、财政部、人事部联合启动实施大学生志愿服务西部计划。通过志愿服务方式选派高校毕业生赴西部基层开展教育、卫生、农技、扶贫等方面的志愿服务工作。这一阶段大学生志愿服务发展迅速，有了质的飞跃。

第四阶段：围绕"奥运会""世博会"等大型活动，大学生志愿服务形成热潮。先后组织170万名志愿者服务北京奥运会、200多万名志愿者服务上海世博会、60多万名志愿者服务广州亚运会、95万志愿者服务国庆60周年等、120万名志愿者服务深圳大运会、32万名志愿者服务西安世园会。大学生志愿者在大型活动中积极踊跃，志愿精神也在大学生群体中广泛传播，带动大学生志愿服务热潮。

第五阶段："后奥运"和"后世博"时期，针对如何实现大学生志愿服务的常态化、社会化发展展开探索。围绕奥运会、世博会展开的大型活动志愿服务参与人数多，范围广，影响大。但在日常生活中如何持续开展志愿服务，加强青年志愿服务的常态化建设；在行政组织动员模式之外，如何广泛动员社会力量开展志愿服务，这成为"后奥运"和"后世博"时期面临的关键问题。

（二）我国大学生志愿服务的品牌项目②

当前，我国大学生志愿服务形成大学生志愿服务西部计划、中国青年志愿者海外服务计划、应急救援志愿服务工作等一批重点品牌项目。

---

① 黄金结. 近代以来中国志愿服务的变迁研究 [J]. 青年探索，2016（4）：29.

② 中国青年志愿者网 [A/OL]，http://www.zgzyz.org.cn/.

大学生志愿服务西部计划：2003年，根据国务院常务会议精神，团中央与教育部、财政部、人力资源和社会保障部联合实施大学生志愿服务西部计划。按照公开招募、自愿报名、组织选拔、集中派遣的方式，每年招募一定数量的普通高等学校应届毕业生，到西部基层开展为期1—3年的教育、卫生、农技、扶贫等志愿服务。截至2015年，全国项目累计选派了16万多名高校毕业生，到中西部22个省（区、市）及新疆生产建设兵团2100多个县开展志愿服务，累计派出近万名研究生支教团志愿者，23个省（区、市）参照西部计划全国项目实施了地方项目，累计选派了4万多名青年志愿者。

中国青年志愿者海外服务计划：2002年，团中央、中国青年志愿者协会实施中国青年志愿者海外服务计划，通过公开招募、自愿报名、集中选拔、集中培训和分别派遣的方式，选派青年志愿者到国外开展为期半年至2年（一般为1年）的志愿服务。截至2015年，先后选派了590名中国青年志愿者分赴亚洲、非洲、拉丁美洲的22个发展中国家从事为期1年的汉语教学、医疗卫生、农业科技、体育教学、计算机培训、职业教育、工业技术、国际救援等方面的志愿服务。

关爱农民工子女志愿服务行动：由共青团中央发起实施，于2010年5月4日在全国各地集中启动。广泛动员青年志愿者为农民工子女健康成长提供形式多样、切实有效的志愿服务。主要服务对象是随父母进入城市的农民工子女和留在农村的农民工子女，重点围绕学业辅导、亲情陪伴、感受城市、自护教育、爱心捐赠五个方面开展行动。

应急救援志愿服务工作：自21世纪初，青年志愿者在应急救援等方面做了大量工作。1200余万人次的青年志愿者参与2003年抗击非典的斗争中，开展了为医护人员捐赠爱心包、科普宣传、热线咨询、助耕帮困等活动。491.4万名志愿者在全国各地参与2008年"5·12"汶川特大地震的抗震救灾和灾后重建工作，其中35岁以下青年占志愿者总人数的77%。5900名志愿者深入青海玉树地震灾区开展抗震救灾工作，3000多名志愿者参与甘肃舟曲特大泥石流救援工作。

暖冬行动：2015年，团中央首次联合有关部委，在全国范围内启动实施中国青年志愿者服务春运"暖冬行动"。动员组织广大的青年志愿者在火车站、机场、道路客运站、港口码头、高速公路服务区等场所，为广大的旅客提供引导咨询、秩序维护、重点帮扶、便民利民、应急救援等工作。2016年末，被纳入全国春运工作联合部署单位。2017年，全国有12万多名青年志愿者在3400多个服务单位的1万余个服务站点开展春运志愿服务。

二、大学生志愿服务文化

（一）大学生志愿服务文化

国内学者在研究志愿服务文化时，通常从文化结构的角度出发，从物质文化、精神文化、制度文化等多个层面对其进行阐释。物质层面的志愿文化指与志愿活动相关的物质产品，如志愿者的徽章、宣传作品、志愿服务行为带来的生产发展等。精神层面的志愿文化指志愿服务的理念、意识、动机、价值取向等，当前对于志愿服务精神的普遍共识为"奉献、友爱、互助、进步"。制度层面的志愿文化包括各类相关法律法规、办法等。[①] 这其中精神文化是最为核心的，也是志愿服务文化的精神内核。

我们在探讨大学生志愿服务文化时，主要聚焦以大学生志愿者为主体，以大学生志愿服务活动为载体，以"奉献、友爱、互助、进步"的志愿精神为内核，具有高校和青年学生显著特征的志愿服务文化。

（二）当代大学生志愿服务文化特质

第一，与中国传统文化血脉相通，志愿文化理念与中国传统文化有精神共鸣[②]。中国传统文化以儒家为主流，融汇道家和佛教文化。志愿服务精神强调"爱人""助人""无偿"等元素，这与中国传统儒家文化"仁爱"的观点有共鸣之处，如"仁者爱人也"，"老吾老以及人之老，幼吾幼以及人之幼"。道家文化所强调的"上善若水""度人"，佛家文化的"积德行善""慈悲"等都体

---

① 钱佳丽. 上海社会公益组织志愿文化的现状和对策研究 [M]. 上海：上海师范大学，2015：14-15.

② 尹强：论当下中国志愿文化的兴起与发展——兼论中国优秀传统文化与西方进步文化的融通与结合 [J]. 学术探索，2015（1）：88.

现着"奉献""友爱""互助"的理念。在传统文化的影响下，中国古代也常有慈善救济活动，"利他"的理念根植于我们的思想观念和行为准则。

第二，对西方志愿文化整合扬弃，改变西方以宗教作为志愿服务精神支撑，将志愿服务视为公民道德建设的具体内容。志愿服务起源于19世纪初西方国家宗教性的慈善服务，主要是由教会首先推动的，宗教信仰规定教徒有责任救助贫民、保护孤儿、照顾寡母、帮助老弱病残等。① 中华人民共和国成立以来的志愿服务文化起源于20世纪60年代的"学雷锋做好事"精神，雷锋同志被作为全国人民的道德楷模。伴随着时代的发展，志愿服务精神逐渐被纳入我国公民道德建设所倡导的范畴。十八大报告在全面推进公民道德建设中提出"志愿服务是美好的道德行为和重要的道德实践"，要求"深化群众性精神文明创建活动，广泛开展志愿服务，推动学雷锋活动、学习宣传道德模范常态化"。当代中国的志愿服务成为青少年在实践中检验公民道德、培养公民责任的良好渠道②。

第三，与大学生思想政治工作紧密结合，把思想引领、实践育人作为大学生志愿服务的重要导向。16号文件指出：社会实践是大学生思想政治教育的重要环节，开展社会实践活动有助于促进大学生在实践参与中了解社会、了解国情，增长才干、奉献社会，锻炼毅力、培养品格，增强社会责任感。并且，相较于灌输填鸭式的思想引导，参与实践式的教育形式更受欢迎，更易被接收。大学生志愿服务活动是实践育人的有效载体。大学生志愿服务文化建设是加强和改进大学生思想政治工作的内在需求。2016年全国高校思想政治工作会议指出"要更加注重以文化人以文育人，广泛开展文明校园创建，开展形式多样、健康向上、格调高雅的校园文化活动，广泛开展各类社会实践"。如何将大学生志愿服务文化建设同思想政治工作有效融合，是我们面临的重要课题。

第四，与大学生群体的思想和行为特质有机互动，成为青年文化的一部分。

一方面，志愿服务文化契合了大学生的思想和行为需求，当代大学生既追求个人发展，又有社会关怀。志愿服务为大学生群体提供了服务他人、贡献社

---

① 王正为，刘佳：大学生志愿服务长效机制建设研究 [M]. 北京：人民出版社，2015：13-15.

② 谭建光：志愿服务理念与行动 [M]. 北京：人民出版社，2014：85.

会的机会和平台。另一方面，大学生群体在参与、组织乃至发起志愿服务时，也在不断丰富、塑造乃至引领志愿服务文化。通过大学生志愿者的实际行动，创造了新的志愿服务品牌和志愿文化产品。志愿服务文化逐渐成为青年文化的一部分。

《青年志愿服务发展规划（2014——2018）》提出要大力弘扬志愿服务文化。大学生志愿服务文化建设是继承和发扬中国优秀传统文化的逻辑使然，是培育和践行社会主义核心价值观养成的内在需求，也是加强和改进大学生思想政治工作的有效支撑。但大学生志愿服务"热"志愿服务文化建设"冷"，大学生志愿服务长效发展面临着挑战和困境。

第四节　大学生志愿服务文化建设的挑战与应对

志愿者（Volunteer）是一个舶来词，在不同的政治、经济、文化背景下，理解和认识是不同的。但究其文化内涵，"奉献、友爱、互助、进步"的精神内核，"利他、无偿、自愿"的基本特征，在中国古已有之。无论是"兼相爱""爱无差"，还是"学雷锋、做好事"，都是志愿文化的具体体现。志愿文化在我国的发展具备较好的传统文化基础，经过多年来志愿服务活动的洗礼，已经深入了广大青年的认知与行为之中。尽管有较好的现实基础，我国目前志愿服务文化建设，仍面临一定的挑战，需要积极应对。

一、当代大学生志愿服务文化建设面临的挑战

（一）志愿服务"热"而志愿文化建设"冷"

在学雷锋活动、青年志愿者行动、北京奥运会、汶川地震等重要活动的影响下，志愿服务这一概念本体已经逐渐为社会所认同。随着我国经济社会持续发展，深化改革的不断推进，志愿服务显示出了愈加火热的局面。首先，志愿者人数稳步增加，年龄层次广泛分布。2015年，中国志愿服务联合会第一届理

事会第五次会议公开数据表明，我国在2015年底已经实现31个省区市志愿服务组织区域全覆盖，覆盖志愿者超过1亿人，其中青年志愿者超过4000万人。[①]其次，志愿服务活动数显著增长，项目主体多样，项目主题广泛。在第二届中国青年志愿服务项目大赛中，申报项目达到5509个，总量较2014年增长32%，其中配套资金项目3855个，占总项目数的70%，社会组织申报项目1661个，占比30%。高关注的志愿服务项目主题集中于关爱农民工子女、扶弱助残、社区发展、应急救援、环境保护等领域。[②]

　　然而，与日益火热的志愿服务活动相比，志愿服务文化建设则遭遇了"冷场"。志愿服务文化建设，顾名思义，就是发展志愿服务事业的活动，是用先进和完善的志愿服务理念提高人民群众的知识和道德水平，以合理和进步的制度促进广大青年的成长，借助文学艺术和志愿服务活动，陶冶人们的情操，丰富人们的精神生活。目前，志愿服务文化建设，更多停留在了志愿服务活动层面，缺少更高和更深层次的文化建设。"志愿服务文化"的内涵已经得到大多数国人的认同，但缺少准确的界定，概念边界不明。容易将"志愿服务"泛化，过于重视活动形式而脱离精神内核，不利于参与者清晰地领会志愿服务的积极意义，难以进行更高层次的思想引领，对提高人民群众的知识和道德水平作用有限。同时，志愿服务的制度支持和保障尚不完善。仅凭参与者短暂的热情迸发，不足以维持志愿服务和志愿服务文化的长久稳定发展。最后，志愿服务类的文化产品产出不足。相较娱乐化的综艺节目、影视文学作品，以志愿服务为主题的文化产品实属凤毛麟角，志愿服务文化建设仅存在于活动现场和新闻报道之中，缺乏文化产品，已有的文化产品，如《托起明天的太阳》等，亦缺乏合适的传播载体，不能形成长效立体的文化氛围，难以陶冶人民群众的情操。

---

① 31个省区市志愿者超过1亿人 [A/OL]. (2015-12-19) [2017-01-01].http://news.xinhuanet.com/local/2015-12/19/c_128546679.htm.

② 第二届中国青年志愿服务项目大赛落幕 [N]. 人民日报，2015-12-04.15版，转引自中国青年志愿服务项目大赛暨志愿服务重庆交流会特刊 [A/OL]. (2016-02-01) [2017-01-07] http://zgzyz.cyol.com/images/site42/20160201/IMG448a5be63ef440429580075.pdf.

（二）不良社会思潮对志愿服务文化建设的侵袭

自改革开放以来，中外社会交往大门打开，大量西方思潮涌入中国，尤其是进入21世纪之后，多元化的社会格局进一步促进了中西方的交流。这些思潮深受西方社会格局影响，看似新颖，独特，却对我国社会，尤其是青年学生带来了不良的冲击和挑战。当前，我国社会思潮繁杂，容易对志愿服务文化建设产生冲击的思潮主要为新自由主义、拜金主义、消费主义等。[①]

新自由主义表现主要在于个人主义的强化、思想放任、宣扬自由、不受约束和主张私有制经济五个方面。认为一切约束都是限制人身自由，阻碍个人积极性发展，推崇个人自由状态，追求个人利益最大化，甚至拒绝受他人和社会的支配和制约，也拒绝履行社会责任。新自由主义是对志愿服务文化冲击最大的一种社会思潮，其主张与志愿服务文化理念形成直接冲突，严重侵蚀志愿服务文化。新自由主义追求放任自由，拒绝约束，"重权利、轻义务"，导致个体的自私化和逐利化，会解构志愿服务文化中奉献利他的部分，淡化志愿服务受助方的社会责任意识，瓦解志愿服务文化所构建出的互助、共赢的社会意义。

拜金主义是当今世界的一个焦点，无论是物质生活上的奢靡浪费还是精神追求的唯钱独尊信念，都是拜金主义思潮的一种展现。拜金主义思潮会与志愿服务文化中"无偿"的理念形成矛盾，削弱志愿服务文化的动员能力，阻碍公众参与志愿服务的积极性。

消费主义，就是崇尚购买更多的商品和服务，脱离了合理和需求，过度追求价格、数量、时尚、商标以炫耀。其一个副产品即是娱乐主义，在互联网的推动之下，游戏、娱乐节目等开始占据人们更多的精力，以消费获取身心愉悦的行为大幅增加，以物质衡量价值的观念冲击了原有的价值观，并将人们推向虚无主义的深渊。消费主义和娱乐主义会在更深层面上动摇参加志愿服务活动的动机，削弱志愿服务文化的传播，阻碍志愿服务文化的发展。

（三）志愿服务文化建设创新机制亟待加强

同文化建设的一般性规律一样，志愿服务文化建设的可持续繁荣动力同样

[①] 赵英男.不良社会思潮对大学生的消极影响及对策研究[D].吉林农业大学，2015.

来自解放思想和体制机制创新。志愿服务文化源于志愿服务活动，同时引导、制约着志愿服务活动的发展。推动志愿服务活动的发展，促进志愿活动参与者的品行的提高，是志愿服务文化创新的目的，也是检验创新的标准所在。

志愿服务文化建设以志愿服务活动为核心，其创新的首要任务就是志愿服务活动的创新。志愿服务文化要和国家的大政方针相结合，打造心怀天下，服务民生，响应号召的高质量志愿服务队伍和志愿服务活动。在国外，志愿活动的范畴非常广泛，除了最基本弱势群体服务，如支医、支教外，还有具备专业化功能的志愿服务，如德国的公共安全志愿者、美国社区应急反应小组（CERT）中志愿者队伍等。[①] 在设置志愿服务活动的主题时，在纵向上与弱势群体需求的对接不够精准，横向与商业、科技领域合作较少。同时，我们目前的志愿活动和志愿者队伍，还是仅停留在社会一般意义上的帮助他人，缺乏和社会治理、公共政策进行的有机结合。不能在更加务实的层面上拓展志愿服务的范畴，就会影响志愿服务文化与主流价值观的加速融合，不利于推广志愿理念和推动社会福利的整体发展，桎梏了志愿服务的理念和影响向更高层次迈进。

志愿服务文化具备文化传播的共性特点，需要一定的传播策略和营销手段。我国的社会组织和慈善组织对志愿服务、公益服务的包装不足，缺乏文化营销手段。目前，志愿服务文化的内容多数停留在新闻稿和先进模范事迹层面，缺少打动人心的故事，不容易给人留下深刻的印象，文化传播效果较差。其次，以新媒体手段进行传播的渠道不足，志愿服务文化不能有效进入青年视野，传播效果大打折扣。

要保证志愿服务文化的优质高产、有序发展，不断推出人民群众喜闻乐见的文化产品，就必须研究新情况，解决新问题，创新志愿服务文化建设的体制机制。目前，我国志愿服务文化建设在激励机制、竞争机制、监督机制方面均有所不足，无法形成有力的创新群体。缺少机制引导，对于志愿服务文化本体的阐述不足，对传统文化的挖掘力度不够，难以产生人民群众喜闻乐见，内容积极向上的文化作品。

---

① 滕五晓. 试论防灾规划与灾害管理体制的建立 [N]. 自然灾害学报, 2004, 13(3):1–7.

二、建构大学生志愿服务文化建设的长效机制

针对当下大学生志愿文化建设过程中出现的盲目、功利等不良思想的侵袭以及与青年文化的疏离等问题，我们应当紧紧围绕青年发展需求，发掘青年文化特质，从多个层次探索建构大学生志愿服务文化建设的长效机制，既要抓住志愿服务文化建设的核心，强化社会主义核心价值观的统领地位，又要认识到青年群体自身的文化特质，推动志愿服务文化与青年亚文化的有效融合，提升志愿服务文化的青年特色，此外还要注意进一步完善志愿服务管理机制，打造大学生志愿服务文化建设的环境文化。

（一）以社会主义核心价值观统领大学生志愿服务文化建设，建构大学生志愿服务文化建设的核心

习近平总书记指出："广大青年要自觉践行社会主义核心价值观，不断养成高尚品格。"[①] 志愿服务是引导大学生践行社会主义核心价值观的重要载体，而在大学生志愿服务文化建设过程中，突出社会主义核心价值观的统领核心地位，有利于促成大学生自觉践行社会主义核心价值观，同时加深志愿服务文化建设的有效性。

1. 价值观引领贯穿志愿服务全程，深化志愿者的参与体验。社会主义核心价值观的统领作用要渗透在志愿服务的组织参与过程中，以动员大会、岗前培训、专家讲座等形式加强志愿者培训，注重思想层面的奉献精神培育和行为规范培养；强化志愿服务的过程管理，增进志愿者的投入度，及时组织做好总结反思和经验交流工作，以多种形式展示优秀服务成果，让志愿者在服务中受教育，促成长。

2. 评优秀树典型，结合新媒体建设传播志愿服务正能量。要善于挖掘优秀的志愿者事迹和志愿服务组织的典型经验模式，结合微博、微信等传播载体和图文、视频、交互页面等形式，将这些生动活泼的故事、案例传播到更广泛的群体中，让志愿服务项目在取得良好社会效益的同时转变为经验模板，更好地推广志愿服务精神，营造积极活跃的志愿服务氛围，鼓励更多人群主动参与到

---

① 习近平：在知识分子、劳动模范、青年代表座谈会上的讲话 [N]. 人民日报，2016-04-30.

志愿服务的行列中，促进社会主义核心价值观的培育和践行。

3.促进志愿文化建设的多层次开展，融入校园文化整体布局。志愿服务文化的建设需要多层次力量的参与，既要有学校层面的规划统筹，又要有班级、党支部、团支部的积极响应，推动志愿文化建设进党课、进团课、进班会，通过实例讲解、经验分享、服务实践等不同的形式将志愿文化培育纳入党课、团课体系和班会的重要议题中，让更多的大学生接触志愿服务，扩大志愿文化建设的影响覆盖面。

4.挖掘优秀传统文化资源，加深青年对志愿服务理念的认同。培育和弘扬社会主义核心价值观必须立足中华优秀传统文化。中国传统文化中的仁爱、和谐等思想无不蕴含着深刻的志愿服务文化内涵，将传统文化中的思想、格言、典故等资源嵌入志愿服务文化氛围的营造过程，有助于加深青年学子对于志愿服务文化和理念的理解与认同，超越功利思想，自觉自愿地服务社会。

（二）推动大学生志愿服务文化和青年亚文化有效融合，提升大学生志愿服务文化的特色文化建设

青年群体富有活力和创造力，作为流行文化的先锋，他们崇尚个性自由、文化多元，尤其是在新媒体发展突飞猛进的当下，青年群体间已经形成了一系列有别于社会主流文化的亚文化，其中包含着不同的特质、精神、行为文化和审美诉求。在志愿服务文化建设中融入青年自身独有的文化特质，一方面有利于加强志愿服务文化的活力和吸引力，另一方面也利于强化对青年亚文化的正面引导。

1.创建志愿者标识体系，加强志愿者身份认同。志愿者标识是志愿者身份的象征，标识的形式是多样的，如志愿者徽章、服饰、口号、歌曲、吉祥物等，结合线上线下的传播呈现，它们以生动形象的方式凝缩志愿者的精神面貌和文化内涵，也体现了青年大学生的价值观念、审美体验和时尚文化，传递出青年人朝气、自信、青春的精神特质。志愿者标识体系的建立及传播将抽象的志愿文化具象化，能加深志愿者对自我的价值认同，并进而对志愿者群体和志愿服务产生强烈的群体归属感。

2.结合青年媒介使用特点，转变文化传播与呈现方式。随着移动网络、智

能手机、社交媒体等对人们日常生活的深刻影响，青年的媒介使用方式也产生了巨大的变化，他们善于且乐于接受和使用最新的传播载体、方式，并且将它们融入日常生活。志愿服务文化的建设也应当结合青年的媒介使用特点，转变志愿文化传播和呈现方式，探索利用微信、知乎、弹幕网站等青年人喜爱的平台和直播、互动游戏等青年人喜闻乐见的形式，借助正面的热点事件、健康的网络语言、贴近的表达方式，将志愿文化建设转变为生动活泼的叙事和互动形式，让青年群体乐于接触和参与志愿服务，主动传播志愿文化，在网络世界中营造浓厚的志愿服务氛围。

3. 创新志愿服务活动品牌，激发志愿者创新精神。活动载体创新是志愿服务焕发活力的关键，也是培育志愿服务文化的土壤。我们应当鼓励青年将自己的观察、思想和自身的活力、青春、时尚融入志愿服务的开展中，结合青年亚文化形式，创新志愿服务的方式、环境、成果展示等，把志愿者从单纯的服务提供者转变为志愿服务的提升和完善者，使得志愿服务文化更具蓬勃朝气和创新风尚，同时也加强了志愿者的主动意识和参与感，有利于创建富有地域特色、学校特色、专业特色、青年特色的志愿服务文化和品牌。

（三）完善志愿服务管理建设，打造大学生志愿服务文化建设的环境文化

要建设大学生志愿服务文化的长效机制，应当着力于完善志愿服务管理机制体系的建设，保障志愿服务活动的有效开展，丰富志愿服务文化载体，完善评价和激励机制，为青年志愿者搭建交流、展示和创新的平台，在校园里营造大学生志愿服务文化建设的浓厚氛围。

1. 关注青年发展需求，加强志愿文化建设的系统规划。随着物质生活水平的不断提高，当代大学生的生活背景和发展需求越趋多元，志愿服务文化建设必须要深入青年志愿者群体，重视志愿者自身的服务诉求、生活样态、行为逻辑、心理状态等因素，针对其共性需求与个性特点，系统地规划志愿服务文化建设的方法路径，使志愿者们在服务活动中能有更加精准、有效的收获和提升，同时激发他们的积极性、主动性，更有利于加强对志愿服务文化建设的认同和参与。

2. 完善志愿服务管理机制，增强青年参与的主体感。志愿服务管理工作的

推进要规范化、体系化、制度化，建立完善志愿者招募、培训、后勤保障等机制，设立志愿者信息库，加强志愿者队伍建设和组织覆盖。在管理过程中要尊重志愿者的主体地位，主动了解志愿者心声，想其所想，急其所急，让青年直接参与志愿服务的组织中去，增强主人翁意识，使志愿工作深深植根于青年群体间。

3. 建立合理的评价激励机制，强化服务导向。为有效促进志愿者参与志愿服务的积极性和能动性，应当建立和完善志愿服务的考评和激励机制，实施"第二课堂成绩单"，建立志愿者个人档案，客观地记录和认证学生参与志愿服务的经历和成果，保障志愿者权益，定期组织考评、表彰，尤其注重精神鼓励和典型宣传，形成正面良好的志愿服务评价激励引导机制。

4. 搭建日常化交流展示平台，促进志愿服务文化氛围建设。以网站、论坛、微信群等线上平台和座谈会、培训会、交流会等线下渠道为基础平台，增进志愿者之间的相互交流，分享在志愿服务活动过程中的心得体会，让志愿者更快、更深层次地了解彼此的志愿服务生活，鼓励志愿者通过个人微博和微信平台发布并分享志愿服务心得，有效扩大志愿服务影响范围。

大学生志愿服务文化建设非一朝一夕之功，在探索建构大学生志愿服务文化建设长效机制过程中，要突出以社会主义核心价值观统领大学生志愿服务文化建设，加强思想引领，弘扬青年正能量；推动大学生志愿服务文化和青年亚文化有效融合，开展特色文化建设，让志愿服务文化走入青年内心；完善志愿服务管理建设，加强制度保障，增进志愿服务交流，在校园里营造浓厚的志愿服务文化氛围，引导青年在志愿服务中勤学、修德、明辨、笃实，成长为有理想、有追求、有担当、有作为、有品质、有修养的当代青年。

第六章　院系、班团、宿舍文化建设

作为校园文化在特定的组织、空间等维度上的亚文化，院系文化、班团文化、宿舍文化都是校园文化的重要部分。良好的文化氛围能够为学生的成长提供优越的精神土壤，在潜移默化中引导他们积极生活、接受先进思想、健康成长，对学生的思想观念、行为习惯及人格培养起着重大作用。本章将系统分析院系、班团、宿舍文化的育人功能，并从时间维度、不同教育主体、国内外不同环境等多维视角出发，比较院系、班团、宿舍文化建设有何异同。最后，将给出院系、班团、宿舍文化建设的目标与路径。

第一节　院系、班团、宿舍文化的育人功能

一、院系、班团、宿舍文化的现实和理想功能

（一）院系文化

随着我国高校办学规模的逐步扩大，各高校学校层次对院系层次的授权逐步增多，各高校多以院系等教学研究机构为基本的责任单位，相对独立地承担高校赋予的人才培养、科学研究、社会服务和文化传承与创新，以及学科专业建设的各种职能。[①] 可以说，院系是体现高校内涵，实现高校任务，反映高

---

① 中华人民共和国教育部．高等学校章程核准书第 8 号（上海交通大学）.[Z] 2014–05–13.

校本质的基本单位，它是一个责任、权力、义务相对集中统一、与大多数教师和学生直接相关的组织。高校院系文化是院系在长期教学管理实践过程中发展而来的一种独特的组织文化形态，是指一个院系组织所具有的管理特色、价值观念、人际关系、传统习俗、行为规范、精神面貌以及与之相适应的一系列教学、科研和文体活动。①

在学科建设的推动下，院系文化运用办学理念、学术精神和发展目标来激励院系成员的积极性、主动性和创造性。无论是人才培养目标的设置，职业道德的培养，还是科研创新活动的开展，以及学生的第二课堂活动，都具有鲜明的本学院、本专业特色，这也在一定程度上形成了院系以外的师生对该学院的"刻板印象"。例如，工科院系的师生往往被认为逻辑思维缜密，严谨可靠，文科院系的师生往往被认为思维开阔，富有活力。

在不同高校，专业设置相同的院系彼此之也间有着巨大的差异。其中学校硬件投入等方面自然有着较大影响，但在院系的价值观念、教师的师德师风、学生的学风方面，院系文化也起到了不可忽视的作用。院系文化将院系成员的价值观、理想信念、行为方式等整合成院系成员普遍认同的"最大公约数"，院系的每一位成员均受到这种院系文化的凝聚协同效应影响。院系中所凝聚整合形成的院系文化意识是否积极健康向上，既决定了院系师生精神面貌如何，也在一定程度上影响着院系的整体建设发展水平。

（二）班团文化

班团文化既包括显性的班规、班纪、班团活动，也包括班风、学生个体与个体之间的相互关系、个体与集体之间的关系等潜在的、隐性的文化。每一个班团集体都有着不同于其他班团集体的独一无二的文化，它体现在班团集体的行事作风以及行为规范上，渗透于班团的精神和物质的活动之中，是班团集体的一种凝聚力，是班团集体共同进步必备的有利条件。与高中班团集体不同，高校班团组织更加凸显了学生的主体地位，它是高校学生进行自我教育管理的

---

① 陈敏，毕建权，王苑. 组织文化视角下的综合性大学院系文化及其建设初探 [J]. 高教论坛,2010(11):121-123、129.

基层组织。

班团文化具有规范激励功能。班团文化是班团成员价值取向的反应，它代表了班团大多数人的观念。班级成文的班规、班纪和约定俗成的班风等对学生言行有着明显的规范作用，班团氛围和舆论环境使班级成员自觉的约束自己，让自己的言行符合班级规范。好的班团文化氛围，往往能形成一种健康向上的激励环境，使学生具有强烈的使命感，从被动学习变为主动学习，化外部力量为内在动力。

班团文化具有凝聚引领功能。班团文化建设是师生形成共同价值观的过程，在集体活动中，班级成员经过互动，交流彼此的思想感情，会产生亲密感和依赖感，同时相似的思维方式、价值观念、行为方式会进一步激发起他们对集体的归属感和认同感。积极健康的班团文化会形成一股催人奋进的凝聚力，它会潜移默化地增强学生的团队意识和合作精神，使师生共同为班级的发展而努力。

（三）宿舍文化

高校宿舍具有鲜明的居住属性和高校属性。从居住角度看，宿舍是人类居住场所的一个特定领域，它具有集体生活、亲密人际交往、行为方式和价值观念彼此磨合等特点。从宿舍作为学校基础设施的角度看，高校宿舍不仅是学生住宿的场所，也是学生学习生活的主要阵地之一，居住在同一宿舍的室友学识智能、审美情趣等也会相互交融。相对时空范围较广、价值多元的校园文化而言，高校宿舍文化是校园文化在特定空间、特定群体中的体现，有着自己特定的文化环境、精神氛围和功能，是创建良好的校园文化的基础之一。

从宿舍文化对个体的影响来看，宿舍文化有着塑造个体行为与人格的功能。宿舍文化是一种群体心理环境，通过这一环境的熏染，使个体将这种群体心理环境非强制地、非逻辑地移植到自己的心理系统中。例如，如果个体的行为合乎宿舍共同准则，那么他／她将受到宿舍其他成员的承认、接纳，甚至赞扬，从而获得心理上的平衡和满足。反之，如果宿舍个体行为与宿舍共同准则相悖，就会受到宿舍其他成员的排斥和孤立，则会产生失落感和挫折感，从而影响个体心理健康发展。同时，也应该认识到不良的宿舍文化同样会有其负面的功能。有调查表明[1]，不文明不健康的宿舍文化氛围，会对宿舍关系造成负面影响。

从宿舍文化对整体的影响来看，宿舍文化对校园文化具有辐射作用。作为一个相对封闭和固定的人际空间，宿舍是学生滞留时间最多的地方之一，学生在校园内乃至校外的行为方式、思想素质、生活方式等，很大程度上取决于熏陶感染他们的宿舍文化。每个宿舍总有它独特的风格，一个宿舍的大部分成员特别关心某个领域，在讨论与交流中就会辐射影响到其他成员，进而通过全体成员以某种形式在校园生活其他方面得到一定体现。宿舍文化越是健康活泼，宿舍成员交流越多，宿舍文化的辐射性就越强。以学风为例，近年来新闻报道中，不乏某宿舍四位成员同时被国内外名校录取的新闻。我们在一线实践中，也掌握了不少关于宿舍集体沉迷网络游戏导致班风变差，甚至影响其他邻近班级、邻近院系的案例。

二、院系、班团、宿舍文化育人功能的四个维度

（一）隐性教育的维度

思想政治教育中隐性教育主要是指教育者以隐性课程、文化传统和环境情境为载体，引导学生在体验、分享中获得身心和个性发展以及价值观、理想信念和道德观念的活动过程及其方式。[2] 从院系、班团、宿舍文化的实际作用出发，它们具有重要的隐性教育功能。

一是通过制度设计引导人。高校的规章制度集中体现了高校对学生的培养方向、思想观念和价值取向。高校制度在学生心中会产生一种心理引导，从而让学生在不断地规范中要求自己达到学校的制度标准。例如，院系通过制定奖学金综合素质测评机制等规章制度，通过合理设计第一课堂、第二课堂积点比例，引导学生向着院系人才培养目标自觉靠拢。宿舍通过制定宿舍规范帮助学生养成良好的学习生活习惯等等。

---

[1] 梁丽, 龚宇平. 网络环境下大学生和谐寝室建设研究 [J]. 学校党建与思想教育, 2013(24):72-73.

[2] 彭小兰, 童建军. 论思想政治教育中隐性教育的四个维度 [J]. 江汉论坛, 2009(03):140-143.

二是通过示范带动感染人。教育者学高为师，身正为范，他们通过自己在课堂授课、学术讲座、课外实践中的一言一行，潜移默化地影响着院系、班级学生，引导着他们行为、思想和语言向正确的方向发展。整洁温馨的宿舍环境会让人心情愉悦，宿舍成员间坦诚相待、宿舍生活指导老师与宿舍管理员的关心关爱，在让学生在感动的同时，更为其树立为人处世的正面榜样。

三是通过共同参与提升人。在各项班团实践、文化活动中，通过给与受教育者积极参与机会，帮助受教育者发现自身的价值和激发自身的潜力，同时涤荡心灵、陶冶情操，对受教育者自身素质和文化修养的提高起到潜移默化的作用。

（二）朋辈教育的维度

朋辈教育，是具有相同背景或具有共同兴趣爱好的人在一起分享经验、观念或行为技能，借以见贤思齐、激发上进，实现优势互补、互相促进、共同成长的教育方式。[①] 院系文化因为共同的学科设置、班团文化因为共同的课堂内外经历、宿舍文化因为共同的生活环境，具有典型的朋辈教育特征。

一是通过平等交互，增强教育的感染力。朋辈教育来自大学生身边，他们年龄相近，成长条件相似，所关注的问题相同，他们之间更容易产生认同感。通过构建良好的朋辈互动文化，开展良性互动，更易取得育人效果。以院系文化为例，毕业年级与低年级之间的"大四学长座谈会"，往往能吸引较高比例的低年级学生参与，高年级学长的经验传授对低年级学生来说很重要。

二是通过示范引领，增强教育的实效性。身边的榜样更能感染人、说服人，更能引起学生的共鸣与自省。以班团文化为例，书本的理论知识有时与日常现实有一定距离，加之大学生思想认识客观上还不够成熟，难免会造成思想认识上的偏差。而同一班级的典型，由于和学生朝夕相处，无疑是十分直观的可亲可近、可信可学的榜样与标杆。

三是通过教学相长，增强教育主体的力量。朋辈教育中，学生既是高校教育客体，同时也是教育主体。一方面可以激励优秀学生在教育朋辈中进一步锤

---

① 姚斌, 刘茹. 高校朋辈心理咨询实践中的问题与对策 [J]. 教育探索, 2008(09):126-127.

炼自我、内化提高，同时也有效增强了教育主体的力量，强化了教育的效果。

（三）人本主义的维度

人本主义被称为除行为学派和精神分析外心理学上的第三势力，它特别强调人的正面本质和价值，并强调人的成长和发展，即自我实现。无论在西方还是在东方的中国，任何层次和形式的教育活动的核心本原都是人，这也是建设院系、班团、宿舍文化最为有效的策略之一。

一是以学生为中心，让学生有强烈的归属感。在社会心理学中，归属感是指"个体将自己归属于某一团体，并对其产生亲切、自豪的情绪体验"。以班团文化为例，由于学分制的推行，高校班团在部分公共基础课程外集中学习较少，而班团活动正是打造了一个让班团成员互相交流了解，充分展示自我的平台，使班团学生联络密切，增进友谊，进而增强成员的归属感。在积极参与班团文化活动的过程中，学生的主体地位增强、集体意识得到培养，学生的自主性和创造性得到发挥，高校班主任则作为引导者或教练身份出现。

二是注重情感教育，让学生人格更加完整。经验包含认知和情感两部分，大学教育在注重大学生知识、技能传授的同时，也要注重学生情感的发展。院系师生课堂内外交流，是期盼成材之情；班团活动齐心协办，是同袍同泽之情；宿舍文化相互包融，是体察谅解之情。院系、班团、宿舍文化工作要充分考虑大学生的情感因素，通过春风化雨的手段细心呵护学生精神的生长，构建和谐的内心世界。

（四）学族制的维度

恩格斯引用费尔巴哈的名言说："人是人、文化、历史的产物。"[1]大学文脉作为历史沉淀的优秀文化结晶，是育人育才的宝贵精神财富。相比于大学、院系文化的代代相传、文脉不断，班级建设时间周期相对较短，传承性严重不足，各个大学班级在大学毕业后班集体即告解散，新进的大一新生班级文化需要从头开始建立。

"学族制"是一种全员育人的创新机制理念，它传承了优良班风，激活了

---

[1] 路·费尔巴哈.费尔巴哈全集（第2卷）[M].莱比锡版，1846：411.

班级这一学生管理的基本细胞。以上海交通大学荣誉班级为例，全校共设立20余个荣誉班级，这些班级以吴文俊、贺彭年、李天和等一批本专业优秀校友命名。在校期间，班级成员在进校适应以及职业规划等方面都能够得到往届学长们的耐心指导，并用大师精神激励自己勇攀学术高峰、肩挑社会责任；毕业后，荣誉班级称号将继续在一届届学生中传递下去，往届班级成员将秉持"今天全员育人人育我、明天全员育人我育人"的创新理念，反哺回馈承接荣誉班级称号的学弟学妹，实现大师精神、班风学风等班级文化的脉脉相承。

"学族制"这一育人理念同样可应用于宿舍文化。例如，毕业生可以通过"微家书"的形式，将自己大学期间的个人心得寄语给即将入住自己宿舍的新生，帮助他们能够更快的适应大学生活。同时通过新老生的交流互助，实现精神文化的传承。

三、当前面临的挑战

（一）不同教育环境的影响

一是高校人才培养模式的转变。我国高等教育毛入学率1993年达到5%，首次达到精英化阶段，2002年达到15%，跨入大众化门槛，2015年达到40%，预计2021年将达到50%，进入高等教育普及化的初级阶段，但与此同时，我国高等教育思想、物质、管理模式等各方面的条件准备尚不充分。[①] 有的高校院系发展过多地关注人才引进、实验室、教学仪器等各种硬指标的建设，而对文化、精神等软环境的投入不够，个别院系文化呈现浮躁的特征。

二是教育对象思想多元化的转变。改革开放初期，人们的思想虽然有了一定程度的解放，但受传统教育的影响，大学生的思想观念基本上还是一元价值取向。当前，国际国内形势深刻变化，不同思想文化交融，社会思潮多变。随着改革开放和社会主义市场经济的深入推进，新的传播渠道迅速发展，在有力促进社会发展进步的同时，也给社会思想文化领域带来复杂影响，大学生思想

---

① 袁振国 . 高等教育大众化之后需要怎样的质量观——大学变革的历史轨迹与启示之二 [J]. 中国高等教育 ,2016(Z3):34-37.

活动的独立性、选择性、多变性、差异性明显增强。

三是网络环境的影响。网络技术的兴起对大学生交往方式产生了深刻的影响，使大学生交往的结构形式发生了根本性的变化。一方面，网络的开放性使得学生的道德观念受到前所未有的挑战，在传播信息上冲击了传统教育理念。另一方面，网络的平等性、交互性也拓展了师生交往空间，为院系、班团、宿舍文化建设带来了新的机遇。首先，网络完全打破了人与人之间的角色差别，开创了一种有别于现实社会的虚拟空间。在这种环境里，各种观点和情感更具有真实性、直接性，可以更为真实地了解学生的思想动态和服务需求。其次，网络的发展延伸了院系、班团、宿舍文化建设的管理范畴。它打破了时间、空间的限制，使信息传递更加便利，更加具有时效性。

（二）不同教育模式的影响

一是学分制的影响。近年来，各高校纷纷推行的学分制允许学生自主选择专业、上课时间、任课教师，进而自主调整学习年限，高校班级乃至年级的概念不断弱化，同一宿舍也可能出现除夜间休息外，彼此上课时间完全不碰面的现象。其次，大学生刚入校时，经过入学教育、军训等集体活动，集体观念最强；而年级越高，由于选课不一，同时叠加考研、就业等多重压力，学生参加集体活动的频率与积极性也逐渐降低，对院系、班团、宿舍文化建设带来了现实的冲击。

二是书院制学生管理模式的影响。目前，复旦、西安交大等部分高校在试行书院制学生管理模式。这一学生管理模式主要以学生宿舍为管理平台来实现促进学生发展的目标，其实质是一种学生住宿社区管理模式。书院制这一管理模式扎根于一系列全新的校园生活制度和架构，它的管理实体是住宿学院，管理的基本单元是学生宿舍，与我国高校现行的将院系一级作为高校学生管理组织结构大相径庭，也对传统的院系、班团文化，特别是宿舍文化带来了颠覆性的影响。

第二节　多维视角下的院系、班团、宿舍文化建设

文化是学校发展的灵魂，校园文化对学生的人生观、价值观的形成具有潜移默化的深远影响。院系、班团、宿舍文化都是校园文化的重要组成部分，对学生的思想观念、行为习惯及人格培养具有重要作用。良好的文化氛围能够为学生的成长成才提供优渥的精神土壤，帮助他们抵制不良心理和行为习惯，从而在潜移默化中引导他们积极生活、接受先进思想、健康成长，因此，院系、班团、宿舍文化建设都应该成为大学生德育建设的重要组成部分。本部分旨在通过对多维视角下的院系、班团、宿舍文化建设进行分析，总结当前中国高校院系、班团、宿舍文化建设的普遍现状，从而为寻求进一步促进校园文化建设、加强思想政治教育的创新举措提供一定借鉴。

一、时间维度下的院系、班团、宿舍文化建设

在我国，随着时代的进步和和社会的发展，不同年龄层的大学生在性格、行为方式等方面展现出诸多不同的特点，从而导致在不同时代背景下，高校院系、班团、宿舍文化显示出不同的特征。

（一）特点分析

1. "80后"大学生特点与院系、班团、宿舍文化

"80后"是伴随着改革开放巨变成长的一代，经历过社会经济体制的变革，也深受计划生育政策的影响。他们生活在科技日新月异的环境中，带着深深的时代烙印，具有与父辈完全不同的性格特点、价值观念和行为方式。他们在成长过程中不断受到开放的社会形态和各种意识形态交流激荡的影响，同时，信息技术的快速发展和广泛应用也在不断地影响着这代人。

"80后"的大学时代正值20世纪90年代末期以及21世纪的前十年，他们在学习的黄金时期就感受到信息化和现代科技对生活带来的巨大影响。此时，通讯工具日渐发达，网络愈发普及，学生们接触新事物、获取新知识的途径和

渠道日渐广泛。他们对现代科技有着更加深入的了解，是互联网的"粉丝"，他们的行为举止和心理性格开始被打上了信息化的烙印。因此，生活在如此时代背景下的"80后"大学生具有"知识量大、表达欲强、创造性强、接受力强"等特点。

对于乐于接受新事物，擅长张扬个性、发挥特长的"80后"，院系、班团、宿舍成为他们结识志同道合的伙伴的重要途径，他们享受在集体活动中展现自己的才华，乐于与志趣相投的同伴组成充满活力和活力的集体和社团，享受在集体活动中寻求乐趣，因此社团、学生会等学生组织不断兴起并繁荣发展，在院系、班团、宿舍中形成了特色鲜明的文化氛围。

同时，宿舍物质文化水平的提高——设施的家居化、自购设备的丰富也使"80后"大学生逐渐形成宿舍如"家"的氛围。调查显示，包括手机、移动播放器、数码相机、数码 DV、移动硬盘、MP3 或 MP4.电脑等在内的高科技、数字化设备在大学宿舍内广泛流行，这拓宽了他们的社交方式，丰富了兴趣形式和交流乐趣，各个宿舍也形成了各自独特的交流氛围和小"家"空间。宿舍生活成为了他们校园生活的"后台"，宿舍文化也因而拥有了其他校园文化所无法替代的德育价值。

2. "90后"大学生特点与院系、班团、宿舍文化

相较"80后"，"90后"一代是改革开放的完全受益者和信息时代的完全体验者，他们既相对延续了"80后"的某些特征，同时也展现出自身的独特个性。"90"后从一出生就接受了更加多样的思想文化的塑造及信息科技的影响，是与互联网共同成长起来的一代，同时，也大多得到更好的家庭关怀、教育培养和生活待遇。他们在性格、行为方面体现出以下几个明显特点：一是观念更加开放，接受新鲜事物的能力更强；二是个性突出，个体差异较大；三是自主发展意识强，敢想敢干，不喜欢盲从；四是具有主见，学习更具务实性和前瞻性，寻求创新与高效；五是民主观念和公平意识相较于前代人更强。

然而，部分学者的调查分析显示，"90后"的这些优点也一定程度上凸显了他们的缺点：承受挫折的能力较低，较为敏感，容易空虚迷茫；过于关注自我，对他人和社会的关注度不够，部分"90后"大学生的历史责任感和使命

感较为淡漠，甚至不愿承担基本的社会责任；对网络、手机等电子媒介依赖性强，乐群性较差，对集体的忠诚度较低。①

由于"90后"的以上特征，注重制度规范与组织管理的院系文化逐渐使追求自主发展的"90后"大学生产生一定抗拒心理，因此院系文化凝聚力有所弱化。同时，若班团活动形式无法满足大部分学生的兴趣需求，参与度和影响力都会有所降低。另外，信息技术的发展使班团信息传达共享的方式产生了巨大改变，QQ群、微信群逐渐取代开会、发短信等形式，成为传达信息的主渠道，学生们也越来越倾向于利用网络渠道获取、共享信息，以往的班团纽带作用有所削弱。同时，网络交流方式的丰富发展使越来越多"90后"过度依赖网络，削弱了宿舍室友、同学之间的面对面交流，使得宿舍凝聚力一定程度上有所弱化。

3. "95后"及"00后"大学生特点与院系、班团、宿舍文化

如果说"80后""90后"是受信息技术影响较为深刻的一代，"95后"及"00后"则是生活在"虚拟世界"中的一代。大部分"95后"及"00后"成长于"421家庭模式"（4位老人+2位父母+1个孩子）之中，习惯了被视为家庭中的核心。同时，由于成长在物质条件更为丰厚的时代，"95后"及"00后"从小就开始接收来自社会各个方面丰富繁杂的信息，这直接催生了他们复杂多元的思维，使得他们具有以下特点：一是个性更加鲜明，注重个性发挥，在乎个人感受，更倾向于从个人角度出发考虑问题；二是功利心强，重视个人利益，"坚持主流价值观，也存在实用主义思想"②，缺乏奉献精神；三是权利意识鲜明，具有维权意识，权责明确；四是由于刚刚脱离父母管理和视线，处于"心理断乳期"，部分人无法自主协调好学习与生活的关系，不能很好地适应大学新环境；五是大多沉浸于网络虚拟世界的交流，在现实生活中反而难以开口进行交流，难以处理好与父母、长辈、同学之间的关系，不善表达，人际交往存在一定障碍。

"95后"及"00后"的这些特点进一步弱化了院系、班团、宿舍文化的凝聚力，对文化建设提出了全新的要求。一方面，"95后"的自我核心性常常表

---

① 杨薛雯. "90后"与"80后"大学生人格特质比较研究 [D]. 华东师范大学，2010.

② 黄杉. "90后"大学生思想状况调查报告 [J]. 成功：教育，2010（3）：171–172.

现为注重个人隐私，对他人不同的生活习惯、生活方式存在抵制或排斥心理，忍耐力和包容心差，沟通交流能力不强，导致宿舍人际关系紧张，凝聚力较差，容易产生矛盾与冲突。同时，桀骜不驯的个性使他们敢于对权威、对制度要求提出质疑，这对学校院系管理制度制定和实施的科学性和民主性提出了更高要求。同时，他们在乎个人得失，注重切身利益，善于通过便捷省时的网络渠道如微信、微博、论坛等进行信息交流和共享，乐于参加实用性最大化的活动，对与自身利益无关的活动兴趣不高，这就要求院系、班团在开展集体活动时更加注重实用性和特色性。同时，他们倾向于在以自我为中心的基础上用自己的方式构建社群，以院系、班团、宿舍为单位的传统组织形式越来越难以吸引他们的兴趣。他们大多认为"集体的价值在于展示和包容自己的个性"[①]，因此一旦个体利益与集体产生矛盾冲突，几乎会一边倒选择个体。这就对通过院系、班团、宿舍文化建设提出了新的命题——要通过合理引导帮助他们转变观念，提升集体意识。

通过以上对"80后""90后""95后"及"00后"不同性格特点和行为观念的总结分析，可以看出青年学生们日益鲜明的个性发展趋势：随着时代的不断发展，随着信息科技的突飞猛进和新事物新观念的不断涌现，青年大学生们越来越注重个性发展，注重隐私，越来越倾向于通过等新媒体形式进行信息获取与分享，并且更加乐于参加对自身发展具有实用价值的交流与活动。这一趋势为学校在院系、班团、宿舍文化建设方面指引了新的方向：应不断适应新一代大学生的个性需求，探索创新文化建设方式和手段，变"管理"为"引导"，创造使学生们真正具有归属感的文化，在潜移默化中起到文化育人的效果。

二、不同主体视角下的院系、班团、宿舍文化建设

在我国，高校学生管理普遍以"院系"与"班级"为主要单位，但随着学分制的推行与完善以及高校后勤社会化改革的不断深入，"班级制"正在逐步被打破，学生宿舍逐渐成为校园的"细胞"，成为开展大学生日常管理和德育

---

① 王开东. 不一样的"00后"，我们读懂了吗 [N]. 人民教育，2016（10）：1.

建设的重要阵地，成为高校思想政治工作的重要领域，作用日益突出。

据不完全统计，当前大学生对宿舍的归属感最强，对具有"信息传达共享"班团组织归属感相对较低，而院系文化的归属感和凝聚力则日渐降低。这对学校在新时期下如何加强院系和班团文化建设提出了更高要求，同时，如何充分发挥宿舍文化的凝聚力，使其与院系、班团文化有机结合，全面发挥文化育人作用，成为目前高校思想政治教育的重要命题。下面将从"管理者"和"学生"这两大不同主体出发，针对他们对于院系、班团、宿舍文化建设的理解和出发点进行比较分析。

特点分析

1.管理者视角下的院系、班团、宿舍文化建设

学校管理者，包括学校各组织单位、教师、宿舍管理人员等与学生发展息息相关的教职工人员。他们是学校文化建设的决策者和学生的管理者和服务者，对于文化建设的理解和出发点具有以下两个特点：

第一，注重制度管理的效果。所谓"无规矩不成方圆"，长期以来，院系、班团、宿舍往往习惯于运用行政管理手段进行思想政治教育，注重通过一套长期存在、行之有效的严格管理制度和奖惩措施进行院系、班团、宿舍管理，通过对学生形成约束力，引导学生形成正确的价值观和行为习惯，以促成井然有序、健康积极的学习生活环境和文化氛围。

第二，注重育人效果的发挥。学校管理者的出发点往往是通过进行思想教育为主要内容的教育活动，向学生们传达灌输正确的行为准则和价值观念，从而在管理和教育的过程中发挥育人效果，形成良好的学风和向上的文化环境。

2.学生视角下的院系、班团、宿舍文化建设

通过对上海几所高校学生的调查访问，结果显示目前大学生对宿舍的归属感最强，对具有"信息传达共享"班团组织归属感较低，对于主要进行"组织管理"的院系归属感最低。这显示了当代大学生对于学校文化建设主要具有以下两个要求：

第一，追求实用性。目前大学生以"90后"及"95后"为主，他们个性更加鲜明，注重个性发挥，在乎个人感受，更倾向于从个人角度出发考虑问

题，同时功利心强，重视个人利益，追求实用性，期待在院系、班团和宿舍活动中满足自己的发展需求或兴趣需求。因此，形式强硬刻板、约束力过强的管理方式往往受到他们排斥，容易激发他们的逆反心理。

第二，要求民主性。"90后"及"95后"权利意识更加鲜明，具有维权意识，他们对把握自己的生活节奏、自由安排自己的校园文化生活提出了较强的需求。太过强制性的管理制度往往会引发他们的反叛心理，他们要求表达自己的意愿和心声，希望学校管理和文化建设参考他们的意见，倾听他们的呼声。

通过以上对比分析，可以发现学校管理者和学生对于院系、班团、宿舍文化建设的理解角度和出发点存在不同，在需求方面存在一定差异性，这一定程度上影响了文化建设和育人效果。因此，学校应该改进管理方式和文化建设方式，针对当代大学生的性格特点，"以人为本"进行组织管理和文化建设：一方面，充分了解学生需求，从学生立场出发，在了解学生需求的基础上将育人效果融入院系、班团、宿舍文化建设之中，吸引学生主动参与院系、班团、宿舍文化建设，形成班级自治、自主评定的民主管理局面。另一方面，创新工作方式，改变管理意识，变"管"为"引"，通过形成服务型校园文化。另外，深化交流，加强互动，通过新媒体等全新交流形式引导学生表达心声，真正从人性化的立场进行组织管理和文化建设。这样一来，才能使大学生真正融入院系、班团、宿舍，在充满人文关怀的文化氛围中找到归属感。

三、中外高校院系、班团、宿舍文化建设对比分析

由于办学模式、住宿形式和文化背景的不同，不同国家的高校在院系、班团和宿舍文化方面有着诸多的不同和差异。本部分将对比分析当前英美大学和中国大学在文化建设方面的不同特点，从而总结其对进一步促进完善我国高校文化建设的启示与借鉴。

（一）办学模式

目前英美高校盛行的住宿学院制度具有悠久的历史传统。早在中世纪，英国剑桥大学就最早建立了住宿学院制度，美国耶鲁大学也于20世纪20年代建立了这一制度。直至今日，住宿学院制在牛津大学、剑桥大学、耶鲁大学等英

美高校仍然具有强大的生命力。在学校结构上，这些学校均由两个相对独立的体系构成——中心大学（Central University）和住宿学院（Residential College），两个系统平行发展。中心大学主要负责学术知识的教授，分为学校本身、学部和教学学院三个层次，学校负责重大战略性问题的研究，包括学术政策制定、学校发展方向把握和对外关系处理等，学部负责学科内的发展协调，学院负责日常教学与科研活动的组织管理。[①]住宿学院则是一个独立自治的法人团体，有独立的领导机构和章程，独立管理财产收入，在学校总章程的约束下按照自己的章程运行，正如"剑桥大学的30个住宿学院，常常被描述为30个'独立王国'"[②]，主要为学生提供像"社会一样的成长环境"[③]，为其专业学习、人际交往、品行塑造等全面发展创造条件。

在中国，高校制度经过沿袭发展，往往按照学科和专业成立院系，并将各系分为多个的班级，院系和班级是开展教学活动和组织学生学习生活的主要单位，授课教学、住宿安排基本都是按照院系、班级的进行分配。学校总体统筹学校整体及各院系发展，把握学校建设和学科发展的方向，院系对学生进行统一组织管理，班团主要负责管理学生的学习和生活。院系、班团、宿舍是一个有机统一的体系，作为统一单位组织管理学生的学习生活，具有较强的凝聚力。

（二）住宿制度

在住宿学院制度下，住宿学院是英美高校学生管理的基本单位，学生的日常生活事务由各个住宿学院专门负责管理。耶鲁大学会根据新生的基本信息统计，根据其经历、性格、爱好、生活习惯、家乡地理位置、家庭经济水平、种族情况、对住房的要求等信息[④]，对新生住宿进行安排。新生入学第一年集中住在老校园，宿舍楼每幢每层都安排一名大四学生作为新生辅导员，帮助新生适应全新的学习生活环境。大二开始，学生搬入各住宿学院，住宿安排的考虑

① 李海莉.英美大学住宿学院制度研究 [D]. 汕头大学，2010.
② 金耀基.剑桥语丝 [M]. 上海：生活·读书·新知三联书店出版社，2007：26.
③ Mark B. Ryan. *A Collegiate Way of Living: Residential Colleges and a Yale Education*[M]. New Haven: Jonathan Edwards College：Yale University Press，2001.
④ 李海莉.英美大学住宿学院制度研究 [D]. 汕头大学，2010.

因素主要包括以下几个方面：第一，将不同背景的学生安排在一起，以便学生们进行多样化交流；其次，把兴趣爱好相同的学生集中分配，为他们提供共同交流发展兴趣爱好的机会；最后，安排生活习惯差异较大的学生分开居住，以避免矛盾摩擦的产生。另外，每学年结束后，学院会进行宿舍调整，学生还可以自主选择室友共同申请宿舍，这些措施全面体现了以人为本的管理理念。

中国高校住宿管理是院系、班级组织管理的一部分。新生宿舍在入学时由学校统一安排，基本遵循按年级分配和按院系专业分配两种模式，每年入学的新生通常被集中安排在一栋或者几栋楼上，同时将同院系同专业的学生集中安排，方便管理，极少考虑学生个体情况和需求。这两种模式是经过我国高校发展长期实践总结出来的较为成熟有效的模式，但也存在不少不足之处。我国大学宿舍安排时没有充分考虑学生的个体差异和不同需求，采取相对简单的方式进行分配，缺乏人本关怀，也不利于不同专业背景的学生进行交流沟通，未能很好地体现以人为本的管理理念。

（三）管理队伍

住宿学院的职能在于"发展学生品格"[①]，促进学生全面发展，因此，学生宿舍作为学生学习、生活、交流的重要场所，英美高校非常重视学生宿舍管理队伍建设，对学生宿舍管理人员素质要求非常高，"导师制"是住宿学院的核心。"导师制通过导师和学生的密切接触潜移默化地影响着学生的思想观念和价值取向，住宿学院给予学生的教育是除必修课程、选修课程之外的第三课程，是塑造学生品行和素质的重要力量。"[②]

在哈佛大学、华盛顿大学等高校，每幢宿舍楼都配有一名教授担任高级导师，多名教师担任住宿导师，还配有若干生活服务人员以及由优秀高年级学生担任的学生助理。《1828年耶鲁报告》(*The Yale Report of 1828*)提到，"学生在学院内形成家庭般的团体，老师应提供父母般的监督指导，使学生身心健康成

---

① M.G. Brock and M.G Curthoys. *The History of the University of Oxford*, V6.[M]. Oxford: Claredon Press, 1997：293.

② 张家勇，张家智. 哈佛大学本科生住宿制和导师制 [J]. 比较教育研究，2007，（1）：75-79.

长。学生与老师之间的交流应建立双方的相互喜爱信任之上，这种交流应当是频繁而密切的。"[1] 耶鲁大学住宿学院组织管理结构完善，人员分工明确，专业水平高，服务能力强。管理人员主要由"院长、教务长、管理秘书、导师、写作导师和学生辅导员等组成"[2]。院长作为最高领导，负责把握学院、学生的发展方向。教务长主管学生的学习生活，给予他们学术和生活上的双重指导。管理秘书协助院长、教务长处理日常工作。导师来自学校教授队伍，负责密切指导学生成长，为其前途发展提供意见建议。写作导师是来自社会的知名学者、作家、科学家等，负责为学生提供各领域专业论文的写作指导。学生辅导员来自优秀的大四学生，对新生学习和生活提供指导建议，并及时向学院汇报学生具体情况、组织文体活动，还积极参与制定学院政策，在日常管理中发挥着不可或缺的作用。

在中国，大部分高校的宿舍管理主要由三部分人员组成——学校层面的宿舍管理中心，学院层面的辅导员老师和宿舍楼里的管理人员。在这些工作人员当中，往往只有辅导员老师具有较高的学历层级和专业知识，而其他管理人员大多由不具备高学历和专业管理知识的工作人员组成。若学生宿舍由一批缺乏必备专业知识和职业素养、没有足够能力开展学生教育和管理工作的人员进行管理，将直接导致学生宿舍管理不到位，服务水平差强人意，不利于学生专业学习之外的个人发展与成长成才。学生宿舍组织管理结构的不完善、管理服务队伍的不健全、不专业，使大部分中国大学生无法获得英美高校住宿制度下的专业学习生活指导和生涯发展规划指导，难以在宿舍文化中实现全面成长。

（四）基础设施

在住宿学院制度之下，英美高校学生宿舍除基本的住宿功能外，还具有学术发展、能力培养、互动交流等全方位的功能，各高校学生宿舍区域设施齐全，环境舒适，为学生更好地学习、生活、发展提供了良好的物质保障和设施保障。

---

[1]　The Yale Report of 1828, New Haven: Hezekiah Howe, 1828, p.6.

[2]　谷申杰，陈遇春. 耶鲁大学住宿学院制对我国高校学生宿舍管理的启示 [J]. 新西部（理论版），2012，（4）：187–188.

加州大学圣地亚哥分校部分宿舍楼楼下设有教室、阅览室供学生学习，附近还建有餐厅、洗衣房、健身房以及小型学生活动中心等配套设施。哈佛大学、华盛顿大学宿舍功能也相当完备，除住宿房间外，还配有餐厅、图书馆、健身房等活动场所，为学生日常学习生活提供了便利。耶鲁大学的住宿学院像一个个拥有完善生活设施和管理体系的小社区，每个学院都有食堂、娱乐室、图书馆、计算机室和教室等。食堂24小时向学生开放，除用餐外，还可作为学生学习、交流、举办大型活动的场所。娱乐室配备电视、DVD、音响、游戏机、体育器械等各类设施，为学生提供了举办小型聚会和体育活动的空间。图书馆内拥有丰富藏书供学生阅读，计算机室则为学生提供便利的上网、打印复印等服务。另外，住宿学院还会在小教室内开设音乐鉴赏、电影赏析、诗词写作、摄影技巧等课程，以丰富学生课余生活，提高学生综合能力。

由于历史沿袭传统和校园功能区域设置的特点，中国高校宿舍主要提供基本的住宿功能。目前，随着功能设计的完善和发展，高校宿舍既有普通宿舍，也有新型公寓。普通宿舍除了学生住宿以外，活动室、阅览室等配套设施不完善，无法满足学生住宿以外的其他需求。后期新建的部分公寓虽然具有配套的学生活动室和阅览室，但由于各高校情况各异，活动室、阅览室的建设质量参差不齐，功能设计和配套设备也不够完善，因此未能得到充分的利用，难以在丰富学生课余生活、促进学生全面发展方面发挥有效作用。

（五）文化氛围

在独特的住宿学院制度下，宿舍文化活动是英美学生宿舍文化中不可缺少的重要内容。美国高校宿舍文化活动丰富多彩，各具特色，活动均由学生根据自己的兴趣爱好特长自发组织举办。例如，华盛顿大学、加州大学圣地亚哥分校等大学经常开展宿舍装饰美化活动，学生们根据自己的喜好，自主确定每幢宿舍或每个楼层的文化主题和风格，并充分发挥特长和想象力自主设计，绘制图案、制作手工，最后共同进行统一的装饰布置，在各自的学院、楼栋和楼层形成了风格多样、各具特色的宿舍文化氛围。此外，在课余时间，学生还在宿舍区组织志愿服务活动，举办音乐会、演讲比赛、高桌晚餐和文艺晚会等。正如哈佛大学的邓斯特楼具有悠久的音乐表演与欣赏传统，"毕业的校友们常常怀念宿舍晚餐后的百老汇音乐演出和夜半风琴音乐会"[1]。

在中国高校，学生大多参与以学校、院系、班团为单位组织的各类校园文化活动，宿舍文化建设在学生宿舍建设和管理中一直没有得到足够的重视，并没有形成特色鲜明的宿舍文化。虽然各高校也在进行不断的尝试和创新，但目前宿舍文化建设仍不完善，一方面，各类活动仍是以院系或班级为主体，另一方面，宿舍建设没有在建筑设计、功能结构、宿舍分配和定位中体现宿舍文化，"大学在宿舍文化建设中没有形成共识和合力"[2]。

不过，当前我国部分高校已经开始进行创新尝试，融合西方通识教育和中国古代书院教育的精神和做法，尝试住宿学院式的教育模式。如复旦大学、西安交通大学、汕头大学、中山大学、暨南大学、苏州大学、香港中文大学、澳门大学等高校均开始实行书院制。北京大学元培学院也于2011年开始尝试不同专业、年级、国籍的学生混合住宿的模式。

综上所述，可以看出，虽然我国高校在办学体制方面与英美大学有着较大的差异，但是外国高校住宿学院的运营模式为我国院系、班团和宿舍文化建设提供了不少有效借鉴和参考：首先，要结合我国高校的办学特色，要始终从"以人为本"的初衷出发，打造充满人文关怀的建筑设计和功能定位，完善院系、班团、宿舍基础设施，使学生时时处处感受学校的关怀；其次，要构建科学合理的组织管理构架，确保各项工作顺利实施的基础，加强教育、管理、服务人员队伍建设，为学生成长成才提供更加有利的环境；最后，应引导学生发挥特长，形成属于当代学生独有的校园文化特色，使学生们在充满归属感的校园文化氛围健康成长，努力成才。

---

[1] 张家勇，张家智.哈佛大学本科生住宿制和导师制 [J]. 比较教育研究，2007，（1）：75-79.

[2] 杜彬.美国高校学生宿舍管理及对我国的启示 [J]. 云南农业大学学报（社会科学版），2014，（3）：57-61.

第三节　院系、班团、宿舍文化建设的目标与路径

一、院系、班团、宿舍文化的分阶段建设

院系、班团、宿舍文化建设，无一例外的要以学生为主体，高校不同年级的学生都有着自身鲜明的特点。为了更加细致的阐释如何开展院系、班团、宿舍文化建设，下面将从大学新生年级、大学二、三年级、大学毕业年级三个阶段做分别介绍。

（一）以引导和创建为主题的大学新生年级

大学入学意味着环境的变化，预示着新生活的开始。环境的改变和角色要求的变化使得大学新生面临着诸多压力和挑战。这一时期的压力来源是比较独特的，实现从依赖到独立的转折以及探索和形成新的学习生活方式有一个适应期。大学生对这一转折的适应不仅直接影响他们当前的身心发展，也对其今后人生的发展具有深远影响，同时还对社会的未来发展具有潜在的重要价值。针对这一特殊群体，文化建设的主要重点主要包括以下几个方面：

1. 院系层面。新生教育在院系层面有两个主要任务：一是帮助新生尽快适应大学的学习和生活，解决好"过渡"问题；二是为本科学习的全过程打好扎实基础，解决好"奠基"问题。围绕两项主要任务，院系应该把握三个抓手：一是配备强有力的辅导员和班主任队伍；二是注重发挥专业教师的专长；三是充分发挥高年级同学传帮带的作用。

2. 班团层面。实施学分制后，班级的概念虽逐步有所淡化，但在目前，高校仍然是以班级作为基本的学生管理单位。新生班团工作的重点在于让新生在新的环境和组织中尽快找到归属感，形成集体凝聚力。围绕这一工作目标，班团文化建设的重点主要有三个方面：一是尽快建立完备的班团组织机构，充分发挥班级团支部在班级各项工作中的引领作用；二是充分发挥班团学生骨干的作用，营造正能量的班级氛围；三是尽快排摸需要重点关注的班级同学，鼓励互帮互助的朋辈教育，降低潜在负能量。

3. 宿舍层面。宿舍组建初期的几个月，是整个宿舍文化形成的关键时期。

打造"积极向上"氛围，杜绝"消极散漫"作风，是宿舍文化建设的重点。[①]
其主要工作应该从三方面开展：从宿舍生活功能来看，它是大学生求学期间的
"家"，要努力营造温馨的"家"文化；从其学习功能来看，它是课堂和图书馆
等学习场所的延伸，要在宿舍内部打造良好的学习氛围；从其教育功能来看，它
是学生进行思想文化交流的主要阵地之一，这就需要选好能时时刻刻在宿舍营造
积极向上氛围的"室长"，锻炼学生骨干的同时也发挥起模范带头作用。

（二）以巩固和发展为主题的大学二、三年级

进入大学二、三年级，学生基本上已经适应了大学的环境，但在这两个学
年，专业课全面开展，学业压力逐渐增大；各类社团活动较多，担子较重；学
生恋爱等感情问题趋于普遍；同时，学生也逐步认识到职业规划的重要性，开
始做出职业生涯规划乃至人生规划。这一阶段文化建设的主要重点主要包括以
下几个方面：

1. 院系层面。本阶段院系文化建设要注重顶层设计，力求全面。主要分为
以下三个方面：一是以育人为宗旨，开展丰富多彩的院系文化活动，为师生之
间的交流与沟通搭建一个良好的平台、营造和谐的氛围；二是立足院系实际，
建设富有特色的高校院系文化，理工科院系强调严谨、文科院系强调思想、艺
术类院系强调个性等；三是严格的纪律要求与人文关怀相结合，创建团结、融
洽的育人环境。[②]

2. 班团层面。本阶段班团结构较为稳定，主要工作应围绕以下方面开展：
一是创建班级的特色，构建班级的价值观和班级精神；二是培养正确舆论和
良好的班风；三是建立民主平等的师生关系和团结友爱的同学关系；四是强
化制度文化建设，规范行为，建立班级自主管理模式；五是推进学生个体差
异化培养，保证不同学生个体能够以全新的面貌面对高校班级文化管理的实际
需求。

3. 宿舍层面。本阶段是宿舍文化的巩固期，主要工作从以下几方面开展：

①　陈德静. 论大学生宿舍文化建设 [J]. 江苏高教, 2004(1):96–98.
②　卞亚琴. 试论高校院系文化建设 [D]. 华中师范大学, 2008.

宿舍文化与环境育人结合，培养学生公共意识，打造不同特色的文化景观；宿舍文化与学生党建工作结合，设置"学生党员责任区"，并与各寝室结对子，实行"一帮十，十帮百"，做到"一个党员就是一面旗帜"；宿舍文化与学术氛围结合，鼓励寝室长带头在寝室讨论专业问题，引导其他同学共同交流专业技能，畅谈学习体会，形成宿舍学习风气。

（三）以服务和过渡为主题的大学毕业年级

大学毕业年级是学生真正在象牙塔中的最后一年，这一年中每个学生未来的去向也将要基本确定，他们或踏入社会走向工作岗位，或投身科研攻读更高层次学位。这一年，他们面临的是前所未有的选择、对大学生活的留恋和对未来的恐慌。针对这一现状，文化建设的主要重点主要包括以下几个方面：

1. 院系层面。院系文化建设在毕业年级阶段的重点是做好文化的传承与传播，通过提前组建院友会、年（班）级理事会、设计院系毕业文化衫、毕业晚会等形式营造温馨、难忘的毕业文化，这样不仅会使毕业生真切感受到学院的关怀，也为他们走向社会后传播母校精神、饮水思源回馈母校打下良好的基础。

2. 班团层面。毕业生临近走向社会，"在尊重价值取向多元化的基础上，引导回归社会主流价值"应该是这一阶段班团文化建设的重点[1]。主要包括三个方面：一是注重幸福观教育，在日常管理中将正确幸福观传递给班级学生，解决班级学生实际问题；二是要注重人文精神、科学精神教育，推进生涯规划与发展等针对性活动；三是注重情商教育，提升学生"软实力"，培养学生的选择、判断能力，并不断增强学生做人做事的自治能力与自律精神。

3. 宿舍层面。随着毕业年级课程的相对减少、院系学生会活动参与度减弱，宿舍成为毕业生活动较为集中的场所，因此毕业年级宿舍文化创建应该引起足够重视，这一阶段的重点在于与社会对接，着重培养学生适应社会的能力。主要包括三个方面：一是思想政治导航[2]，发挥楼栋党团支部的作用，引导学生关心国家政治、经济、文化、社会事务，培养学生过硬的思想政治素质，

<hr>

[1] 孙晓明，李艳. 论大学班级文化建设：功能、问题与行动 [J]. 大学教育科学硕士学位论文，2014, 5(5):54–58.
[2] 田英莲. 创建有益于大学生成长的宿舍文化 [J]. 中国高等教育，2009(20):56–57.

使学生坚定理想信念；二是综合素质强化，生活园区组织"毕业"主题系列活动，从人际关系、行为约束、道德规范、习惯养成、素质提高等方面强化学生公共意识；三是学习能力拓展，学校应把握这段学生课程相对空余的时间，把就业指导、求职培训等送进宿舍区，从技能提高、知识积累、理论创新、实际运用等方面培养学生的学习兴趣，提高走向工作岗位后的再学习能力。

二、构建院系、班团、宿舍文化生态圈

文化生态是指文化类型的生存状态，具体来说主要是指各种文化类型和文化因素相互影响、相互冲突、相互融合而有序的文化生存发展环境。[①] 校园文化内部构成的特征决定了校园文化可以看成为一种生态系统。[②] 院系、班团、宿舍作为校园文化中"共在"或"共生"的空间，可以理解为一种"文化生态圈"，与其他不同层次和不同类型的文化生态圈一起，构成了校园文化生态体系。

（一）院系文化生态圈

院系是体现高校内涵，实现高校任务，反映高校本质的基本单位，是高校校园文化的具体体现。构成院系文化生态圈的基本要义可分为以下几类：

1. 精神层面。反映院系办学传统、学科特色、学术理想等的文化形态，院系全体师生在一起的历史条件下，为实现既定的发展目标，在长期的办学实践、科学研究中逐步形成和发展起来，并被师生广泛认同的一种共享价值观，体现着共同的理想、信念和追求。以及学院的教风、师德、师风、学风等。

2. 物质层面。高校院系物质文化是指由院系所处的外部自然环境、院系内部的规划格局包括办公室、阅览室、实验室、雕塑和文化传播工具等各个方面所形成的文化环境。同时，还包括院系成员对上述诸方面内容的认识态度和审美取向。

3. 人本层面。院系文化建设必须以全体师生为本，做到尊重人和关心人，依靠大家齐心协力求发展，从而最终在集体发展的同时，使每一个人也得到发

---

① 梁渭雄, 叶金宝. 文化生态与先进文化的发展 [J]. 学术研究, 2000(11):2-6.
② 余清臣, 沈芸. 论学校文化生态系统 [J]. 教育发展研究, 2005(20):83-86.

展，实现每一个人的价值追求。

（二）班团文化生态圈

班团是高校学生组织的最基本组成单位，也是最活跃的细胞。与院系文化生态圈不同，班团文化生态圈的关键要义是"人"。

1.班主任（班级辅导员）是构建班团文化生态圈首要要义。在组织形成初期，组织文化的形成与其首任核心领导有着密切的关系，班主任在班级形成初期担负着一系列重要职责，而其性格与工作方式，将给班级文化带来深远的影响。

2.大学生是构建班团文化生态圈基本要义。每位大学生进入大学编入班级以前，生活、实践于一定的、各不相同的文化背景（家庭、社会、学校），他们已经具有的、以往的文化积淀，必然会带到高校班级文化中来。同时，每位大学生个体都是班团的基本组成单位，每个人的言行举止都会给他人带来影响，也影响着整个班级的文化。

3.班团学生干部是构建班团文化生态圈主体要义。班团学生干部是整个班级的实际管理者，制定有效的各项班级规章制度以及班级行为规范，营造一个实施班级制度文化的大环境，是班团干部的重要职责。

（三）宿舍文化生态圈

高校宿舍不仅是大学生日常学习和生活的主要场所，还是高校进行大学生思想政治教育的重要阵地。宿舍作为一个功能性很强的区域，其文化生态圈的基本组成要义包括：

1.学校宿舍管理部门。管理部门的主要职责在于硬件设施的保障和规章制作的制定。硬件包括宿舍楼的公共服务设施、文化娱乐设施、宿舍内部设施（洗浴装置、网络端口、空调等）、宣传栏和雕塑等精神文化设施。制度方面包括作息制度、文明公约以及大学生网络文明行为规范和大学生宿舍文明行为准则等，这类规整制度可以有效地保证了宿舍基本的秩序，保证了宿舍文化建设可以持续发展。

2.楼栋管理员。学校各项管理措施与规章体制的落实者与实施者是宿舍管理人员，学生宿舍管理与使用以及开展宿舍文化建设受队伍素质高低的影响，因此，要给社区提供一批素养高、认真负责、关爱学生的工作者。

3.楼栋学生干部（宿舍长）。楼栋学生干部群体集中了每个楼栋能力较强、表现较为突出的学生群体，他们都可以通过自身具有的号召力与影响力对普通学生起到带头指导作用，而且还能够以宿舍为单位，促进宿舍所有成员主动营造一种别具一格、积极向上的宿舍氛围。

宿舍成员。宿舍成员是构成宿舍的基本单位，在宿舍，学生可以完全的展示自己独特的个性，大胆的追求个人价值；大学生可以自主的安排休息或做自己爱好的事情。宿舍成员应该积极加入到宿舍管理的队伍中，建立一个以学生为主体的自主管理、自主教育、自主服务、自主约束的学生自愿组织的学生管理委员会。学生委员会可由宿舍管理员和学生代表共同组成，根据学生的真实情况与宿舍管理人员进行沟通协商，保障和维护学生的合法权益，并达到监督和督促管理水平与管理质量的目的；通过制定规范严谨的管理制度，让学生自行管理并约束其行为举止，有利于加强大学生的合作意识，自律意识和责任意识。

以生态系统的视野来研究学校文化，不仅能够更清晰地认识学校文化的整体特征和内在有机联系，而且生态系统的发展理论也为学校文化的建设和发展指出了方向。

三、以网络为创新载体，推动院系、班团、宿舍文化建设

随着现代信息技术的迅猛发展，新媒体已经成为当代大学生获取信息、沟通交流的主渠道，网络、新媒体的普及对传统的思想政治教育模式产生了巨大冲击。如何主动占领教育阵地，增强大学生院系、班团、宿舍文化建设的针对性和实效性，是当前面临的新课题。

（一）网络环境下院系、班团、宿舍文化建设的目标

网络环境下院系、班团、宿舍文化建设必须树立互联网思维，推动文化建设传统优势与信息技术高度融合，使互联网成为开展文化建设工作的新平台。

首先，充分发挥全国高校校园网站联盟的作用，贯彻实施"易班"等新应用推广行动计划和中国大学生在线引领工程。其次，使得网上教育教学资源得到整合，加强学生互动社区、主题教育网站、学院专业网站等建设，创建网上院系园地、网上班级论坛等文化建设平台，制作传播贴近大学生特点的新媒体

内容产品；再次，院系、班团、宿舍文化建设要让大学生喜闻乐见。以青年教师和学生骨干为主体，逐步壮大学院及班级网络舆论引导力量，唱响网上主旋律。

（二）网络环境下加强院系、班团、宿舍文化建设的路径

1. 强化网络文化建设，建立院系、班团、宿舍文化建设的新阵地

存在于校园的网络文化，在院系、班团、宿舍文化建设中发挥着重要的影响力。根据网络文化的特点，结合院系、班团、宿舍文化的需要，要建设一批融思想性、知识性、趣味性、服务性于一体的主流网站。院系层面建立学生院系课程网站，方便学生查询，建设招生就业网、教学科研网、生活服务网等应用型较强的专题类院系网站，设计"红色网站""心灵驿站"等极富校园文化特色的主题网站。班级层面定期在网站上发布党团活动、班级活动等，宿舍层面则以学生生活信息及宿舍管理有关条例为主，涉及到学生日常生活的食堂开饭时间，澡堂开放时间，开水房供水时间等，则可在网上设立专门链接，供学生查询。

大学生对网络游戏等互联网娱乐功能的使用率较高，而对网络学习、电子图书馆等工具类应用的使用相对不足，因此，要加强主题类网站建设，努力建设一批特色突出、影响力强、覆盖广泛的重点网站，搭建以人为本的网络文化建设载体。

2. 重视学生的主体地位，坚持平等互动原则

网络环境下的院系、班团和宿舍文化与以往有着重大差异，它的开放性和民主性打破了传统教育中教师与学生的主次格局，使教师和学生都成为网络文化背景下的主体，具有平等的话语权。首先，要增强院系、宿舍文化的针对性和有效性，就必须自觉适应网络载体的运作模式和手段，与学生在平等交流互动中寓教于乐，寓乐于学。其次，尊重大学生的主体地位，使大学生能以积极的心态和自觉的行动参与学生院系、班团和宿舍的管理和建设。成立"学生网络管理委员会"（简称"网管会"），让学生自己建立网站，充分利用网络文化来影响、教育、服务自己，将学生自治与学院管理有机地结合起来，促进学生班级、宿舍管理的科学化、民主化。

3. 有效整合网络文化与院系、班团、宿舍文化

院系、班团、宿舍文化要把解决学生的思想问题与解决学生的实际问题

结合起来，将网络文化纳入校园文化建设的总体规划，寓教育于服务之中，用极具特色的网络文化吸引学生的注意力。如利用班级主页、网上 BBS 等方式，加强班集体建设和集体主义教育，定期将优秀个人网页在校内的局域网上发布；发布学校、班级的焦点问题，让全体同学广泛讨论，并在网上论坛中发表见解，和谐对话。还可将班级的一周或近期大事通过发帖子的方式在班级论坛上广而告之，学生之间、师生之间需要沟通思想的，也可以通过回帖方式得到解决。利用网络对学生进行思想教育和心理健康教育非常方便，既消除了面对面怯生的心理障碍，又解决了实际问题。

四、院系、班团、宿舍文化建设的展望

（一）未来院系文化建设逐步向以人为本的方向发展

加强院系文化建设的根本目的是为了增强院系的凝聚力，更好地推动院系各个方面的工作，因此，树立文化是院系之魂的观念。只有共同的文化才是一个群体一个组织最为牢固、最为持久和最不易丢失的东西，院系文化应担当起这样的重任。虽然在经济生活日趋成为主流的今天，物质利益日渐起着越来越重要的作用，但一个院系的物质待遇或良好的经济收益不可能也不应该成为维系或凝聚师生的核心因素，而以共同的工作价值认同和事业追求为核心的文化才是连接所有人的心灵之桥。基于此，以人为本的理念就必须成为院系文化建设的基本理念，院系文化建设必须以全体师生为本，做到尊重人和关心人，依靠大家齐心协力求发展，从而最终在集体发展的同时，使每一个人也得到发展，实现每一个人的价值追求。

（二）班团文化建设趋向于学生自我管理

未来的班团文化建设，将更多侧重于管理服务并重，逐步构建学生自我管理。长期以来，多数高校在班级建设上都是以"管理为主"，如今"90后"的大学生个性张扬，自我约束能力弱，用科学合理的规章制度引导和约束大学生的不良行为，是必要条件，但是在班级的管理中、规章制度的制度中必须坚持"以学生为本""全心全意为学生服务"的理念，建立一支以学生为主体，以学

生干部为阵地，以学生自我管理、自我服务、自我约束为主要内容的学生自治管理组织。

通过学校相关管理部门、学生自治管理组织的组织策划，围绕自我管理、自我服务开展各项班级管理和文明创建活动，充分发挥学生党员、学生干部等学生骨干的模范作用，调动学生的积极性和创造性。发挥大学生在建设班团文化中自我教育、自我管理、自我服务的作用，有利于培养和提高大学生的综合素质，引导他们自我完善、全面发展。

（三）宿舍文化建设将更注重通识教育，适应学生个性化需求

通识教育的三大目标，是自我认识和价值观念的建立，学问领域的均衡汇通，独立思考和处事应变能力的提高。满足个性化需求的宿舍文化建设，将不同专业的学生安排在一起住宿，实现学生文理渗透、专业互补，不同背景的学生互相交流学习，从而促进大学生的全面发展。根据学生作息及兴趣爱好等自愿选择宿舍，混合在一起学习交流，加强不同专业学生之间的沟通交流，开拓大学生视野，拓展思维方式。安排通识教育课程和提供非形式教育（即非课程形式），实行完全学分制，开展学术及文化活动，实现学生文理渗透、专业互补、个性拓展，鼓励不同背景的学生互相学习交流，满足学生的个性化发展需要，最终促进学生的全面发展。通过这一做法，改变传统大学的思想道德素质教育的现状，为大学生创造一个环境，使其自我管理和约束能力得到加强，从而实现德智体美的全面发展。

第七章　校园社团与校园文化的建设

高校大学生是我国当代青年的主力军。作为大学校园中学生能力培养的重要平台，高校学生社团在学生的专业知识获取、思想品德建设、综合素养提高、校园文化塑造等方面发挥着越来越重要的作用，俨然成为高校校园一道靓丽的风景线。

第一节　高校学生社团的内涵、特征和功能

高校学生社团形式多种多样，是我国校园文化建设的重要载体，也是我国高校第二课堂的引领者。各社团以其具有思想性、艺术性、知识性、趣味性、多样性的社团生活每年吸引广大学生积极参与其中，在大学文化建设里担任非常重要的角色。

一、高校学生社团的内涵

（一）高校学生社团的概念

高校学生社团是指由高校学生依据兴趣爱好自愿组成，为实现成员共同意愿，按照其章程自主开展活动的群众性学生组织，是丰富高校学生日常学习与生活、丰富高校文化氛围的不可或缺的一大重要角色。

具体来说，即是有具有一定的兴趣或是爱好的学生，为了更好地与其他有

共同兴趣爱好的学生相互交流，为促进兴趣爱好的相关技能特长的发展和自身价值的满足而自愿组合形成的团体。这些团体接受高校党委的统一领导和高校团委的直接指导，以确保社团的性质以及开展的社团活动符合社会主义核心价值观，符合党和国家对于高校学生和高校文化的相关要求与期盼，具有一定的积极作用和正面意义。同时，社团接受学生会组织的日常管理以确保社团活动的规范与有序。

（二）高校学生社团的基本任务

高校学生社团在创立之初就被赋予了繁荣校园文化、丰富课余生活、发展学生技能、实现自身价值等"重担"，这便是学生社团的基本任务之内涵。高校学生社团的基本任务就是遵循和贯彻党和国家的教育方针，坚持立德树人的基本导向，团结和凝聚广大高校学生，按照自愿、自主、自发原则，善用网络技术和新媒体，开展主题鲜明、健康有益、丰富多彩的线上和线下课外活动，繁荣校园文化，培养高校学生的社会责任感、创新精神和实践能力，提升高校学生综合素质，促进高校学生成长成才。

（三）高校学生社团的分类

1. 思想政治类

思想政治类学生社团是由具有共同的理想信念和价值观的大学生结合在一起组成的社团。此类社团成员大多具有崇高的理想信念，眼光远大，思想觉悟高，自律性较强。比如清华大学的马克思主义学习研究协会、福建师范大学青年学生理论研读俱乐部、青年学生习近平新时代中国特色社会主义理论研习传播社等。

2. 学术科技类

学术科技类学生社团主要是满足成员对科技文化知识的需求为基础，以提高学术水平和实践能力为共同目的而建立起来的，与专业学习、学术研究紧密结合的带有专业实践性质的社团。比如复旦大学的生命学社、北京理工大学的航模社团等。

3. 创新创业类

创新创业类大学生社团旨在满足自身需要、是实现创新创业的训练与实践的社团组织。创新创业类学生社团往往因为其新颖的活动、对自身能力的锻炼、自我价值的实现和广泛的人际平台而受到现代大学生的追捧与积极参与，如东南大学的大学生创业协会、KAB 创业俱乐部等。

4. 文化体育类

文化体育类学生社团是以成员的体育艺术特长、爱好为基础，为满足成员的特长发展需要而建立的非专业的文体艺术方面的学生社团。这类社团的活动形式多以文艺表演和体育比赛形式呈现，是学校文体活动的重要参与者和完成者，比如山西大学的自行车协会、中南大学的雷雨剧社等。

5. 志愿公益类

志愿公益类学生社团是指社团成员运用自己掌握的知识和技能进行社会公益服务和社会实践活动，是高校学生实现自身价值，贡献社会、回报社会的重要途径。比如北京大学的"爱心社"，它是改革开放以来高校第一个由学生自发成立的志愿服务社团，社团的宗旨是"呼唤爱心、奉献爱心、自我教育"，得到社会各界知名人士的大力支持，冰心和季羡林都曾应邀担任爱心社的名誉社长。

6. 自律互助类

自律互助类学生社团是以"自我管理、自觉自律、互助有爱、合作共进、和谐共行"为发展理念，旨在使每位成员在团体中能够自我管理、自主学习、自我发展，共同进步的学生社团。比如上海交通大学的思源爱心服务社，是由一群收到资助的农村学生建立的"一个以改变农村面貌为目标的社团"，从2007至2016年，他们覆盖近500所学校，直接惠及学生超过10万人。

二、高校学生社团的特征

共青团中央、教育部2017年3月联合印发的《高校共青团改革实施方案》中提出，在高校党委领导下，构建"一心双环"组织格局，以团委为核心和枢纽，以学生会组织为学生自我服务、自我管理、自我教育、自我监督的主体组织，以学生社团及相关学生组织为外围延伸手臂。[①] 和团委学生会先比，学生

---

① 共青团中央 教育部关于印发《高校共青团改革实施方案》的通知，中青联发〔2016〕18号。

社团有着自己的鲜明特点。

（一）个体自愿性

高校学生社团从建立到加入再到开展活动，都是学生自主管理和自觉活动的结果。其以创建和组成某个学生社团的学生们为整体自愿地进行活动。高校学生社团依靠着具有共同的兴趣和爱好的高校学生自主自觉形成，相比于学生会组织并没有太多来自学校和教师的约束和强制，具有较大的自主性。

（二）目标整合性

社团成员都是以相同或是类似的目标而加入该社团。这种由个体目标的集聚、统一而达到的群体目标的整合性，是学生社团得以形成的根本前提。没有这个前提，社团就会缺乏群体内聚力，社团就无法持续。

（三）范围广泛性

全国各个高校学生社团的成员数量和社团开展活动的数量都非常可观，足以可见社团参与范围的广泛性。据共青团中央和中国青少年研究中心的一项调查结果显示，有80%以上的大学生参加过校内社团、跨校社团或网络社团，平均每人参加社团数为1.5个以上，学生社团在我国高校中的影响程度颇深，影响范围十分广泛。

（四）结构松散性

高校学生社团的结构松散性体现在学生社团的加入手续简单，退出自由，不管是组织形式、社团成员，还是活动主题都容易变动。成员的聚集依靠共鸣，成员的行为规范依靠个人素养，没有强制性的纪律加以约束。而所谓的结构松散并不意味着学生社团的无组织或是涣散，相反，一定的松散性会加强不同学生社团之间的人员流动与交流，同时促进和增强高校学生加入社团的积极性与动力。

（五）发展周期性

由于高校本身年级的变动，必然会出现学生会组织与学生社团的按期换届。以两次换届为周期，学生社团会经历"构建（重组）——沿袭——发展"这一周期重复循环。在这个循环中，骨干成员的流动造成的组织规模和管理水平的波动。因此，换届成为了社团发展的分水岭。在每一年的固定时间，必然会有学生社团的换届活动，这是学生社团发展必然经历的周期活动。

三、高校学生社团的功能

不同的学生社团对高校自身、对高校学生乃至对社会所具有的积极与正面的作用和影响，是学生社团赖以存在的基础以及发展与繁荣社团的重要依据。

（一）实现校园文化多元化

学生社团最大的作用便是丰富高校文化氛围。无数的兴趣爱好、共同的机缘分享，让高校校园文化轻而易举地实现跨专业、跨院系、跨院校甚至跨社会的多元文化交流。在这些最初仅仅因为一个共同兴趣爱好而组成的社团里，常常会出现一些影响力大、发展力强，甚至成为个人未来事业发展、校园品牌和社会需求的大社团。诸如著名的中国新诗坛"新月四子"，就是出自于清华大学的清华文学社。

（二）引领思想教育生活化

在社团中，广大学生张扬个性、自由发展，为高校了解学生思想动态、进而针对性地开展思想政治教育发挥了其他组织无法替代的作用。社团的开办宗旨、组织管理、活动开展、成员交流等，都融入了理想信念教育、爱国主义教育、公民道德教育、意志品德教育。社团从成立到发展的每时每刻、每个细节，通过给予学生亲身体会和总结，实现"细雨润物、潜移默化"的潜性教育效果。

（三）推动成员成长社会化

学生社团提供了更多机遇、资源，让每一个个体自由发挥自己的兴趣爱好和技能特长，也促使他们学习社会规范、社会角色。同时，通过与广泛的社会资源的强力联结和合作，社团为成员的一技之长提供平台，实现其社会化发展。

（四）助力校园建设纵深化

学生社团最吸引人之处在于其与时代、当代文化紧密地联系，所以社团活动总是充满激情与创新。这些符合大局、热点、需求、兴趣、专业性质又富有特色而纷繁的社团活动，服务了第二课堂，丰富了学生的课余生活，成为校园文化建设的主力军和校园精神风貌的风向标，引领校园时尚甚至时代潮流的发展。

第二节　高校学生社团的组织与管理

高校学生社团是校园文化的重要组成部分，是学生拓展自身素质的一个平台，其发展状况往往标志着校园文化的水平和高度，集中展示和突显了校园文化的特质和追求，也体现了一所高校的组织和管理能力。要让高校社团真正发挥校园文化建设的作用，就必须打好制度根基，完善管理体制。

一、建设完善社团管理制度

让高校学生社团能真正成为充满青春与活力的鲜明特色的组织，充分发挥学生社团的育人功能是各个高校共同追求的目标。高校的党委、团委作为高校学生社团管理的重要组织，其作用的重要程度不言而喻。一个高校拥有完善的社团管理制度，其社团的日常组织与活动有规章制度可循，方可保证有组织有纪律的社团活动，也才能使得社团的发展才能越来越繁荣。相反，倘若没有完善的社团管理制度，那么社团活动就会成为高校学生自娱自乐的平台，甚至可能出现社团活动背离社会主旋律的情况，学生社团的功能作用无从体现，其存在也就毫无意义了。

（一）明确工作权责

在"一心双环"的学生工作组织格局中，学校团委是核心和枢纽，学生会组织是学生自我服务、管理、教育与监督的主体组织，而学生社团及相关学生组织是外围延伸手臂。这一规定，明确了各个部门与相关组织机构在学生工作管理中的工作权力范围与工作责任，工作目的和目标。

1.高校党委的主体责任不可缺失。高校党委要统一领导本校学生社团工作，要将加强和改进学生社团工作，作为高校贯彻党的教育方针、推进素质教育的重要组成部分，纳入高校整体工作中。一是高校党委领导班子中要有专人负责学生社团工作，定期了解学生社团工作情况。二是要做好对校团委、校学生会组织的工作指导。三是要积极协调学校宣传、人事、教务、科研、后勤等相关部门，对学生社团的建设和发展给予支持。

2.高校团委的主管责任应当加强。高校团委是履行本校学生社团工作的主要管理职能部门，切实承担起学生社团的成立、年审、注销、组织建设、活动管理、经费管理和工作保障等工作。一是学校团委应设立专门机构指导和管理学生社团工作，可根据实际工作需要，进行设立学生社团团工委、学生社团网络团建等工作探索。二是学校团委的负责人中要有一人负责具体分管社团工作；要指定专门的老师负责社团的具体工作；要为学生社团邀请真心热爱学生社团工作、业务或专长与社团性质相关的老师担任学生社团指导教师。三是要对学生社团的活动开展给予专项的经费、专属场地等支持与保障。

3.学生会组织的作用发挥不能忽视。学生会组织是校内学生组织中的中心与枢纽，要配合团委加强对学生社团的引导、服务和联系。学生会组织内要设立专门的学生社团管理的部门，如学生会社团部。有条件的高校可以在学生会组织下，成立学生社团联合会来更为独立自主地开展有关学生社团工作。校级学生会组织需要明确一名主席团成员负责本校学生社团工作；已成立校级学生社团联合会的，其主要负责人须由校级学生会负责学生社团工作的同学兼任。

（二）完善制度建设

由于学生社团的组织特性，就更需要制定社团明确、规范的制度来进行有效的管理。当前，我国大部分高校在社团管理上均有做出《学生社团管理办法》等相关制度规范。

1.建立健全社团成立审批与年审注销制度。一是要明确学校社团成立的资质与条件，从源头上把关好社团的性质。二是要明确学生社团成立的审批流程。高校团委应当成为学生社团能否成立判定的把关人与责任人。三是要有明确的学生社团年审与注销机制，在每学年初进行社团的登记注册，学年末进行社团的年审考核，对于工作不得力、不作为的社团予以注销。

2.建立健全社团日常运作与配套管理制度。一要明确学生社团活动管理制度，保障学生社团活动规范合理、科学健康的开展，重点做好活动的流程方案、经费管理、安全预案的把关审核；做好学生社团在校外开展活动以及邀请校外人士出席活动的审核；做好学生社团网络化建设的管理。二要做好学生社团管理中的配套管理措施的制定，重点做好学生社团财务管理、社团会员会费管理，学生社团场地、物资等管理条例。

3. 建立健全社团目标管理与考核奖评制度。基于学生社团工作运行的自主性，高校团委应当通过合理的制度设置，来实现对学生社团工作的有效管理与跟踪。一是建立工作报表制度。定期要求学生社团以报表懂得形式报告工作动态，时间一般以一个月为宜。主管部门可以根据社团报表，掌握社团日常工作情况，了解社团发展的困难与需求。二是建立工作考评制度。定期开展"优秀学生社团""优秀学生社团项目""优秀学生社团干部"等评比，"以评促建，以评助管"。通过评比的方式，促进与倒逼学生社团的进步。

4. 建立健全社团教育培训与素质测评制度。学生社团的各项工作，归根结底还是为了培养和锻炼学生的综合素质。因此，高校应当以素质拓展计划为总揽，将社团的工作与活动纳入到素质拓展计划的整体部署中去谋划与推进。一方面，要将学生参与学生社团活动的情况，进行统计与考核，将学生参加学生社团活动的受益情况进行分类记录，纳入到学生的综合素质学分认定当中。当前，全国共青团推行"第二课堂成绩单"制度，就是社团活动记录和考核可以重点结合的测评制度。同时，以此为着力点，建立吸引学生参加社团活动的动员机制、组织机制与考核机制。另一方面，要进一步建立健全学生社团部门的培训、培养制度，定期对其进行培训，分类指导学生社团干部加强社团管理、组织开展活动。

学生社团的管理制度建设是一项系统工程。除了上述制度外，建立社团的导师制度、档案制度等都是必须的。高校团委作为学生社团的主管部门，既要坚持处理好执行制度的原则性与灵活性，又要培养一批熟悉制度、执行制度、善于在实践中完善制度的学生干部，通过学生社团组织的自我管理、自我教育、自我服务，达到依托制度规范管理、科学管理、全面管理的目的。

（三）社团联合会要发挥好"大管家"的作用

当前，我国高校管理社团的形式主要有两种：一是在学生会中设立社团部；二是成立学生社团联合会。大多数高校采取了第二种方式，即成立学生社团联合会的类学生会组织。下文将主要阐述学生社团联合会应当如何建设，如何发挥服务和管理的作用，如何对接学生社团的问题。

1. 合理设置组织机构。学生社团联合会最主要的职责和任务是主持社团变更、指导社团计划、组织社团活动、协调社团关系、监督社团运行、维护社团权益、实施奖罚措施等。它的机构设置也必须像学生社团一样，根据工作任务设立，不宜太多，以避免令出多门增加学生社团的行政负担。此外，学生社团联合会的部门也应当做好对接学生社团的分工明确，一个部门对应一个或多个学生社团，做好日常的联系。

2. 建立社团二级管理机制。这是一种比较特殊的形式。由于在我国有不少高校存在学校、学院两级都有成立学生社团的情况。在这种模式下，校学生社团联合会要负责全校所有社团的注册登记，重点要抓好校级学生社团的建设与管理。同时，要积极发挥院级学生会、院级学生社团联合会的作用，做好院级学生社团管理与服务的工作，为院级社团与校级社团联合会之间搭建一座沟通交流与间接管理的桥梁。

3. 创新学生社团管理形式。除要加强组织建设与日常工作规范外，学生社团联合会在工作范式上要立足创新。以福建师范大学学生社团联合会为例，一是通过每学年开展"学生社团巡礼月""周末学生社团文化广场"，为社团活动搭建和提供一个统一的展示平台，加强对学生社团活动资源的整合力度。二是通过定期开展"学生社团会长圆桌会议"，增进学生社团联合会与学生社团之间的沟通与交流，及时了解学生社团的状况与困难。三是实行学生社团分类管理，增进同类社团的了解度，实现资源共享，达到互帮互助的效果。四是每学年开展"学生社团领袖训练营"，定期开展"社联之星""部门之星"等评比活动等，加强学生社团干部的培养。

二、发挥社团的内在驱动力

作为自发性的组织，大学生社团较强的内在驱动力正是社团发展和成功的最重要的力量。一个出色的学生社团应当要做好社团内部管理以及社团品牌建设，才能实现社团的持续性和发展力。

（一）管理规范化

要增强学生社团源源不断的内在驱动力，首先应当有一支优秀的社团管理队伍，并致力于社团日常建设管理与相关社团活动策划。同时建立起一套成熟的社团日常运作体系和社团活动规范。

1.组建优秀管理团队，发挥引领作用。一个优秀的管理团队对于一个组织的发展具有至关重要的作用。因学生社团性质的特殊性，学生社团的管理团队主要由社团内部推荐产生，但是作为上级的校团委、学生社团联合会应当做好审定与考核，坚持选用政治素质端正、综合素质优良、群众基础良好的学生作为社团负责人，打造优良团队。

2.完善社团自身建设，增强内生动力。一是社团要有自己的章程，要明确为了什么、想做什么、可以做什么。社团定位是所有社团活动的核心和指导，只有明确社团的性质，社团建设才有方向，社团成员才会有不断向前的动力。二是要公开社团工作，尤其是在社团财务方面，会员的会费管理、活动的经费预算与开支都要同社团成员做好公开。三是在社团各项工作中，要充分发扬民主，强化民主选举、民主决策和民主监督，并建立会员代表大会制度，实现自我管理。

（二）发展品牌化

一个学生社团要想长久发展下去，必须有属于自己的社团文化和代表性的精品活动、品牌活动。社团活动不应该求多，而应该求精。多而不精的社团活动反而会降低高校学生乃至社会对该社团的评价，同时增加许多不必要的活动策划而浪费学生社团的人力，物力和财力。

1.坚持兴趣起点。学生社团应坚持以学生兴趣爱好为基础的活动原则，从成员的兴趣爱好和需求出发，结合专业和学习实际，创新形式，挖掘内涵，打造学生社团的精品活动。

2.积极寻求合作。学生社团应该积极与相关部门合作，主动承办各种大型活动，合理协调资源配置。例如，福建师范大学学生社团联合会就联合学校文娱社团承办学校的"新生迎新晚会""校园十佳歌手大赛"；联合运动类社团承办学校的"体育节"系列活动，并作为其品牌活动进行校内外的宣传，受到全校师生的喜爱和欢迎，甚至在校外产生一定的反响。

3.合理利用网络。学生社团应当在新时期积极探索依托网络积极开展活动，努力使互联网成为开展社团活动以及展现社团风采的新平台，使学生社团活动呈现出新样式，迎合新时期师生的需求。例如，各学生社团可以开通自己的微博账号，微信公众平台等进行信息发布和文化交流，也可以结合 APP 软件开展活动。

三、整合优化社团社会资源

资源整合，意为通过不同来源、层次、结构、内容资源进行识别与选择、汲取与配置、激活和有机融合，以获得企业管理效益的最优化。高校学生社团的资源整合，是通过组织和协调将社团内外相关但分离的职能和资源进行整合和配置，并寻求资源配置与学生社团成长的最佳结合点的管理行为。这是促进学生社团社会化、职业化甚至是高端化的有效途径。

（一）共生共荣：高端交流

学生社团可以在校级相关部门的审批下，定期加强校际之间的交流。社团虽然是学生自发性的组织，也有指导老师或单位的帮助，但想成为品牌，产生更广泛的影响力，甚至能够成为学生未来就业创业的平台，就迫切需要提高社团与外界的交流和合作。高端交流可以产生两种作用：一是可解决社团内部无法解决的问题，即时、有效解决社团发展遇到的瓶颈。二是完善社团管理，通过同行互律、相互监督来规范本行业组织的运作、维护本社团的社会形象。2009 年 12 月，上海市首个大学生社团联盟——金融理财社团联盟成立，建立了全市各高校金融理财类社团间的联络渠道，此举被《青年报》称为学生社团的"资产重组"，标志着上海大学生社团在强化活动能力、完善自身组织、提高服务水平、建立团结协作方面迈出了新步伐，就是高端交流一个非常好的例子。

（二）做精做优：大气宣传

社团本身的建设是影响力的基础，但想要成为精品，就必须扩大宣传，增强影响力，这就要求社团建构属于自己的社会宣传路径。构建这样的路径可有三条方法：一是建立专家库。专家库囊括各行各业的专业人士，在社团的内外宣传上能给予专业性指导，从品牌的文化、内涵入手提升学生社团的档次。二是强大宣传队伍。宣传的关键在于宣传队伍的打造，他们需紧跟潮流，能创新在新形势下的宣传方式，让学生社团的育人功效与社团影响力相促进。三是多种宣传口径。即时运用新媒体，综合利用文本、图像、音频、视频等在纸质报刊、网络平台、电视广告等载体全面推广自己，使自己的形象更立体、可感。

（三）内引外联：上档次公关

社会、校际之间存在多样而又相同的需求，而各个社团资源的有限又束缚了活动的开展。为了解决这样一个矛盾，可以增强公关外联，争取外界资源的援助，实现凭借学生社团自己能力无法实现的目标，办成凭借学生社团能力难以办成的活动。政策支持、资金注入、技术帮扶、设备借用、场地提供和物质赞助等政府、社会的多方位支持，可以助力学生社团事业平稳有效发展。以福建师范大学研究生支教团为例，支教团先后在甘肃漳县、古浪支教十余年，且积极内引外联，通过企业、学校募捐，先后建立了殪虎桥、四族两所希望小学，并募集到大量的衣物、鞋子、课桌、学习用品，覆盖近万名学生。社团因此先后获得"福建省新长征突击队""感动福建"年度十大人物、"福建省第三届十佳志愿服务集体奖"等荣誉称号，在福建省以及甘肃省塑造了强大的社会影响力与号召力，成为当地最受欢迎的支教团。

第三节 高校学生社团品牌的设计与运营

社团建设对大学生来说，似乎是听多、说多、想多，但却难做、少做、甚至不做。其中原因，还是"知其然而不知所以然"。事实上，高校社团和社会社团一样，要想寻求长期的存在和不断发展，就需要建立品牌意识，打造社团品牌，服务社团文化。

一、培育社团文化品牌

在起步阶段，学生社团尚未形成成熟的社团文化。学生社团成员一般难以将精力投入社团文化的建设，所以怎样打造社团文化、打造怎样的社团文化，是起步阶段学生社团面临的又一难题。

（一）创建思路

1.树立品牌意识。正如《哈佛商业评论》所写："品牌不只是用来识别不同生产者产品的一个标签，它代表了许多意义和属性。其结果是一种公共形象、一种个性，它比许多产品技术层面的东西更加重要"。[①] 因此，品牌建设是各类组织发展壮大的重中之重，高校社团也不例外。无论是在社团建立初期，还是在社团建立稳定后，都需要梳理、建立社团品牌，制定好品牌打造计划，这样才能更好地实现社团功能，在校园的"文化赛跑"中胜出。

2.挖掘品牌内涵。建立了品牌意识，就需要多品牌的建设有规划，最重要的就是挖掘品牌价值和内涵。一是分析文化积淀。社团无论是成立之初就创建品牌，还是成立后再创建品牌，都有一个文化传承和积淀的过程，只有精心梳理，有所舍弃，有所建设，品牌定位才能更清晰。二是明确品牌定位。定位是"方向盘"，是战略层面的基础设定和发展规划。要明确社团的类别归属、活动载体、活动形式，并对发展方向、发展前景、发展规模，并对其进行总体规划。三是明确价值理念。价值是品牌创建的核心，体现了社团的个性和特色所在。社团品牌价值打造，可通过凝练理念口号、把握专业化程度、设计特色活动、拓展活动成效延展性等方面来实现。"人无我有，人有我优"才能彰显社团品牌的特色，体现价值。

3.设计品牌形象。品牌形象是品牌在市场上、在社会公众心中所表现出的个性特征，它体现公众特别是消费者对品牌的评价与认知。品牌形象与品牌不可分割，形象是品牌表现出来的特征，反映了品牌的实力与本质。品牌形象包括品名、包装、图案广告等设计，是消费者对品牌的所有联想的集合体，它反映了品牌在消费者记忆中的图景。[②] 通过设计能承载本社团文化的形象或吉祥物能将社团品牌文化更生动地展示出来。向社团成员征集设计方案就是增强社团归属感的一种有效方法。通过涉及"接地气"的吉祥物，使得学生社团的品牌更加具象和喜闻乐见。例如："小葵"就是由福建师范大学本校学生设计的校共青团的品牌形象，它青春阳光诙谐的形象使福建师范大学共青团推广的

---

① 陈志勇、陈蓉.试析高校学生组织品牌带动机制的构建及意义[J].思想政治研究,2009(9).

② 品牌形象[OL].360百科[A/OL]. https://baike.so.com/doc/4690897-4904879.html.

"爱、忠诚、责任、理想"的文化内涵生动形象化，受到了一大批团员青年的喜爱与追捧，潜移默化地让大学生们认可并支持福建师范大学共青团。

（二）繁荣路径

1. 优化师资，促进发展。有想法、高素质的社团学生干部必不可少，但缺少了有激情、有特长、业务素质高的专业教师和政治素养高、责任心强的管理教师这两位社团发展壮大的"军师"，社团发展也将随着社团学生领袖的更替而停滞甚至倒退。教师的深入指导能使社团活动更加规范，并富有知识性、竞技性、观赏性、创新性、社会性、持续性，能促进学生将兴趣转为动力，提升社团的专业化程度，把关社团的发展动向，促进社团的健康繁荣。

2. 扶持精品，披沙拣金。一是评估考核、优选精品。是否将大学生创新培养、个性发展的特质与社会实际相结合，是否重点突出、可持续发展，是社团精品活动和精品社团共同的评估标准。而这两点正是我们所讲的社会价值导向和持久延续原则。把握标准、评估优选、考核表彰，是"大浪淘沙"出精品的最有效办法。二是重点扶持、辐射效应。打造精品是繁荣社团文化品牌的有效方式与途径。向精品社团和社团精品活动在资金、场地、指导老师等方面提供倾斜，并通过社团巡礼月、"十佳社团"评选等平台展示质量和风采，将极大推进社团高位发展，扩大品牌的辐射。

3. 创新方式，激发动力。创新是事物发展和进步的灵魂，更是高校学生社团品牌建设又"活"又"火"的不竭内动力，需要各个学生社团想方设法去激发。一是发挥社团成员主体地位，促进社团活动创新。在"人人都有麦克风"的自媒体时代，要更加重视发挥社团活动的组织者和参与者的智慧。在把握围绕特定的活动主题和原则的基础上，鼓励奇思妙想，引动头脑风暴，帮助去粗取精，既激发社团成员的内动力又符合创新的需要。二是实行项目化社会化运作，创新社团活动机制。项目化运作，即采用招标的方法确认社团活动的承办者和活动形式。项目化运作方式要变"要我做"为"我要做"，变"领任务"为"请任务"，治愈学生社团的"软骨病"。而社会化运作，即依靠社会、动员社会、作用于社会。社会化运作将教室、校园和社会三个课堂有机融合，有助于扩大活动地域、拓宽社团成员的眼界、提升社团的社会价值，将赋予社团宽广的创新空间。

4.全面宣传，亮出品牌。社团活动在宣传时要遵循"立足长远、立足受众、立足传播"的原则。立足受众，对品牌活动这个"点"进行宣传，在目前的各个高校社团普遍比较重视，但在"长远"与"传播"方面下功夫，对品牌理念及品牌建设情况这个"面"进行宣传，却往往会被忽略或觉得没必要，这本身就是一种短视。点面结合的宣传才能全方位地展示推介社团的文化、吸引优秀学生、争取更多的社会资源，从而达成品牌建设目标。对于重点扶持的精品社团，可引导其不断完善品牌文化包装，整合校内外各种宣传媒介及各种媒体资源，多方位提供展示平台，全面提振影响力。此外，指导社团成员参与各级各类的社团策划赛、"十佳"评比、项目大赛等竞赛活动，也是一种帮助全面梳理、展示、宣传品牌的有效方式。

二、设计社团精品活动

学生社团活动是一个学生社团的风采展示，是社团赖于生存与发展的基础。同时，作为一种独特的教育方法，学生社团活动在大学生成长、成才的过程中具有不可忽视的地位。一个学生社团活动的设计好坏，直接决定了其质量与影响。

（一）注重内涵，提升活动影响力

当前，我国高校学生社团活动中众多，也存在着一些诸如：活动形式复制多、创新少；活动流于形式，盲目追求影响大；活动设计者自娱自乐等问题。解决这个问题的思路，就是提升内涵，使社团活动更具有思想性与教育性。

1.围绕高校中心工作。学生社团活动一定要有针对性，把学校，高校团委、学生会、学生社团联合会等组织的意图、思想性与价值性融入其中。一方面，在活动设计上要与学校整体的教育方针相呼应，主动与"第一课堂"结合起来，通过活动提高学生的社会责任感、创新意识、实践能力。另一方面，结合青年思想政治教育的热点设计活动。不同的时期有不同的时政热点，也是高校青年思想政治的热点，与社团活动结合，能自然而然的提升活动的层级与定位。

2.善于整合社会资源。学生社团活动一定要打破"闭门造车""固守自闭"

的模式，要寻求开放性与包容性。一方面，在校内，可以寻求同类性质社团的协助或者是相关元素的融合。这就要求我们的学生会组织或学生社团联合会要有意识去整合和引导学生社团开展此类活动。另一方面，走出校外，打破校际之间的界限，采取合办、协办等形式共同开展活动。

3. 积极寻求高位嫁接。学生社团活动应当要具有开放性，不要仅仅拘泥于面对的社团内部的社员。有些发展优秀、成熟的社团，在设计社团活动时就可以直接定位为校级的或是校际之间的活动，甚至可以直接作为更高层次活动的具体承办单位，在社会平台上进行谋划。例如，2016年下半年，由福建师范大学歌唱协会主办的"校园新声歌唱比赛"就与福建省广播影视集团、海峡卫视的"青春最强音"两岸大学生高校歌唱比赛进行嫁接，既提高了活动在校内的吸引力，也将该活动通过省级的电视平台在海峡两岸进行宣传，提高影响力。

（二）科学规划，增强活动吸引力

学生社团活动的环节设计好坏、科学与否直接影响着社团活动开展的质量。因此，学生社团在进行活动设计时，要尤其注重以下几个方面的问题。

1. 合理安排活动时间。学生社团活动开展的时间选择直接决定了活动的参与性。一是最好要选择在周末的时间，尽量避开国庆、五一长假，期中、期末考试的时间。二是要注重活动开展的适时性，要结合特殊节日或是时政热点开展活动。如：传统文化类社团就可以把活动集中在"端午""重阳""冬至"等节日前后开展。在确定活动开展时间点后，就要对时间进行倒推，提早开始准备相关工作。

2. 注重活动的科学性。学生社团活动的设计要注重完整性，把所有的环节都考虑清楚，科学设计。一是活动环节上，从策划推进、落地实施、总结提升、经费预算、宣传报道等每一个环节都至关重要，运作的好坏都直接关系着活动的质量与成败。二是活动推进上要对进行合理分工，将每一项具体的工作落实到具体的部门或是负责人上，要给出完成的质量和时间要求，以此更好的推进工作。三是要巧妙设计出彩环节。学生社团应当在继承传统的基础上紧跟时代的步伐追求创新。要将活动赋予新意，在不同的学期、不同的时代有新的花样和特色，这样才能给高校的师生们"面目一新"的感觉。

3.结合网络转型创新。当前，网络新媒体平台的开放性与灵活性，为学生社团活动的开展提供了更为广阔的空间。因此，学生社团干部在设计活动时候要学会进行网络转型，一是每个社团可以在网络上开通组织的微博、公众平台或 QQ 空间等，作为组织展示以及活动宣传的平台。二是在设计活动时候可以巧妙地将网络新媒体的技术进行运用与嫁接。如，通过网络平台进行报名、作品展示，甚至为作品进行投票宣传等等。三是要通过网络了解青年学生的最新喜好，用更为新颖、同学们喜闻乐见的方式设计活动。如"校园荧光夜跑""校园迷你马拉松""校园星播客"等活动。

三、培养社团学生干部

学生社团干部作为学生社团的直接管理者，对学生社团的创立和发展都具有重要的作用和影响。一群具有较高素养和能力的社团干部，对于社团不断前进、克服发展困难最终实现学生社团精品化的发展过程，具有重要的意义和作用。

（一）社团学生干部存在的问题

1.思想性略显不足。趣味相投可能导致社团成员过于重视个体的兴趣和专业，而忽略了社团作为整体的思想性和内涵建设。这样容易有两个问题产生：一是社团学生干部身怀一技之长，但对自身的思想内涵建设不够重视。他们在其擅长的社团领域，都属于相关技能技巧较为高超的人。例如乒乓球协会、轮滑协会等学生社团的会长一般是由技巧出众、技艺高超的人担任。但他们容易出现注重专业技能的提高训练，而在一定程度上忽视了自身思想内涵的建设和提升。二是举办的社团活动容易陷入纯粹的"为活动而活动"的套子，在活动主题、思想立意等社团活动的育人功能上，有时会考虑得不尽周全，使社团的思想引领提升、政治素养锤炼等技能包功效大打折扣。

2.纪律性疏于整治。相较其他学生组织（如学生会）而言，社团在组织建设上具有更大的自主性。其一是在干部选任上，一般更讲究的是能力优先、特长优先，因此在学生社团内部容易出现论资排辈、按号入座的现象，甚至出现"人治大于法治"的情况。其二是一些学生社团的学生干部，可能会占着自己资历较深，轻视蔑视甚至是欺负排挤资历较浅的社员，更有甚者会拉帮结派，形成所谓的"小圈子""小团伙"，这对于学生社团的发展相当不利。

3. 领袖力稍逊一筹。高校学生社团的学生干部，有时即便尽使劲浑身解数，却也会显得领袖力不足。这体现在三个方面，一是"精而不博"：某一领域技能出众的人，并不一定具备统筹全局的管理才能。二是社团活动的持久性可能会难以为继。如学生干部工作热情的消退，或社团活动吸引力的逐渐缺失，都会使社团活动的持久性受到冲击。三是一些社团的学生干部在换届时会遭遇人才断层，一时找不到合适的社团干部接班者，出现代际传承裂痕，导致青黄不接的尴尬局面。

（二）培养社团学生干部的对策

1. 切实加强理想信念教育和引导

2016年7月1日，习近平在庆祝中国共产党成立95周年大会上的讲话上说："'志不立，天下无可成之事。'理想信念动摇是最危险的动摇，理想信念滑坡是最危险的滑坡。"[1] 为了防止社团干部在精神上患上"软骨病"，我们应当要始终牢记习近平总书记开出的药方，时刻用马克思主义的理论知识武装头脑，用社会主义核心价值观提升内涵。高校学生社团要紧紧围绕高校社会主义大学的办学方向和立德树人的根本任务，始终坚持和不断巩固马克思主义在高校学生社团发展中的指导地位，切实增强社团学生干部理想信念和政治素养的教育和引导，积极培育和践行社会主义核心价值观，努力培养德智体美全面发展的社会主义建设者和接班人。

2. 不断增强组织建设和制度管理

首先，高校学生社团应在高校党委、团委的领导管理下，不断增强自身的组织建设。目前，大多数高校在校党委、团委的指导下都建立了高校学生社团联合会，专门针对高校学生社团进行一定程度的学生自治。这样一方面既可提高学生自主参与社团建设的积极性，也可保证社团的发展轨迹不会偏离学校的统一领导。其次，高校学生社团要不断建立健全各种规章制度，有条不紊地开展活动。要严格按照社团发展的需要，及时制定或修改各种规章制度，包括社团

---

① 习近平. 在庆祝中国共产党成立95周年大会上的讲话 [N]. 人民日报，2016-07-02.

干部的选举制度、考评制度、奖惩制度等，保证社团活动的顺利开展。在社团内营造有法可依、有章必循的良好风气，促进社团组织的规范管理和长远发展。

3. 持续推动培训交流使传承有序

一是要做好"传帮带"工作。平时要注重积累并总结经验，优秀的社团干部应当多分享一些工作心得、个人体会之类的重要经验教训，学社社团的新人就会少走弯路，事半功倍。二是要举办各类培训和工作论坛。培训是一个久久为功的过程，要循序渐进地开展各类业务素质培训。同时，也适当举办工作论坛，让社团干部分享经验，共同进步，走上学生社团事业的巅峰。三是要创造条件提供实践平台。高校社团的指导老师除了加强指导，还应多方协调、整合资源，创造条件为社团干部提供平台，帮助他们通过实践活动增长才干、锤炼本领，全面提升社团干部的综合素质，保障社团组织传承有序、创新发展。

建议补充完善社团档案制度内容。"一切向前走，都不能忘记走过的路；走得再远、走到再光辉的未来，也不能忘记走过的过去，不能忘记为什么出发。"[①]一个社团成立的初衷，是该社团发展和前进的"指明灯"。但在一届届的传承过程中，一些社团干部对社团的历史了解不足，导致社团的宗旨偏离原有方向（如我校"同心社"，最开始是为了预防艾滋病、消除对同性恋的歧视，后来变成了同性恋者的社团）。社团档案制度不仅有利于守住社团的"初心"，而且社团干部在阅读历史过程中，可以发现了解社团的品牌活动，以及在以往活动中曾出现的问题，避免在以后的活动中出现同样的错误。由于部分高校社团没有固定的办公场所，社团干部流动性较大，许多档案在交接过程中丢失了，应当由校学生社团联合会对社团档案进行收集和保存。

第四节　高校学生社团的改革与发展

我国第一个严格意义上的大学生社团是1904年京师大学堂的抗俄铁血会，至今，高校社团已经走过了一百多年的历史。随着新媒体网络时代的到来，大

---

① 习近平. 在庆祝中国共产党成立95周年大会上的讲话 [N]. 人民日报，2016-07-02.

学生的学习、生活方式出现了巨大的变化，对高校学生社团也产生了巨大的影响，面对新时代的机遇与挑战，如何让高校学生社团保持活力，是一个值得思考和探索的大课题。

一、网络新媒体时代带来的机遇与挑战

2017年国家网络安全宣传周首场主题日活动——"校园主题日"活动中，中央网信办网络安全协调局副局长高林提到，截止到2017年6月份，我国的网民规模已经达到7.51亿，其中青少年网民已达到2.77亿。[①]不难看出，网络已经越来越成为青少年不可或缺的一部分。在互联网时代的大变革、大发展的主题下，网络新媒体必然对高校学生社团的社团工作产生影响，这种影响为高校学生社团带来了一系列机遇与挑战。

（一）新媒体对高校学生社团工作的影响

1. 丰富社团成员获取信息方式

网络新媒体和移动设备的普及，使得社团的召集、宣传方式能够通过网站、社交群、H5页面等有了很大的提升，社团内部的沟通也能通过移动设备快速传达，无论是便捷性、速度还是趣味性都得到了显著的提高。采用新媒体的形式，可以充分提高信息的获取量和传播速度，使得社团活动的内容由平面化走向立体化，由静态化走向动态化。

2. 拓展社团成员学习交流手段

在过去，社团成员之间的交流尚未像如今一样频繁，倘若社团活动较少，或是组织不佳，各社员彼此难以熟悉。新媒体的出现，拓展了高校社团成员学习、交流的手段，延伸了社团活动的时空性。一是新媒体"即时化"的特点，使得无法参加活动的学生可以通过视频和音频的保存、网上在线学习的方式进行；二是新媒体"网络族群化"的特点，实现了信息共享，成员间彼此交流，为社团活动有效开展提供持久性动力。

---

① 中国青少年网民近3亿，上海拟将"青少年网络安全"融入课程 [OL]. 澎湃新闻，2017-09-20.

3. 影响社团成员思想行为形成

随着对网络新媒体的依赖程度加深，新媒体对学生认知和态度层面都会发生变化，这些变化最终通过他们的言语、行动表现出来。一方面新媒体的开放性，使得成员获取海量信息和多元文化、价值观，开阔了社团成员的视野；另一方面学生社团成员因强烈的好奇心，会对虚假或不良信息产生兴趣，价值取向容易受到干扰。高校学生社团作为自我管理的一个群体组织，也极易受到影响和干扰。一旦受错误思想的影响，容易在从众的校园文化合力和群体规范的压力下，形成集体无意识的从众心理，酿成错误。

（二）新媒体环境下高校社团应对策略

新媒体对于高校学生社团显然是把双刃剑。高校社团可以利用好这把剑，迎接网络新媒体带来的机遇和挑战，让社团激发新的活力。

1. 活化社团活动

新旧媒体有着各自独特的优势：传统媒体导向鲜明、公信力强。海报、条幅等宣传具有便于储存、宣传周期长的特点；新媒体在信息传播上时效性强、互动方式多样，视频、动画、H5、直播等都深受学生欢迎与喜爱，社团成员可即时、滚动地传播信息。新旧媒体各有优势，相互融合可以满足不同形式、不同群体、不同需求下开展社团活动，实现优势互补，让高校社团活动真正的"活"起来。

2. 激发社团创新

新媒体平台的使用使得高校社团活动的影响不再局限于单个社团或学校，而是能够在全国各高校社团间第一时间传播，使传统活动扩大了影响力。有的通过微信发布和社团成员的转发，实现社团活动的多极化扩散，实现以每个社团成员为中心的辐射状传播；有的借助新浪微博以及微博话题设置，引发社团活动的全社会大范围关注与讨论；还有的社团有效利用了微博和微信公众平台中的投票功能，既提高了参与社团活动的热情又扩大了社团活动的影响力。

3. 提高社团正能量

新媒体将各种价值观带入高校学生社团，每一个人都成为传播主体，每个人都能够成为社团传播正能量的话筒。一是要打造意见领袖。人际影响比任何一种媒介都更为经常、有效。利用社团指导老师、社长在社团中的权威性，他们发布信息、转发和分享更能引起广泛社团成员的关注和认可。二是要对正确的文化导向进行反复宣传，通过社团主题活动的持续开展，帮助大学生树立正确的人生观、世界观和价值观。

二、国内外高校社团发展的经验与启示

无论是国内还是国外的高校学生社团，都呈现"百花齐放、百家争鸣"的怒放态势，成为大学生丰富校园生活的重要平台。在国外，尤其是欧美地区，由于现实国情和历史条件有所不同，高校学生社团在运作模式、社会地位和理念上与国内相比存在较大差异，其中不乏值得我国高校社团学习借鉴的经验和启示。

（一）打造凝聚兴趣共同体

1. 定位精准，分类细致

国外高校学生社团的主要特点就是根据兴趣类别进行精准定位，细致分类。在美国哈佛大学，20000多名在校生就拥有600多个学生社团，只要有兴趣就能找到适合自己的社团。这样的好处是能把专业兴趣与爱好更好融合。以兴趣为起点，这样社团活动的参与面就更大，社团活动更容易成为一种全民式的生活方式，学生参加社团的热情就不会逐步衰退。

2. 管理规范，经费保障

国外高校学生社团高端化运作的背后有着很完善的法规、制度和政策依据，管理高效，程序规范，透明度高，经费充足。国外社团经费的来源主要是学校拨款、会费收入和社会赞助等。例如，在美国哥伦比亚大学，想要成立学生社团只要提交申请即可，但要获得校方认可，并经过一至两个学期的考核，合格的才可以获得正式的社团资格，向学校申请活动经费和场地。该校社团的经费来源主要是校方拨款的学生学费中的学生活动经费。有了充足的经费保障，哥伦比亚大学的社团才能有长足的发展，它的社团文化才能享誉世界。

（二）密切联系社会，淬炼实现价值共同体

1. 献计献策，维护权益

社团在社会发展方面发挥着重要作用，尤其在参与治校和社会公共服务等

议题上，国外高校学生社团能更好地发挥献计献策和服务民生的作用，实现社会、学校、社团和学生个体价值多元共赢。在2008年，美国耶鲁大学就有一群学生的所作所为惊动了学校和社会，金融危机背景下，学校原本打算缩减助学金，学生理事会的会员们通过对贫困学生、家长以及斯坦福大学等兄弟校资助政策的大量调研，写出一份长达60页的报告，建议学校在经济低迷时，不仅不能缩减资助，反而应该放宽条件，帮助更多学生。最后社团的建议被学校采纳，修改了次年的资助政策，实现了全校学生价值利益的最大化。

2. 联系社会，服务民生

近年来一些国外新型高校学生社团的发展模式给我国的学生社团带来不小的震撼。美国麻省理工学院的"建筑学社"社团在学校的牵线搭桥之下与一家规模较大的建筑公司达成一项合作协议，由建筑公司提供专业指导，学生自己动手为校区周边的居民建造房屋。通过这样的社团活动既可以给学生提供专业实践、实习创业的机会，实现社会价值，又可以节省居民的建房成本，不失为一种创新创业精神的时代淬炼。

（三）广泛对接权威人士，构建引智育才共同体

1. 邀请名流，拓宽视野

在国外，邀请到政商名流到社团参加活动不是特例。美国哥伦比亚大学的"世界领导人论坛"就曾邀请到当时的议员美国前总统奥巴马和法国前总统萨科齐。这些活动都是依托学生自己的资源，经过反复设计酝酿策划完成。2013年，习近平总书记在同各界优秀青年代表座谈时的讲话上提出，"要积极为广大青少年实现梦想提供服务，切实改进作风，深入基层、走进青年，想青年之所想，急青年之所急，代表和维护青少年普遍性利益诉求，努力为广大青少年成长成才创造良好环境。"[①] 而他本人也参与过高校学生团支部的团日立项活动，为权威知名人士参与高质量社团活动提供了示范和动力，这也是我国高校社团提高社团知名度，拓宽团员视野可以考虑的一个方向。

---

① 习近平：在同各界优秀青年代表座谈时的讲话 [OL]. 新华网，2013-05-04.

2. 发挥特长、锻造禀赋

美国的高校社团中人才辈出，不少人成为了社会精英和各界翘楚，成为社会可持续发展的生力军，美国政界、商界、科技界、文体届大鳄和领军人物中的绝大多数都曾经是学生社团活动的积极分子，如美国前总统尼克松、肯尼迪等都是从学校社团活动中名不见经传的小人物成长为风云人物的，一些奥运冠军也是从高校体育类学生社团中选拔而来，这些著名人士都是通过社团活动发挥自身特长、不断锻造禀赋，为实现人生理想垫底了坚实的基础。在尤其重视人才培养的高校里，社团也可以抓住机遇，利用好当前国内良好的机遇，大胆、大力支持大学生通过社团活动发挥特长、增长才干。

三、学生社团摆脱发展困境的路径探讨

由于社团内部制度规范的不完善不健全以及外部环境的影响，我国的学生社团普遍存在一定的发展困境。面对新时期的发展困境，高校党委、团委、学生会等部门，需要合力协作，给予社团足够的指导和支持，引导高校社团走出困境，为高校建设做出应有的贡献。

（一）学生社团目前存在的发展困境

1. 娱乐化，偏离教育本质

很多高校学生加入社团的初衷，是希望获得"归属感"和"自我成长"。但是，有些社团发展到中后期，偏离了教育和成长的本质，仅"为热闹而热闹"：成员维持关系靠"聚餐"、活动设计靠"好玩"、宣传推广靠"炒作"。最后，没有获得眼界的开阔、观念的更新、技能的提高、人脉的积累，学生社团也就难以实现其本身的价值和作用，发展停滞不前甚至解散。

2. 人情化，组织管理涣散

无论是以社团联合会为主的自主管理模式，还是以校团委直管和学生会管理为主的分治型管理模式，都尊重了社团灵活自由的本质。但是，一方面校团委、社联或社团指导老师本身工作负担重，难以对社团实施深入细致的监管；另一方面，社团本身组织松散，明明可以靠组织制度建设为基础的"法治"，却非要依赖于社团管理人的"人治"，这同样也是目前学生社团普遍存在的问

题——没有形成完善的社团规章制度，或者有一套规章制度但却无视不加以遵守。规章制度形同虚设，对成员的约束力很弱，导致经费管理不善、成员分工不明、活动质量低下成为了学生社团的常见病。

3. 形式化，活动质量低下

社团活动是学生社团吸引力最直白的名片。可是，很多活动貌似繁荣却虚有其表。具体表现为：一是"虎头蛇尾"型。社团创立初期社团成员热情而投入，活动的数量和质量都很高，可中后期干劲减弱，应付了事或不了了之；二是审美疲劳型。老思维、老形式很容易让活动变成形式主义，缺乏新意；三是娱乐浮夸型。有些活动出现"娱乐化""功利化"倾向，没有内涵甚至偏离初衷；四是一盘散沙型。想到什么做什么，缺乏品牌建设与精品意识，活动变成了"凭心情"的事。活动质量低下，最直接的影响使使得社团成员缺乏获得感和成长，从而对社团的归属感和认可感降低。

4. 精英化，干部承接困难

"能人治理"和"高年级缺位"现象是如今高校学生社团非常典型和常见的现象。社团对社团核心人物依赖过大，忽视了社团的衔接和后备人员的梯度培养；而高年级学生由于课业负担等问题很少参与社团，又加剧了"人走茶凉"的风险。这种现象，非常容易造成社团成员小部分"被精英化"和大部分"被边缘化"。导致社团内部的两极分化，难以形成一个统一的凝聚体。

（二）摆脱发展困境的路径

高校党委、团委和学生会组织等负有管理和指导学生社团权责的部门机构，应该多思考，多创新，多听意见，有针对性的解决问题。这对于高校学生社团的建设，甚至是高校文化的建设有着深刻的意义和强大推动作用。

1. 加强学生社团外部监督

关于外部监督，其主体主要是相关学生会组织，特别是学校团委的指导和监督。

（1）规范社团制度。针对学生社团本质偏离，管理涣散等问题，社团有关管理机构和指导老师应当着力强调社团建立和规范并严格遵循规章制度，社团联合会、校团委等组织要审核与监督社团对制度的执行力度。

（2）加强监督管理。社团的上级管理机构可以通过日常考核评估和定期先进评比等方式，给予学生社团工作的参考标准，并进行监督和管理，使得社团能够对自己应该达到的工作成效有参考、有对比、有动力。

（3）完善干部培训。争取培养出一支高素质的社团干部队伍。首先，按照"德才兼备"的标准，选拔既有兴趣特长又有一定的领导能力的人选作为社团的骨干；其次，避免干部培训流于形式，既要有集中式的培养，又要在加强指导老师和上级部门的日常指导；再次，注意未来骨干的梯度培养，使社团换届时能够有合适的人选。

2. 改革学生社团内部机制

关于内部改进，主要是通过学生社团的内部自身改革，自身进步来达成。随着社会形势不断发生新的变化，学生社团在此情况下也要与时俱进，有所为有所不为，在社团的发展方面要做到主次清晰，权责明确，增强社团活力和影响力。

（1）促进兴趣化建社。避免社团纳新以人数多少作为纳新成果好坏的唯一参考，而应当确保社团内部社员都是热爱某一项活动或者有关兴趣特长。这也是日后社团活动能够顺利开展，社团换届能够后继有人的必要条件。同时，充分发挥社团自身的技能或特长优势，使得学生社团能从"兴趣化"转变成"技能化"，最终实现"职业化"和"社会化"。

（2）用活校内外资源。由于高校学生社团由于资金不足等问题，依靠自身能力筹办高质量活动确实捉襟见肘，因此就需要学生社团善于利用校内外资源，通过将校内的教学资源、师资资源、党支部团支部立项资源整合，以及积极寻求校外的社会资源、媒体资源等从而打造出一批高质量的特色活动，提高社团活动的内涵和档次，提升社团的社会影响力，扩大成员的成长机遇。

第八章　校园网络文化建设

　　校园网络文化是校园文化的重要组成部分，既是对传统校园文化的反映和虚拟，也是校园文化的发展与延伸，具有技术性、多元性、交互性、导向性四个主要特征，包括物质、精神和制度三个层面的构成要素。校园网络文化不仅构筑了全新的网络生活方式和生存方式，而且深刻地影响和潜移默化地改变着大学生的认知、情感、思想、心理和行为方式。当前，高校网络硬件设备、网络阵地建设、网络文化工作队伍建设相对滞后，网络文化内容不能满足师生日益增长的需要，网络文化建设的方式方法还停留在传统工作惯性中，这都对校园网络文化建设提出了严峻的挑战。校园网络文化建设应该以社会主义核心价值观为指导，围绕立德树人根本任务，进一步健全管理工作机制，不断提升队伍运用网络开展工作的能力和优秀网络文化产品的供给能力，加强大学生网络文化工作室建设，实施大学生在线引领工程和易班推广计划，不断开创校园网络文化建设新局面。

第一节　校园网络文化建设的内涵与特征

　　中国互联网络信息中心发布的第39次《中国互联网络发展状况统计报告》

显示，截至2016年12月，我国网民规模达7.31亿，手机网民规模达6.95亿。互联网发展速度日新月异，各类应用程序遍地开花。网络既为人们工作、学习、生活提供了便捷，也对人们的思维方式、行为模式、心理发展、价值观念、政治取向等产生着深刻的影响。

当前，互联网已经成为重塑国际政治、经济、文化、社会和军事发展新格局的重要力量，成为影响教育事业改革发展和人才培养质量的"最大变量"[①]。随着互联网技术的飞速发展，校园文化建设不可避免打上了网络的烙印，呈现出许多新的特征。意识形态的热点、舆论引导的难点和大学生思想政治教育的重点都在网络上。落实立德树人根本任务，必须把网络文化建设作为重要的切入点和着力点，把工作重心向网络空间延伸，把思想引导向网络空间渗透，把互联网变成宣传思想文化阵地，切实发挥高校网络文化的育人作用。

一、校园网络文化内涵

校园网络文化是高等学校在教育教学、培养人才的过程中，基于计算机与通信技术这种物质基础创造的一切财富和精神的总和，是高校教育者和被教育者在通过网络进行工作、学习、交流、娱乐等活动中，形成的一种以进行思想传播、文化传承、道德教育、娱乐审美为主要内容的精神文化活动。[②] 校园网络文化的基础是计算机和互联网通信技术，载体是电子信息，参与主体是学校这一特定区域环境内的师生，内容是通过网络进行信息交流的活动形式及其道德修养和行为规范的总和。

网络文化是指"以计算机技术和通信技术的融合为物质基础，以发送和接收信息为核心的一种崭新文化。这是一种与现实社会文化具有不同特点的文化。"[③] 高校校园网络文化是高校校园文化在网络环境下的新发展，是高校校园文化的重要组成部分，其建设的目标与传统校园文化高度一致，既是对传统校

---

① 冯刚.新形势下推动高校网络文化建设的思考与实践[J].思想教育研究，2015（8）:3.

② 李卫红.深入贯彻党的十七大精神 不断开创高校校园网络文化建设和管理工作新局面[J].思想理论教育导刊，2008（1）:5.

③ 匡文波.论网络文化[J].图书馆，1999（2）:16.

园文化的反映和虚拟，也是校园文化的发展与延伸。

校园网络文化有别于一般的社会网络文化和传统的校园文化。一方面，校园网络文化因为立足校园，建设的主体是高校师生，与社会网络文化相比，呈现出知识密集、思维活跃、创新性强、导向性强的特点；另一方面，因为互联网的开放自由、匿名交互、信息庞杂、思想多元和去中心化，校园网络文化的影响方式、管理模式、师生认知习惯等都与传统校园文化存在较大的差异。传统的校园文化建设在一个相对封闭的校园环境内，有计划、有组织地对固定的人群实施积极的影响，凝聚精神共识，形成校园风气；校园网络文化建设是在一个开放的网络环境中，思想内容多元多样、参与主体鱼龙混杂，积极正面的内容和腐朽消极的内容共同存在，红色地带、灰色地带和黑色地带此消彼长，师生获取信息的渠道方式、对信息的选择结果和网络行为均不可控，难以进行有效的组织，只能通过不断壮大主流舆论减少负面影响，通过潜在的方式对学生精神意识和行为习惯进行影响，其系统性、规范性相对薄弱。

二、校园网络文化建设的重要性

网络是高校师生获取信息、进行交流的重要渠道，是高校师生学习和工作密不可分的伴侣，并深刻影响这师生的思想观念、价值取向、行为模式和生活方式。高校校园网络文化已经成为高校师生精神生活的重要载体，是高校校园文化不可缺少的重要组成部分。加强校园网络文化建设是推动社会主义文化大发展大繁荣的必然要求，是占领宣传思想文化阵地的客观需要，是促进大学生身心健康发展的迫切需要，是坚持育人为本、德育为先、立德树人的现实要求。

党中央、国务院高度重视互联网建设和网络文化发展。在互联网进入我国之初，中央就明确提出了"积极发展、加强管理、趋利避害、为我所用"的方针。党的十六大以来，中央根据互联网发展出现的新情况，采取了一系列切实有效的措施，加强网络文化建设和管理。党的十七大明确提出了"加强网络文化建设和管理，营造良好网络环境"的任务，把网络文化建设和管理摆上了党的重大工作部署的议事日程。党的十八大报告提出："要加强和改进网络内容建设，唱响网上主旋律。"[①] 习近平总书记多次就网络治理问题发表重要讲话，提出了"让互联网造福国家和人民""没有网络安全就没有国家安全""把网上舆论工作作为宣传思想工作的重中之重来抓""把握好网上舆论引导的时、度、效，使网络空间清朗起来"。等重要观点。2016 年 4 月 19 日，习近平主持召开网络安全和信息化工作座谈会时，强调指出："我们要本着对社会负责、对人民负责的态度，依法加强网络空间治理，加强网络内容建设，做强网上正面宣传，培育积极健康、向上向善的网络文化，用社会主义核心价值观和人类优秀文明成果滋养人心、滋养社会，做到正能量充沛、主旋律高昂，为广大网民特别是青少年营造一个风清气正的网络空间。"[②]

教育主管部门出台了一系列校园网络文化建设与管理的文件。2000 年，教育部下发《教育部关于加强高等学校思想政治教育进网络的若干意见》，提出了"加强思想政治教育进网络"。2004 年，《中共中央国务院关于进一步加强和改进大学生思想政治教育的意见》（中发〔2004〕16 号）提出要"主动占领网络思想政治教育新阵地"，"要全面加强校园网的建设，网络成为弘扬主旋律、开展思想政治教育的重要手段"，"牢牢把握网络思想政治教育主动权"；随后，《教育部　共青团中央关于加强和改进高等学校校园文化建设的意见》（教社政〔2004〕16 号）提出：要"积极开拓校园文化建设的新载体。要充分发挥网络等新型媒体在校园文化建设中的重要作用，建设好融思想性、知识性、趣味性、服务性于一体的校园网站，不断拓展校园文化建设的渠道和空间，积极开展健康向上、丰富多彩的网络文化活动，形成网络文化建设工作体系，牢牢把握网络文化建设主动权，使网络成为校园文化建设新阵地。"[③] 2007 年，教育部办公厅出台了《教育部办公厅关于开展高校校园网络文化建设和管理工作调研的通知》，组织各省教育厅和教育部直属高校加强网络文化建设和

① 胡锦涛 . 坚定不移沿着中国特色社会主义道路前进为全面建成小康社会而奋斗——在中国共产党第十八次全国代表大会上的报告 [M]. 北京：人民出版社，2012.

② 习近平 . 在网络安全和信息化工作座谈会上的讲话 [N]. 人民出版社，2016-04-26.

③ 教育部思想政治工作司组编 . 加强和改进大学生思想政治教育重要文献选编：1978~2014[M]. 北京：知识产权出版社，2015:276.

管理的研究，各地教育主管部门也都十分重视高校网络文化的建设和管理，出台了系列管理文件。2013年，教育部国信办下发《关于进一步加强高等学校网络建设和管理工作的意见》，提出要加强高校网络文化供给与服务、构筑高校网络思想文化阵地、加强高校网络信息安全管理、提高高校网络舆论引导能力、统筹推进队伍建设、推进激励评价机制改革、大力开展师生网络素养教育。

"2013年8月，习近平总书记在全国宣传思想工作会议的讲话中强调指出：很多人特别是年轻人基本不看主流媒体，大部分信息从网上获取。"[①]互联网已经成为舆论斗争的主战场，已经成为我们面临的最大变量。网上舆论工作已经成为宣传思想工作的重中之重。如何正确认识和有效运用网络加强校园文化建设，已成为落实"立德树人"根本任务的一个紧迫的理论课题和现实问题。2015年1月，中办国办印发《关于进一步加强和改进新形势下高校宣传思想工作的意见》，明确提出要创新网络思想政治教育，加强高校网上舆论引导工作，培育建设高校网络评论队伍。加强高校网络文化建设，大力发展健康向上的校园网络文化，既是党中央提出的一项重要任务，也是时代赋予高等教育的神圣职责。

三、校园网络文化的特征

校园网络文化是网络条件下所形成的一种不断发展的校园文化，呈现出技术性、多元性、交互性、导向性四个主要特征。

一是技术性。网络技术是校园网络文化的物质基础。校园信息化建设水平、主干网络的稳定性、无线网络的覆盖范围、信息安全、网络新技术和新产品等都对校园网络文化产生深刻影响。当前，网民规模增速提升，网络技术日新月异，个人上网设备向手机端集中，各类移动互联网应用层出不穷。随着移动上网的普及，"无时不网、无处不网、无事不网"已经成为校园网民的生活常态。无论是在教室、操场、宿舍，还是躺在床上、行走在路上、乘坐在车上，甚至排队等待的片刻，学生都可能在上网。在一定程度上大学生是永远在线的。

---

① 习近平. 习近平十八大以来关于"宣传思想工作"精彩论述摘编 [A/OL]. 人民网－中国共产党新闻网，2014–08–19.

二是多元性。受全球化趋势影响，世界范围内思想文化交流、交融、交锋更加频繁，思想文化领域的国际争夺更加激烈，互联网已经成为各种思想观点、各类社会思潮、各种利益诉求汇聚的平台，许多国际政治问题、国内社会矛盾问题、思想理论热点问题，通过互联网不断催化和放大，各种社会思潮相互交织和相互作用，民意放大、信息失真和网络道德沦丧屡见不鲜，个人的偏激言论通过网络很容易扩散为非理性的社会情绪。网络上的多元价值和多元文化对学生的思想产生着深刻影响，在一定程度上可能引发学生思想及价值取向的混乱，甚至引发行为失范，进而影响到社会和校园的和谐稳定。

三是交互性。互联网是一个开放的、双向的信息传播平台，具有交互性的传播特点，每一个网民既是信息的获得者，也是信息的发布者和传播者。在人人都是麦克风的众媒时代，新思想、新观点层出不穷。面对形形色色的社会思潮，大学生对网上思想观点的选择具有明显的个性化特征。他们自主选择交流对象、交流内容和交流方式，通过关注、互粉、订阅等来选择自己的好友圈和信息来源，他们可以选择是否认同某种观念、是否接受某种渠道和载体，甚至可以自主选择如何对信息进行意义建构。学生与网络"各色人群"互动交流，主动或被动接受各类网络信息、各种思想观念，不断内化或放弃网络舆论传播的思想观念，不断重构原有的知识和价值观，接受各种看不见的影响。在网络空间，师生角色平等，教师甚至可能接受学生的"知识反哺"，导致教育主客体"角色互换"。

四是导向性。高校是传承和弘扬社会主义先进文化的重要基地，校园网络文化的参与主体为高校师生。校园网络文化的价值不仅在于它能够满足高校师生的文化需要，还在于能够为高校校园文化参与主体之一的大学生提供正确的价值导向，促进大学生的全面发展。互联网不断强化或者是弱化着大学生思想政治教育效果，网络意识形态工作的主动权、话语权面临巨大挑战。因此，校园网络文化需要以社会主义核心价值观为指导，围绕立德树人，开展思想政治教育，引导学生树立正确价值观；同时，还要通过高校辐射社会，传播正能量，引导社会网络文化风气。

青年学生基本不看主流媒体，大部分信息从网上获取。互联网已经成为舆论斗争的主战场，成为高校思想政治工作面临的最大变量。校园网络文化覆盖面广、亲和力强，潜移默化地影响着学生思想政治素质的养成。对于青年学生来说，校园网既是他们学习知识、获取信息的重要渠道，又是他们表达思想、交流感情的重要场所，更是他们熏陶心灵、转化行为的重要途径。在庞大的网络空间，各类思想文化相互激荡，意识形态领域多元多样多变，先进的思想文化不去占领，正面的舆论不去引导，错误的思想观点和腐朽落后的东西就会滋生蔓延。如果对师生的网络言论管理不及时、引导不到位，就会给学校和社会的稳定带来不良影响。由于技术和管理等多方面因素，网上有害信息、腐朽文化难以得到及时有效控制；网络色情、暴力、赌博、欺诈等问题屡禁不止，影响青年学生身心健康。如果不加强网络文化的引导，不加强大学生科学、健康、文明上网习惯的培养，不加强网络不良信息的控制力度，就容易导致一些大学生在虚拟世界中迷失自我、诚信缺失、责任弱化、道德滑坡。因此，校园网络文化建设具有导向性，要用先进的思想文化去占领校园网络文化阵地，努力营造文明健康、积极向上的校园网络文化氛围，让校园网成为校园文化服务的新平台、成为立德树人教育的新空间。

第二节　校园网络文化建设的构成要素

一、校园网络文化建设的构成要素

"一般说来，网络文化是指以网络技术广泛应用为主要标志的信息时代的文化，可以分为物质文化、精神文化和制度文化三个要素。物质文化是指以计算机、网络、虚拟现实等构成的网络环境。精神文化主要包括网络内容及其影响下的人们的价值取向、思维方式等，其范围较为广泛。制度文化包括与网络有关的各种规章制度、组织方式等。这些要素不是孤立存在，而是相互制约、相互影响、相互转换，显示出网络文化的特殊规律和特征"。[①] 校园网络文化

---

① 张革华：《加强网络文化建设 改进高校德育工作》，《思想理论教育导刊》，2002年第5期。

建设的构成要素包括物质、制度、精神三个方面。

一是物质层面。物质是校园网络文化发展的基础,主要包括网络技术、网络基础设施、校园数字图书馆、校园数字化平台、多媒体教学软件等这些可感知的、具有物质实质的文化事物。伴随着互联网技术的革新,校园网络文化的物质载体经历了一个快速演变的过程,大体经历了三个时期。第一个时期是以超文本链接为主的 Web1.0 技术时期,这个时期集信息共享与交互于一体,信息经过门户网站、搜索引擎等呈现给用户。第二个时期是以 BBS、博客为代表的 Web2.0 技术时期,这个时期具有关系扁平、内容多元等特征,尊重用户主动权和用户需求,重视传播效果,BBS、博客等网络媒介深受大学生欢迎,成为高校信息获取、人际交流、文化活动的重要平台,成为高校思想交流的重要载体和网络舆论的重要阵地。第三个时期是包括云计算、大数据和物联网等在内的 Web3.0时期,这个时期呈现出全环境网络化、智能化、移动化、个性化的特点,实现了从 PC 互联网到手机等移动终端的兼容,通过数据挖掘等技术为用户提供多渠道内容和个性化服务,高校师生用网程度进一步加深,积极利用网络参与社会公共事务、处理个人生活事项,表征化的正面教育内容影响力减弱,官方权威信息受到质疑,网络负面信息、虚假信息、非理性行为对高校师生产生潜移默化的影响。

Web 技术从互联、社交再到移动的变化,使得网络从简单的连接工具演变为社交与分享平台。基于互联网技术的演变,网络文化建设也经历了四个阶段:接入互联网的初步探索阶段;以各类红色网站建设为特征的主动建设阶段;以综合性校园网络建设与发展为特征的自觉深入阶段;以完善校园网络建设管理机制和应对个性化沟通网络技术为特征的深化发展阶段。

当前,就网络文化建设的载体而言,包括校园网(主页、网页、论坛)、新媒体(微信、微博和校园新媒体矩阵)、客户端(新闻客户端、校园应用APP)等新兴网络文化载体。近年来,高校逐步形成了以门户网站为中心、新闻类网站为重点,以学生广泛参与的新媒体为主力,各类业务系统和服务性网站共同发展的网络文化格局,集思想教育、教务教学、生活服务、文化娱乐为一体的大学生网络互动示范社区得到全面推广。

　　二是制度层面。制度是指师生在网络实践中建立的各种了规范，校园网络制度是协调网络环境下师生关系和利益的准则，既服务于师生，又对他们产生约束。1994年中国接入国际互联网，随着网络技术的迅猛发展，网络衍生的问题日趋复杂，政府对互联网的监管也随着网络发展不断调整。从2006年"互联网协调小组"、2011年"国信办"到2014年成立"中央网络安全和信息化领导小组"，我国的互联网管理才改变"九龙治水"、多头管理、职能交叉、权责不一、效率不高的局面，实现了互联网管理由虚到实、由弱到强的转变。高校同样面临理顺管理工作机制的问题。随着我国高等院校网络化的进程和校园网络文化的繁荣，"在建设的同时加强管理"已经成为校园网络规范化管理的实际需求。2001年，教育部制定下发了《高等学校计算机网络电子公告服务管理规定》。2004年教育部、共青团中央下发的《关于进一步加强高等学校校园网络管理工作的意见》。近年来，各地教育主管部门和各高校把校园网络文化建设和管理纳入工作体系。各高校普遍明确了党委统一领导、分管领导直接负责、各有关部门分工协作的领导体制，形成了党政领导班子成员共同关心、各级职能部门相互支持、广大师生积极参与的工作格局。很多高校建立健全了校园网络舆情研判机制、应急处置机制、安全保护机制、网络监管机制等。这些制度的推行在加强校园网络文化管理的同时，使师生的上网行为有了理论性规则。

　　三是精神层面。精神层面包括建设目标、网络文化活动、网络文化产品、网络思政等精神层面的内容，以及在网络活动中呈现出来的价值取向、道德观念、审美情趣和社会心理等。在建设目标上，明确了要以社会主义核心价值观为指导，围绕立德树人的根本任务，建设满足师生精神文化需求、促进校园团结和谐、倡导健康文明风尚、凝聚影响更多青年学生的具有校园特色的网络文化。在网络文化活动方面，网络技术的迅猛发展给充满求知欲的学生充分展现自我的机会，涌现出一批大学生网络文化工作室，制作了大量适合新兴媒体传播的网络应用和优秀作品。校园网络文化活动、网络创新创业活动蓬勃发展，校园网络文化产品层出不穷，增强了校园网络文化的吸引力。在网络思想政治教育方面，各高校积极把思想政治教育工作融入到网络中，进一步整合了教育教学资源，网络课程、业务系统建设日趋完善，实现了党政管理、教务管理、学生事务管理的网络化；网络舆情可管可控，主流思想舆论通过网络得到广泛传播；网络思想政治教育的方式方法不断创新，建设了大量教师博客、官方微博及微信公共帐号，思想教育融入到学生的日常网络生活，网络文化的育人覆盖面和社会服务面扩大；教师网络思想政治教育能力逐步提升，网络思政考核激励机制正在逐步形成，从实践到理论都取得一系列成果。

二、校园网络文化对大学生的影响

文化素质高、思想活跃、思维敏捷、善于接受新生事物的大学生是最早的网民群体，也是网民化程度最高的群体。网络所具有的互动性、开放性、自由性、适应性、交互性、多媒体性等特性，符合大学生的好奇心强、创新性强、可塑性强及个性化发展等特点，是他们所喜闻乐见的学习和交流方式。但是，校园网络文化是一把"双刃剑"，同时改变着师生的信息传播方式、人际交往方式、文化教育方式、社会组织方式、闲暇娱乐方式等，构筑起一种全新的网络生活方式和生存方式，潜移默化地改变大学生的认知、情感、思想、心理和行为方式，对大学生的影响是全方位和深层次的。影响主要表现在三个方面：

一是对价值观念的影响。网络文化是一个没有边际的文化世界，各种不同的文化、价值观念在这里汇聚。开放的互联网络使得高校学生可以身居斗室而纵览大千世界，但在网络世界，既有大量有益的信息，也有不客观、不科学甚至错误腐朽的东西。通过网络，西方的价值观念、生活方式、思想文化大量渗透，对青年学生的思想观念产生重大影响。大学阶段是青年学生世界观、人生观和价值观确立的关键时期，网络的开放、交互、自由等特点导致青年学生对不良信息缺少"天然屏障"。与我国的社会主义核心价值观大相径庭的西方价值系统、道德文化、思想观念极易影响当代大学生，造成其价值观念的偏差。现实生活中每个人都必须接受来自社会舆论的监督，按照社会人的标准和道德原则生活和行事，但是网络空间缺乏强制的行为规范和道德约束，在网络环境中，大学生们遵循着快乐的原则，追求着感官的刺激，可以自由地发表意见而不考虑社会规范和道德。网络内外的这种"双重道德标准"极易使涉世未深的大学生价值观念扭曲。

二是对思维方式的影响。互联网将语言、文字、声音、图像和影像等有机结合在一起。这种多媒体的传播形态深深吸引着高校青年学生，同时也深刻影响着他们的思维方式。阅读在语言学习、思想传达、文化传承和文明创造中发挥着重要作用。纸本阅读可以培养、锻炼人的想象能力和逻辑思维能力，而网络媒介则使人的形象思维能力发达，对想象和逻辑思维能力的培养较弱。网络信息的高度图像化往往会导致青年学生渐渐习惯于碎片化的浅阅读，丧失深阅读能力，习惯于形象思维，放弃追问本质的抽象逻辑思维，导致他们忽视思考，用"看"而不是用"想"的方式来认识世界。这种阅读方式必将严重影响青年学生的思想深度和理性思维的发展。从知识接受的角度看，只要在搜索引擎中输入关键词，就可以快速获取相关信息，这使得青年学生忽略对知识的记忆和消化；丰富的网络信息开阔了大学生的眼界，但是信息爆炸、信息污染、信息冗余导致知识零碎紊乱，不成系统；知识没有经过认真的组织、记忆和梳理，就会停留在浅表层次，不能内化为知识体系。

三是对行为方式的影响。网络是没有权威中心的系统，网络中产生的行为是自主的个体行为，任何网民都可以自由、自主、不受束缚地在网络上选择和获取信息，发表自己的意见。青年大学生这个特定的群体，渴望自主选择，好奇心重，叛逆心强，喜欢猎奇，盲目模仿，但又缺乏鉴别真伪的能力和对不良信息的免疫能力。网络上大量的不良信息很容易对青年学生的行为方式产生负面影响，其影响主要表现在破坏行为规范、淡化人际交往、诱导犯罪行为三个方面。网络的虚拟情境使得大学生的道德意识弱化，责任感淡化，在行为上漠视权威、忽视规则，只想随心所欲地支配自己的行为，结果造成自由意识的泛滥和破坏欲望的扩张，个别学生把网络变成发泄爱恨情仇、散布流言蜚语、攻击谩骂他人的场所，网络在一定程度上破坏大学生行为规范；网络交往方式主要是人机对话方式或以计算机为中介的交流，因为时空的分离性和交流的自主性，双方不必面对面就能实现交流，容易导致传统的可视性、亲和性的人际交往减少，导致忽视近在咫尺的亲情和友情，人际之间的情感关系被"人机"之间冷面"对话"淡化和异化；网络中大量有害、有毒的、充满诱惑的垃圾信息泛滥，好奇心强、涉世未深、精神困惑、意志力薄弱、情感自控能力差的大学生容易受到不良言行的诱导而误入歧途，甚至引发犯罪行为。

第三节　校园网络文化建设的挑战与应对措施

一、校园网络文化建设面临的挑战及对策

高校校园网络文化建设面临的挑战主要来基础设施、内容、平台、队伍、方法五个方面。

一是网络基础设施的更新滞后于网络技术的发展。伴随着网络技术的发展，高校需要更快地更新换代网络基础设施，提高校园网络的技术水平，才能满足网络文化建设需求。网络基础设施建设是校园网络文化建设中的基础工作，一切校园网络文化活动能否有效开展都将以此作为前提。近年来，虽然高校在硬件建设上投入了大量经费，但是由于网络结构不合理、网络技术不成熟、软件开发能力不强、设备更新换代滞后于网络技术发展等原因，网络基础设施建设仍然存在较大的不足。主要的问题包括：校园网络速度慢、网络费用比较高、部分学生公寓无法宽带上网或网速较慢、图书馆和教学区未实现移动网络全覆盖、网络应用产品不实用等。高校网络基础设施、网络技术研发的相对落后影响了校园网络文化建设的质量和水平，需要加大基础设施建设力度，硬件上更新换代，软件上加大投入，通过顶层设计、需求调研、购买社会商业软件服务和自主研发，结合师生需求开发出具有针对性和科学性的软件，推动高校校园网络文化的发展。

二是校园网络文化内容不能满足师生日益增长的需要。校园网络文化建设既缺乏大量的优质内容，又缺乏有效的传播机制，优秀网络文化产品数量不多、水平不高，不能有效回应广大师生的关注点和兴趣点。党的理论和方针政策、思想政治教育的重要观点不能采用适应青年学生认知习惯和互联网传播规律的方式进行表达，发表的网络文章和制作的正能量网络文化产品对青年学生

缺乏吸引力，无人点击浏览、缺少转发评论，没有发挥出应有的作用。校园网络文化建设一方面需要生产更多正能量的作品，有组织、有计划、有意识设置议题话题，组织有效的网络讨论，澄清谬误、引导舆论；另一方面需要遵循传播规律，不断提升影响力。

三是网络阵地建设不能满足网络思想政治教育的需要。当前，高校校园网单向发布、缺乏沟通、内容单一，对学生缺乏足够的吸引力，无法满足学生网络生活的需求；SNS社区、微信、微博等社会网络文化产品层出不穷，聚集了大量青年学生，但是却难以"为我所用"，给学校掌握学生思想动态带来了困难，而且社会网站的外资背景、"泛娱乐化"模式，对国家安全、学校稳定、大学生健康成长造成了威胁。因此，需要创新思路，建设能够吸引凝聚青年学生的网络平台，增强校园网站的思想性、教育性、服务性、互动性。要进一步加强网络互动社区、综合性门户网站、主题性教育网站、专业性学术网站建设，推进辅导员博客、思想政治理论课教师博客、校务微博、班级微博及校园微信公共账号建设，形成新媒体矩阵，壮大网络主流思想舆论，扩大网络文化的育人覆盖面和社会服务面。

四是网络文化工作队伍建设滞后于互联网发展速度。建设一支强大的工作队伍，是提升网络文化建设水平的关键所在。当前，高校网络文化建设普遍存在管理干部队伍严重滞后的问题，教师的网络言行处于自发状态，缺乏对思想政治教育资源的有效整合和组织。高校需要建立网络文化建设的专门机构和专门队伍，把在理论上、笔头上、口才上或其他业务能力上有专长的人员选拔到工作队伍中来，强化网络应急、网络宣传、网络评论、网络管理、网络研究、网络技术队伍建设，完善网络工作队伍的培养培训和激励评价体系，做到工作有任务、有考核、有评价、有奖惩；队伍有奖励、有惩罚、有晋升、有淘汰；要组建网络评论员队伍，鼓励有底气、有本事、讲政治的专家学者在网上开设专栏，积极探索网络文化产品的评价认证机制，激发调动广大专业教师在网络上敢于发声、勇于发声、善于发声，形成网上正面舆论场；要发现和培养有公信力的高校意见领袖，在社交媒体上开通账号，放大主流声音，反击错误思想和言论；要引导和组织思想政治教育理论工作者，积极利用、善于利用互联网，以大学生喜闻乐见的方式做好网上理论传播。

五是网络文化建设的方式方法停留在传统工作惯性中。当前，网络文化建设的方式方法还停留在传统的工作方法中，教育者不善于"换位思考"，往往以"居高临下"的姿态向学生灌输，缺乏将大道理转化成生动的网络文化产品的能力。网络文化建设，不能拘泥于单向灌输式的教育引导模式，要注重方式方法，遵循互联网媒介的规律，用学生容易接受的话语体系去阐释他们关心的热点难点问题，增强语言的感染力和阅读的便捷性，用网言网语来发声，在网络环境中实现"工作主导"，在平等交流中实现"因势利导"，在互动氛围中实现"顺势引导"。

二、校园网络文化建设的重点

当前，校园网络文化建设应该把握的重点是提升队伍运用网络开展工作的能力、提升优秀网络文化产品的供给能力、加强大学生网络文化工作室建设、实施大学生在线引领工程和易班推广计划。

（一）围绕工作队伍建设，提升运用互联网开展工作的能力

面对互联网的挑战，提升高校思想政治教育队伍运用网络开展工作能力显得尤为迫切。

一是要强化互联网思维。互联网思维最重要的是用户至上的思维。成功的互联网企业，都把用户放在最重要的位置。互联网不仅仅是发布平台和聚合手段的不同，更是思维方式的不同，要注重用户体验，满足多样化、个性化需求。过去思想政治教育工作往往以教育者为中心，给人以居高临下进行说教的感觉，使思想教育效果大打折扣。互联网思维要求创新工作理念，把教育对象放在中心，真正提供他们想看、想听的东西。比如许多高校在建设易班的过程中，根据学生需求，在易班上开发校园应用程序，为学生提供一站式校园生活服务，进而凝聚吸引青年学生，这就是以学生需求为中心开展工作。

二是要掌握互联网传播技巧。互联网传播的关键是内容为王，讲道理的最好方式是讲故事。高校思想政治教育工作者既要站在天安门城楼上想问题，又要深入田间地头找灵感，还要用浅显易懂的方式讲故事。网络时代碎片化的

阅读方式要求讲的故事好听、好懂、有趣。古人云，"大道至简"，简则易知，易则易用。学生不需要故作高深的道理和枯燥无味的教条，需要教育者把深奥的道理讲浅，把复杂的程序化简，使道理一看就知，一听就懂，一用就灵。比如，进行爱校教育，各高校推出高校版《南山南》、高校版《成都》等歌曲，学生的创作、转发、传唱本身就是爱校的生动体现。校园网络文化建设需要把大道理变成小故事，用集文字、声音、图画、影视、动画等多种信息于一体的传播方式，使道理变得生动有趣、易于接受。比如，为纪念长征胜利80周年，中国传媒大学新闻传播学部新媒体技术团队设计微信表情包《长征路上小红军》引发广泛关注，被誉为"社交媒体环境下重大主题的传播创新"。在创作和传播过程中，青年学生重新了解历史、触摸历史、理解历史，并用他们的方式呈现了历史，诠释了英勇顽强、坚韧不拔的长征精神。

三是要顺应媒体融合趋势。媒体融合是大势所趋，要推进传统媒体与新兴媒体的一体式发展，实现媒介资源、生产要素的有效整合，在内容、技术、平台、队伍等方面共融共通。要继续保持和发挥传统媒体的作用，通过校报、电视、广播的数字化、网络化使其焕发新的活力，坚持深度报道、专题报道的转型方向，确立内容优势，与新媒体实现融合发展、错位发展。在传统新闻网的基础上，要重点打造以微博、微信、微视频和客户端为重点的"三微一端"的新媒体平台，用新的传播媒介来推进理论武装和价值凝聚，传播感人故事，贴近师生心灵，进行内容的多渠道、多媒体、多平台发布，赢得信任感、增强吸引力、强化依赖感，形成更大的舆论覆盖面和更强的宣传影响力。

四是要提升应对网络舆情的能力。通常情况下，高校网络舆情危机大多数是由于校园突发事件所引起的，往往是学生在网上发帖表达诉求，进而引发网上谣言和谩骂，造成学生人心浮动、情绪偏激，一旦处置不力或不及时引导极易演变为公共危机事件，严重的将破坏正常校园秩序。要掌握应对网络舆情的工作方法，发现舆情要准确预警，做到早发现、早行动、早解决，不给舆情危机发酵的时间和空间；危机事件爆发后，要从事件发生、发展、高潮、结束的全过程对舆情走向和动态进行实时监测，做到知己知彼，有针对性地制定处置策略；要对网上流传的信息进行事实调查，并及时对调查结果进行通报，还原事件真相，化解学生、公众因真相缺失产生的焦虑、不满和恐慌情绪；要与网友真诚沟通，及时回应，赢得公众的理解和信任，提高学校公信度；还要善于借助媒体平台，培养意见领袖，强化引导能力。辅导员应该成为学生舆情动态的第一发现人，及时引导思想和化解矛盾。在传统舆情事件处置上，有"黄金24小时"之说，即在事发24小时内发布权威消息主导舆论是平息事件的关键。但在网络时代，随着微博、即时通信和社交网络工具的广泛应用，现在新闻在网上的呈现与传播近乎于实时，一旦舆情事件发生后，必须2小时作出判断，4小时有措施，24小时内得到有效控制。

（二）围绕网络内容建设，提升优秀网络文化产品的供给能力

一是要创新网络文化产品的表现形式和载体。高校校园网络文化产品，是指网络新媒体时代出现的由高校师生共同创造的一种立足校园生活、承载文化价值的可见产品，是校园文化与互联网技术融合发展的衍生品。[1] 它包括数字文化产品和与互联网有关的实体文化产品两大类。数字文化产品是指利用微博、微信、QQ、易班、贴吧、论坛、网站等在线传播的文字、视频、音频、图片、flash、H5等和开发的应用、游戏等。与互联网有关的实体文化产品是指由线上设计、线下开发的承载着校园文化的相关实物，比如：带有校园文化烙印的公仔、明信片、笔记本、U盘、手提袋、鼠标垫、水杯、文具等。高校师生是校园网络文化产品的主要创作者和传播者，也是校园网络文化产品的主要消费者。"高校网络文化建设就是要通过培育建设、创新创作出优秀的校园网络文化品牌和产品，唱响网上舆论主旋律，营造积极健康的网络文化氛围，促进社会主义先进文化繁荣发展。"[2] 近年来，各高校都意识到网络文化建设的重要性，纷纷开设了官方微博、微信公众号等，创立自身网络产品品牌，集合校内优势资源，推出了各类校园网络文化产品，全国各高校网络文化产品的创作呈"遍地开花"之势。

高校校园网络文化产品的创作要能够满足大学生的实用需求和精神需求，

---

① 陈志勇.高校校园网络文化产品的发展现状和创作原则[J].思想理论教育导刊，2016（08）:133-136.

② 冯刚.新形势下推动高校网络文化建设的思考与实践[J].思想教育研究，2015（8）：4.

体现更多的文化性、情感性、故事性、创新性和育人性的原则，围绕师生网络文化需求，构建催生网络文化产品的良性机制，激励师生创作更多具有引导力、吸引力、传播力的优秀网络文化产品。

案例：福建师范大学小葵 ①

2011年11月，福建师范大学团委在全国高校团委中首批开通官方新浪微博。2012年12月3日，经过全校征集，"福师大小葵"正式诞生，成为学校网络卡通形象。小葵是以阳光和向日葵为原型，用学生喜闻乐见的形式、活泼有爱的风格，主动服务青年学生的需求，引领青年学生的思想。立足微博平台，福建师范大学原创《小葵说之不可辜负的中国记忆》《小葵说之听爷爷讲那129的故事》等文化产品280余件，其中《小葵寻徽记》等漫画被团中央作为全国青少年入团宣传材料，单条微博阅读量突破5000万，转发评论量突破10万。

小葵立足"五微五阵地"，覆盖学校10个职能部门、7个校级学生组织、28个学院团委学生会、112个年级团总支学生会、1155个团支部、261个学生社团，实现校园官方信息扁平化传递，形成了无"微"不至的全覆盖育人微体系；小葵以"说什么"突出内容的正能量，以"怎么说"突出方式的文艺化，以漫画、FLASH、微电影、绘本等喜闻乐见形式，推出社会主义核心价值观等8大系列280余件作品，特别是对核心价值观深入解读的12幅水彩宣传画，使枯燥的理论教育形象化、生活化、大众化；小葵打造失物招领、学习养成、运动健身、志愿公益等服务平台，开展富有创新创意的服务行动，为同学们解决学习、生活、成才中的实际困难，通过微博微信宣传、报名、现场直播及事后反馈的"书记早餐会"和"校长面对面"

① 吴荣奎，林智仁，陈强."小葵"缘何受大学生欢迎——福建师大运用新媒体开展思想引领工作纪实 [N]. 中国青年报，2014-12-29，01.

活动，架设学校与学生之间定期交流的常态化平台，突出学生的主体地位，推动涉及学生切身利益的热点难点问题得到解决；小葵成为正能量的传播源，小葵文明标语在餐厅、草地、教室等公共场所随处可见，小葵以评选梦想之星的方式，发起"中国梦我的梦"大讨论，以点名接力的方式，发起"光盘挑战"，还开展了弘扬传统文化的"小葵冬至送汤圆"、激发爱国情感的"我和国旗合个影"、宣传身边榜样的"道德光芒暖校园"、倡导体育锻炼的"小葵荧光夜跑"等微活动，不断传播和放大正能量，引领师生不断积极向上。

福建师范大学培养50名核心意见领袖，分阶段推出思想引领内容，原创600余条核心价值观系列微博，1600多个团学组织每天发布5000多条正能量微博，学校官方微信、微博推出"师大好故事""师大好老师"等系列内容，与小葵一起维护积极向上的校园舆论新常态。

二是要策划组织线上线下互动的网络文化活动。结合学生心理认知特点和思想引领的需要，组织策划兼具思想性与趣味性，深受学生喜爱的，参与度高、影响力大的校园网络文化活动。校园网络文化活动的策划要围绕立德树人的根本，践行社会主义核心价值观，服务大学生成长成才；要做好线上线下互动，扩大活动影响面，提升活动实效性；要精心策划，切合青年心理，赢得青年学生欢迎。近年来，全国大学生微电影大赛、摄影大赛、网文大赛、动漫大赛、网络创新创业大赛、公益广告大赛、校园好声音大赛等网络文化活动吸引了大量大学生参加，催生了一大批优秀的网络文化作品。以"唱响青春中国梦"全国高校校园好声音大赛为例，第一届在全国32个省市的626所高校广泛开展，吸引了7728首音乐作品和323首原创作品参加，获得450万次网络投票，3亿次网络的传播；第二届网络投票超过800万人次，网络传播达5亿次，收到原创音乐作品414首，已经成为国内影响力最大的大学生校园文化盛事。[①]

---

① 易班网，校园好声音栏目 [OL].http://voice.yiban.cn/.

（三）围绕提升学生综合素质，加强大学生网络文化工作室建设

落实立德树人根本任务，网络是重要阵地，激发调动大学生参与的校园网络文化建设的积极性和主动性是关键环节。大学生网络文化工作室为大学生参与校园网络文化建设提供了有效载体和平台，创新了大学生参与校园网络文化建设的途径和方式。通过搭建校园网络文化工作室，能够激发学生创新能力，搭建依托网络的校内实践平台，为学生重新建构知识体系、提升思想素质和动手能力提供平台。

大学生网络文化工作室建设要注重遴选、培育、成果、保障、考核五个环节。大学生网络文化工作室建设要严格遴选标准，遴选的工作室要政治方向正确，有利于提升师生网络文明素养，有利于宣传核心价值观，有利于传递青春正能量，有利于发挥大学生主体作用，激发大学生创新精神；要注重培育扶持，将社会主义核心价值观培育融入大学生网络文化工作室建设全过程，弘扬网上思想文化主旋律，按照"学校组织、工作室搭台、师生唱戏"的模式，聚焦师生需求，围绕网络主题教育活动、网络调查研究、网络信息服务、网络产品研发和网络技术服务、网络安全防控、网络应用等内容，明确主攻方向，凝练特色，力求在校园网络文化建设关键领域、关键环节以及亟待解决的问题上取得突破；要注重成果生产和推广，可定期举行大学生网络文化成果遴选、推选展示活动，征集学生原创的优秀网文、电影、动漫、手机 APP、网络公众平台等网络文化成果，及时推广优秀的网络文化成果；要健全保障机制，出台配套政策，搭建工作平台，在政策、指导教师、空间、经费等方面给予支持，形成大学生网络文化工作室培育建设的长效机制，要调动教师参与大学生网络文化工作室建设的积极性，鼓励学术大师、教学名师、优秀导师以及辅导员、班主任积极参与到大学生网络文化工作室建设中来，力争为大学生网络文化工作室配备专业指导教师，并将专业教师参与网络文化建设计入教学科研工作量或纳入社会服务范畴；要强化评估考核，切实激发大学生参与校园网络文化建设的内生动力，重点考核在政治方向和专业支撑上是否有稳定的指导教师，工作室是否有独立的物理空间，工作室建设是否有适当的经费保障和结构合理的学生团队，工作室是否有优秀的网络文化成果，是否形成可复制推广的工作案

例，是否形成有吸引力的大学生网络创新平台，是否创作了大学生喜闻乐见的网络传播产品，是否开发了大学生广泛认可的网络技术服务应用，是否有一支组织良好且富有创造力的学生团队。

大学生网络文化工作室建设要坚持技术先进性与内容先进性相结合，一方面要紧跟网络技术发展趋势，多应用现代传媒新手段、新方法，另一方面要特别注重内容建设，力求贴近实际、贴近生活、贴近学生。大学生网络文化工作室建设的最终目的是逐步找到遵循教育规律和用网规律的结合点，找到兼具安全性和教育性的结合点，把大学生吸引到既可管可控、又发挥大学生主体作用的平台上，为占领好、运用好网络这个重要阵地以及繁荣校园网络文化探索出一条新路子。

2014年7月，教育部思想政治工作司印发《关于培育建设大学生网络文化工作室的通知》，并于全国范围内启动首批"教育部大学生网络文化工作室"培育建设工作，全国共有141所高校的145个大学生网络文化工作室申报创建。教育部要求，入选高校要加强组织领导、过程指导和条件保障，统筹推进工作室培育建设，在丰富思想文化内涵、创新培育建设机制、发挥学生主体作用、催生网络文化成果等方面充分发挥示范引领作用，带动各地各校大学生网络文化工作室培育建设。其中，南开大学的"八里台网络文化工作室"，拥有理论编辑部、新媒体运营部、新闻采编部、技术开发部、校园论坛部、文化活动部、网络舆情部、创意支持部等8个部门，部门成员为来自新闻、中文、思想政治教育、软件、计算机、外语等专业的近200名学生；上海交通大学"博闻研微"网络文化工作室，发起举办"2014全球华语大学生短诗大赛"，收到全球828所高校6528篇参赛作品，相关活动得到了《人民日报》《中国青年报》《新民晚报》《东方早报》和澎湃新闻等主流媒体广泛报道；扬州大学"乖乖隆地咚"大学生网络电视台是融电视、网络和移动客户端为一体的资讯传播、思政教育、实践育人的品牌化平台，由学生自主创作节目，线上线下并举，做"有看头""有导向""有价值"的节目，在扬州大学新闻网和优酷网、视友网、新浪网等平台实时观看或点播，粉丝近8万人，网络点击率近50万人次，荣获教育部第七届高校校园文化建设优秀成果二等奖，学生创作的作品先后荣获第三届国际大学生新媒体文化节最佳创意奖、第五届全国大学生 DV 作品大赛一等奖等20多项荣誉。

（四）围绕网络平台建设，实施大学生在线引领工程和易班推广计划

2013年8月教育部会同国家互联网信息办公室联合下发了《关于进一步加强高等学校网络建设和管理工作的意见》，明确提出"要推动建设大学生在线引领工程项目，结合教育信息化建设，推动技术、服务升级，整合高校网络信息、思想政治理论课程和思想政治工作资源，把大学生在线打造成覆盖面宽、影响力大、引领性强的高水平综合性大学生主题教育网站"①。近年来，中国大学生在线网站在教育部指导下，积极推动和引领校园网络文化建设，举办了建党90周年网上系列活动、百万大学生中国梦传递、高校优秀辅导员博客评选、全国大学生摄影大赛等主题活动，推出了一系列内容健康、积极向上的主题教育网络文化产品，得到了高校和大学生的广泛认同。

易班的起源是上海市教卫党委从2009年创建大学生网络互动社区E-class，2010年中文名定为"易班"并在全上海的高校推广。2010年8月胡锦涛同志对上海易班建设作出重要批示：要总结上海易班网上互动社区的经验，有效发挥对大学生的思想疏导作用。李长春、刘云山等领导同志也分别对易班作出批示。2011年年底，刘延东同志作出批示，希望易班能够尽快走出上海、覆盖更多高校。2012年，西华大学作为易班全国推广的试点高校启动易班建设。

2014年11月，中央网信办、教育部在上海联合召开"易班建设经验推广会暨创新网络思想政治教育工作会议"。2014年底，教育部办公厅、国家互联网信息办公室秘书局印发《"易班"推广行动计划和中国大学生在线引领工程实施方案》，明确指出：力争用三年左右时间，把"易班"建设成为集思想教育、教务教学、生活服务、文化娱乐为一体的全国性大学生网络互动示范社区；到2017年12月，争取20个左右省区市所属高校和所有部属高校加入易班，将"易班"建设成为全国最具影响力的大学生网络互动社区。2014年11月上

---

① 教育部.国家互联网信息办公室关于进一步加强高等学校网络建设和管理工作的意见，（教思政〔2013〕3号）.

海易班发展中心更名为"教育部易班发展中心",易班坐上了全国推广发展的高速列车。截至2016年底,易班已经覆盖13个省、280余所高校,拥有450余万大学生用户,日均页面浏览量超过1000万人次,成为全国最大的大学生网络社区。

易班建设要坚持理念创新、机制创新、方法创新。① 理念上,要通过教育教学、生活服务、文化娱乐等多种形式,吸引凝聚青年学生,提升用户认同度和喜爱度;要凸显学生主体地位,注重共建共享,调动学生主动参与易班建设的积极性;要加强队伍建设,整合教育教学资源,发挥教师主导作用;紧跟技术进步,不断创新开发应用产品,满足学生网络阅读需求。机制上,要健全学校建设管理机制,成立领导机构,落实牵头单位和协作部门,从经费、队伍、硬件、政策上予以保障,要制定评估考核办法,构建校院班三级建设机制。方法上,要实现了由单向灌输向互动引导教育方法的转变,由封闭式向开放式教育的转变,由传统向现代的教育手段和途径的转变。

案例:西华大学易班建设

2012年6月,西华大学作为易班全国推广的第一所试点高校启动易班建设;2014年11月,学校被确定为首批"易班"全国推广合作单位;2015年11月,学校被评为全国易班建设示范高校。西华大学易班实名注册用户达到77655人,注册人数居全国高校之首,用户活跃度也一直稳居全国前茅。西华大学易班将全校绝大多数学生和所有思政工作者凝聚在同一个网络社区,为思政工作开展搭建了一个极具人气的网络大课堂,成为校园网络文化建设的重要载体。

西华大学整合全校资源,形成了全校参与、支持易班建设的良好氛围。学校易班建设工作领导小组包括宣传部、学工部、校团委、网管中心、教

---

① 边慧敏,王小林,张力.依托易班创新开展新时期网络思政教育[J].中国高等教育,2015(8):3-5+29.

务处、后勤处、就业处、图书馆等多个与思政教育和信息资源整合相关的部门，校领导亲自担任组长，定期召开会议研究易班建设工作。学校给予易班人、财、物方面的保障，每年划拨易班建设专项经费；为工作站提供良好的工作环境和办公设备；不断壮大易班专职和兼职指导教师队伍，教师工作团队每周召开例会研究落实易班工作，每月印发工作简报，形成联动工作机制；选拔优秀学生到易班学生工作站工作，工作站办公室装修、活动组织、客户服务、技术开发、经费使用都由学生自主完成，发挥了学生主观能动性，凸显了学生主体地位，实现了学生在易班的自我管理、自我教育、自我成长。

西华围绕学生需求加强内容建设，以教务教学、生活服务、文化娱乐功能吸引凝聚青年学生。一是立足学习需求，开发教务教学功能。学校将校内外教学资源融入易班，学生不仅可以进入易班学院开展远程学习，还可以访问学校课程中心的精品课程，与任课教师网上互动、在线答疑。同时，学生可以申请加入易班网上创新实验室，下载学习资源，参加各类创新活动。二是整合信息资源，提供生活学习服务。学校将信息化建设与易班建设有机结合，实现了学工系统、教务系统等多个业务管理平台与易班互联互通、数据同步。学生登录易班，可以便捷查询课表、空置教室、考试成绩、图书借阅信息、一卡通消费明细、通知公告、校园新闻、办公电话、校车时间，可以办理奖助学金评定、就业信息查询等各类学生事务，易班手机客户端成为了"一站式服务平台"。三是加强文化引领，策划线上线下活动。活动前，易班发布通知，学生可以抢票参与热门活动；活动期间，学生通过易班点评活动或观看图文直播；活动结束后，学生还可以通过投票、话题等形式反馈意见，校园文化活动的影响力大大提升。学校举行"西华秋韵"迎新晚会，新生通过易班手机客户端签到、回复留言、点评节目、选择自己最喜欢的节目并参与抽奖，易班留言数达到6万余条。在首届全国高校校园好声音网络大赛中，西华参赛歌曲获得148万张网络投票，取得全国总冠军。四是扶持技术创新，开发校本化特色应用。西华大学依托易班开展了首届APP创新大赛，面向全校学生征集易班APP创意和技术开发方案，以项目申报答辩、专家评审的方式投入经费扶持创意和创新，催生了"西华实景导航""西华点名系统""易西华""易班迎新"等一系列产品，既满足了学生需求，增强了易班黏度，又培育出一批技术创新骨干。

西华大学要求思政工作者转变观念，站在培养社会主义合格接班人的高度，主动适应网络时代的变化，掌握网络思政的方法和技巧，发挥教师在易班建设中的主导作用。学校建设"西华辅导员"易班公共号和公共群，发布与辅导员工作相关的通知信息、理论思考、工作经验；各学院结合院系特点每月开展一次主题教育活动，并对活动开展情况进行检查评比；辅导员通过易班平台开展学生事务管理和班级建设，撰写博文、组织问卷调查、开展主题教育活动、加强师生情感交流和舆论引导。

加强校园网络文化建设意义重大、任务艰巨。校园网络文化是社会主义文化的重要组成部分，建设以社会主义核心价值观为指导的校园网络文化，牢牢把握网络宣传思想文化阵地建设的主动权，是促进大学生身心健康发展的现实需要。随着网络技术的革新，校园网络文化建设面临很多新情况、新任务、新挑战，需要直面挑战和难题，敢于突破和创新，不断创新工作理念，探索新方法、新途径，围绕立德树人根本任务，进一步提升网络文化产品供给能力，做大做强网上正面舆论，不断提升队伍素质，改进工作方法，充分发挥网络文化的育人功能。

第九章　研究生学术文化建设

马克思主义认为："文化是人类精神生产的能力和产品，是一定社会经济和政治的反映，又对一定社会的经济和政治产生巨大的反作用。"① 党的十八大报告中也指出："文化是民族的血脉，是人民的精神家园。全面建成小康社会，实现中华民族伟大复兴，必须推动社会主义文化大发展大繁荣，兴起社会主义文化建设新高潮，提高国家文化软实力"。② 高校校园文化建设是我国社会主义文化建设的一类分支，当前我国的高校校园文化建设面临着难得的历史发展机遇。"随着社会物质文明的飞速进步，人们对精神文化的需求更加迫切，对高等学校发展，包括对校园文化建设都提出了更高的要求。"③ 而校园研究生学术文化是针对研究生特定群体、针对研究生科学精神和学术科研培养的一种校园文化，其培育与发展对研究生的拔尖创新人才培养具有极为重要的意义。

"功以才成，业由才广。"④ 党的十八大提出："要着力提高教育质量，培养学生社会责任感、创新精神、实践能力"⑤。《统筹推进世界一流大学和一流学

---

① 胡锦涛．坚定不移沿着中国特色社会主义道路前进为全面建成小康社会而奋斗：在中国共产党第十八次全国代表大会上的报告 [M]. 北京：人民出版社，2012.

② 坚定不移沿着中国特色社会主义道路前进 为全面建成小康社会而奋斗 [N]. 光明日报，2012-11-18, 01.

③ 冯刚等著．辅导员队伍专业化建设理论与实务 [M]. 北京：中国人民大学出版社，2010: 205.

④ 习近平．为建设世界科技强国而奋斗 [N]. 新华社，2016-05-31.

⑤ 坚定不移沿着中国特色社会主义道路前进 为全面建成小康社会而奋斗 [N]. 光明日报，2012-11-18, 01.

科建设总体方案》中也明确提出："要坚持立德树人，突出人才培养的核心地位，着力培养具有历史使命感和社会责任心，富有创新精神和实践能力的各类创新型、应用型、复合型优秀人才。"① 习近平同志在2016年全国科技创新大会、两院院士大会、中国科协第九次全国代表大会上的讲话中强调："要大兴识才爱才敬才用才之风，在创新实践中发现人才、在创新活动中培育人才、在创新事业中凝聚人才，聚天下英才而用之，让更多千里马竞相奔腾，努力造就一大批能够把握世界科技大势、研判科技发展方向的战略科技人才，培养一大批善于凝聚力量、统筹协调的科技领军人才，培养一大批勇于创新、善于创新的企业家和高技能人才。"② 研究生是国家创新建设的生力军，研究生教育作为高层次人才培养的重要基地，必须肩负起培养社会主义合格建设者和可靠接班人中拔尖创新人才的重要使命。"文化的基本功能在于育人，在于武装人、引导人、塑造人、鼓舞人、熏陶人。"③ 研究生学术文化是教育、组织和动员广大研究生追求真理、潜心研究、治学修身的重要育人环境，对于拔尖创新性人才的成长和发展，在思想保证、精神动力、素质提升等方面起着至关重要的作用。下面我们就聚焦研究生学术文化是什么以及怎样开展好研究生文化建设这两个核心问题进行细致地分析和探讨。

第一节　研究生学术文化概述

本小节内容旨在从现实和理论两个视角出发对研究生学术文化的科学涵义以及其建设的重要意义、原则要求这三个方面进行深入阐释，以期达到对研究生学术文化有一个较为宏观之认知和理解。

---

① 教育部 财政部 国家发展改革委关于印发《统筹推进世界一流大学和一流学科建设实施办法（暂定）》的通知，教研〔2017〕2号.
② 全国科技创新大会两院院士大会中国科协第九次全国代表大会在京召开 [N]. 人民日报，2016-05-31，01.
③ 冯刚等著. 辅导员队伍专业化建设理论与实务 [M]. 北京：中国人民大学出版社，2010：204.

（一）研究生学术文化的内涵

古语云："观乎人文，以化成天下。"①广义上讲，自从有人类以来，自从人类在这个星球上活动并有目的的改造自然以来，文化的过程就已经开始。在文化学上，人们对于文化的定义总是争论不休，可谓仁者见仁智者见智，各有各的说法和道理。不过在仔细比较和分析各式各样的观点之后，我们以为："所谓文化，就是人类在存在过程中为了维护人类有序的生存和持续的发展所创造出来的关于人与自然、人与社会、人与人自己各种关系的有形无形的成果。"②由此不难看出，第一，文化是由人类这一主体创造并享用的，离开了这一主体，一切便都没了意义；第二，人类创造文化的目的是为了人类自身的有序生存和持续发展；第三，文化所牵涉的面相对来说非常宽广，但从根本上来说，都是人与人、人与社会和人与人之间的各种物质的和非物质的器物、制度、思想、观念、道德、伦理等关系而已；第四，所有文化都是一个过程，这个过程既包括历史又包括现实，更面向未来。

虽然本文研究的是研究生学术文化，但事实上，不管是对什么具体文化的理论审视，都离不开对文化一词的精准考察。在借鉴"文化"定义的基础上，本文将"研究生学术文化"定义为"研究生群体在校求学读书期间为了自我和他人的提升和可持续发展所创造出来的关于自己与学校、自己与科研、自己与老师同学各种关系的有形无形的成果，同时它也是由学校积极努力推动养成的以研究生特定群体为对象、着重加强研究生科学精神和学术科研能力提升的一种校园文化。"就像文化的构成存在很多层次一样，研究生学术文化也存在许多的层次和形态。所谓"横看成岭侧成峰，远近高低各不同"，可能从不同的角度看，对于研究生学术文化自身存在的形态层次有不同的认识。这里笔者试着从不同维度对此作简要说明。

从其生成来看，研究生学术文化的形成始终源自于广大研究生读书求学、创新研究的丰富实践。这也符合马克思主义哲学的历史唯物主义。社会存在决定社会意识，而非社会意识决定社会存在。研究生学术文化从根本上说是对研

① 《周易·贲卦》
② 陈华文主编，文化学概论新编 [M]. 北京：首都经济贸易大学出版社，2013：11.

究生学术科研实践的反映和体现，这种文化既从丰富的实践中获取养分也对研究生自身的学术实践给予潜移默化的影响。如果说从此实践生成的维度考量的话，基本上可以把研究生学术文化分为硕士研究生学术文化和博士研究生学术文化，这是研究生学术文化内部两种相辅相成的文化形态。虽然二者存在很多共同的方面，如基本的学术规范养成、基本的研究方法等，但不可否认，这两种文化形态由于文化主体在学历层次和人生阅历上的差异，在很多方面存在着不同之处，这里我们不作过多展开。

从其主体来看，一定优良研究生学术文化的形成既离不开作为文化直接创造者的研究生的广泛参与，也离不开作为文化培育空间的校园环境的滋养，而这种校园文化的滋养最主要的还是要依靠学校各部门各单位整合各种文化资源，充分发挥校园文化建设的合力作用。所以从此意义上而言，研究生学术文化的主体既包括文化的直接参与者——研究生，也涵盖了学校这个文化的间接培育空间。所以，我们在抓研究生学术文化的建设时既要充分发挥好学校的引导规划作用，也要发挥好研究生的主体作用。但值得注意的是，切不可过分强调学校的引导作用而由此完全忽视研究生的主体作用，在这个关系中，研究生的主体作用始终是第一位的，而学校的引导作用是为了更好地激发研究生的主体作用，所以这就需要我们在实际的工作中能准确地把握好这样一个度。

从其内容来看，这里笔者借鉴文化学上对文化的分类，把研究生学术文化划为行为学术文化、制度学术文化、精神学术文化这三个方面的内容。首先来看行为学术文化，行为学术文化主要是指通过日常学习科研中的各种行为方式进行表达的文化形态。行为学术文化的具体方式常常只存在于不同学校或者不同专业的研究生当中。比如，一提起清华的研究生，大家脑子里就会呈现出在实验室里默默地做着一个又一个实验的严谨认真的形象。再比如，不同的专业，拿文科和理工科相比，研究生的行为方式又会表现出极大的不同。其次，我们来看制度学术文化，顾名思义，制度文化就是通过规范的习惯和文字文本形式固定下来的作为研究生学习科研典范的文化成果。这种制度性的文化是研究生学术文化中最为重要的组成部分，因为其他两种文化形态无一不受到制度文化形态的制约。同时，这种制度文化具有很大的层次性，既有国家层面的制度规范，2016年7月19日，教育部发布的《高等学校预防与处理学术不端为办法》就是典型，也有学校层面的制度规范，拿北京师范大学来说，《北京师范大学学生课堂学习"六不准"》和《北京师范大学教室使用"六不要"》规范就是典型。最后，我们来看精神学术文化，精神学术文化是一种看不见摸不着的文化，它主要是指研究生在学习科研过程中的"知、情、意、信、知"。即对学术科研规范的理解和认识，认识是行为的先导，没有正确的学术认识就难以产生正确规范的学术行为。情，即学术道德情感，它是研究生在现实的科研中表现出的一种爱憎好恶的态度。一般来说，情感是伴随着研究生对学术的认知而产生发展的，对研究生的行为具有很大的调节作用。意，即学术研究意志，是研究生在科研过程中自觉地克服困难和排除障碍的毅力。信，是精神学术文化的高级层面，是研究生发自内心地对某种学术道德和学术规范的真诚信仰。总之，知、情、意、信集体组成研究生学术文化中的精神学术文化。

（二）研究生学术文化建设的意义和作用

研究生教育作为最高层次的学历教育，必须承担培养拔尖创新人才的重要任务，必须肩负起培养社会主义合格建设者和可靠接班人的历史使命。研究生学术文化建设是研究生培养的重要内容，要充分认识研究生学术文化建设对人才培养的重要意义和作用，良好的研究生学术文化有利于夯实研究生的思想基础、增强研究生的学习动力、提升研究生的创新精神、营造良好的育人环境。

1. 为拔尖创新人才培养夯实思想基础

中国有句古话叫作"德才兼备"，它反映了我国传统的、基本的人才观，即要求品德和才能的统一。我国自古以来，众多先贤明哲对德才关系有过精辟的论述。我国著名史学家司马光在《资治通鉴》中说过："才者德之资也，德者才之帅也"；"自古昔以来，国之乱臣、家之败子，才有余而德不足，倾覆者多矣！"尽管每个时代的人们都明知社会给出的唯一答案：德重于才，但历代历朝不乏重用有才无德的乱臣贼子而导致倾朝亡国的例子：吴国的伯嚭、唐朝的安禄山、明朝的吴三桂等，曹操用人就推崇"为智至上"。可见，拔尖人才的德行，直接关系到国家的存亡与未来。

同时，随着国际化、全球化的不断推进，随着我国与各国经济技术的交往合作的增多，世界范围内思想文化的交流、交融、交锋深刻复杂，资本主义腐朽思想也会乘虚而入。特别是西方敌对势力从未放弃对我方分化、西化的战略图谋，加紧进行思想文化渗透。国内外各种社会思潮纷纷以学术交流的名义，打着学术自由的招牌向高校渗透，普世价值和宗教意识等领域的各种力量悉数登场角逐较量，抢占高校思想舆论阵地，并通过高校向社会辐射传播，以期达到特定的政治目的，高校意识形态领域抵御各种错误思潮的工作任务突出而繁重。

习近平在视察北京师范大学与师生座谈时指出："我们的教育是为人民服务、为中国特色社会主义服务、为改革开放和社会主义现代化建设服务的，党和人民需要培养的是社会主义事业建设者和接班人。"① 这就要求我们在研究生学术文化的建设中，不仅要重视专业学术能力的培养，更要强化思想政治教育，坚持以马克思主义中国化最新成果为指导，用社会主义核心价值体系武装研究生头脑，用社会主义核心价值观引领研究生思潮，教育引导研究生树立正确的世界观、人生观、价值观、荣辱观，牢固树立中国特色社会主义的共同理想，坚定不移地走中国特色社会主义道路，培养有理想、有道德、政治素质过硬的建设者和接班人。

二、为拔尖创新人才培养增强学习动力

坚定的理想信念是拔尖创新人才奋勇前进的指路灯塔，是战胜各种艰难险阻的精神支柱，是为党和人民事业不懈奋斗的动力源泉。有了正确而坚定的理想信念，就能始终对党和国家充满忠诚，对人民充满感情，对事业充满责任。只有理想不灭、信念永存，才能持之以恒，无往不胜。近代教育家蔡元培提出："教育者，养成人格之事业也。使仅仅为灌注知识、练习技能之作用，而不贯之以理想，则是机械之教育，非所以施于人类也。"②

良好的学术文化建设，可以教育和引导研究生树立正确的学术理想，追求真理、献身科学、服务国家、贡献社会，要追求诗和远方，而不只是满足于

---

① 习近平.做党和人民满意的好老师——同北京师范大学师生座谈会时的讲话[N].人民日报，2014-09-10.
② 高平叔编.蔡元培全集（第二卷）[M].北京：中华书局，1984：407.

眼前的苟且。要用钱学森、邓稼先、钱三强等杰出科学家们放弃海外优越的生活和工作条件、冲破重重阻力回到祖国、为新中国的国防科技事业做出不可磨灭的重大贡献的励志故事，教育和引导研究生心系祖国、自觉奉献的爱国精神和求真务实、勇于创新的科学精神。要切实把研究生群体的爱国之情、报国之志转化为立足本职、敬业奉献、创造更加美好生活的强大精神动力。马克思主义认为，人的价值包含人的自我价值与社会价值两方面。这就要求高校研究生学术文化建设中，一方面要强调社会价值，教育引导研究生服务人民、贡献社会；同时要强调个人价值，重视学生的主体地位和全面发展。学校要帮助研究生找到学术兴趣与国家发展战略重点、个人发展与社会需要的最佳结合点，发挥学生自身的兴趣和特长，在建设创新型国家的伟大实践中实现自我价值，感受与国家社会共同发展的喜悦，实现个人价值与社会价值的统一。

立身百行，以学为基。一个人能有多大发展，能为社会作出多大贡献，很大程度上取决于这个人学习抓得紧不紧、知识基础打得牢不牢。当今世界，我国现代化建设呼唤大批高素质人才，学习比以往任何时候都显得更加重要和紧迫。习近平同志在讲话中更是列举了当前学习中暴露出的"不愿学、不勤学、不真学、不深学、不善学"等现实问题。[①] 拔尖创新人才大多经历过多元复合的知识积累过程，注重将基础知识的广博与专业知识的精深结合，注重把握哲学社会科学与自然科学的共通性。要在研究生学术文化建设中，广泛开展科学前沿引领、名家治学经历分享、学习方法介绍等活动，积极营造"主动学习、相互学习、善于学习"的校园氛围，提高研究生的学习主动性、能动性和学习效率。

3. 为拔尖创新人才培养提升创新精神

创新精神的培养对于研究生培养至关重要。2005年，钱学森在最后一次系统谈话中提到，"我觉得更重要的是具有创新思想的人才"，"要甘于想别人不敢想的，做别人不敢做的"。习近平在2013年5月4日同各界优秀青年代表座谈时的讲话中指出："广大青年一定要勇于创新创造，创新是民族进步的灵魂，

①　习近平.关于建设马克思主义学习型政党的几点学习体会和认识——在中央党校2009年秋季学期第二批进修班开学典礼上的讲话[N].学习时报，2016-08-04.

是一个国家兴旺发达的不竭源泉，也是中华民族最深沉的民族禀赋；青年是社会上最富活力、最具创造性的群体，理应走在创新创造前列；广大青年要有敢为人先的锐气，勇于解放思想、与时俱进，敢于上下求索、开拓进取，树立在继承前人的基础上超越前人的雄心壮志，要有逢山开路、遇河架桥的意志，为了创新创造而百折不挠、勇往直前，要有探索真知、求真务实的态度，在立足本职的创新创造中不断积累经验、取得成果。"①

《礼记·大学》提到，"苟日新，日日新，又日新"，从动态的角度强调了要不断创新，而持续的开拓创新需要不竭的创新能力作为基础。2010年，美国知名商业媒体 Fast Company 评出了2010年最具创新力的大公司，华为位列第五，也是排名前五的公司中唯一一个新上榜企业。②可见，我国高校在创新能力培养方面仍显不足，研究生具有的知识向能力的转化仍然薄弱。高校研究生学术文化建设，要教育引导学生自觉自愿地提高创新意识，反思知识体系，完善发展路径，着力挖掘和发挥学生内在潜力。创新不是一蹴而就的，需要经年累月的积累；创新不是凭空想象的，需要勇敢争先的探索；创新不是自发形成的，需要正确科学的导向。这就要求我们通过学术讲座、创新训练、科技和创业竞赛等研究生学术文化建设为拔尖创新人才建立正确科学的创新观念，培养开放、竞争与协作的创新意识，同时要创造宽容失败的良好环境，培养学生成为创新力强、竞争力强的新青年。

4. 为拔尖创新人才培养创造良好的育人环境

教育环境不仅是创新人才孕育的摇篮、成长发展的客观条件，更是我们能够充分发挥主观能动性加以构建、改造、利用的对象。长期以来，学术文化建设在营造良好的教育氛围、学习环境等工作上有着不可替代的作用，有利于营造良好的校风和学风，有利于促进创新人才的培养。

研究生学术文化建设有助于创建朴实创新的校风。研究生学术文化建设将创新教育融入校风建设中，以此丰富校园文化内容，提升校园文化品位，创

---

① 习近平. 习近平谈治国理政 [M]. 北京：外文出版社，2014：51–52.

② 《Fast Company》目前评出2010年度世界最具创新力公司榜 [A/OL]. 阿里云，2015–03–20. https://www.aliyun.com/zixun/content/2_6_1900299.html.

建优质的校园文化环境。构建自由、宽松、公平的环境，形成创新的校风，使独立思考、勇于突破、崇尚革新的精神广为流传，使创新评价标准不断优化完善，使开拓创造成为无形的力量，形成奋发努力、积极向上的全局氛围。

研究生学术文化建设有助于创建踏实创新的学风。为拔尖创新人才培养创造观念环境、制度环境、管理环境和校园文化氛围至关重要，意义重大。在研究生学术文化建设中要激励大学生勤奋踏实、求疑好问、善思求变，培养追求探索真理、矢志不渝的精神，鼓励学生自己通过学习、观察、实践内化而成创新人格，将创新精神融入日常学习之中，从而形成踏实创新的良好学风。

总之，研究生学术文化建设，要营造一个创新的氛围，让研究生想学习、勤学习、会学习，想创新、敢创新、能创新，想干事、能干事、干成事，让优秀拔尖的人才脱颖而出；要建设一个宽容的环境，鼓励创新、宽容失败、尊重学术自由；要创设一个成功的跑道，让每一位研究生都乐于奋勇争先，充分施展自己的才华，迈向成功。

（三）研究生学术文化建设的原则要求

当我们把研究的视角从其科学内涵和重要意义中逐步挪开，事实上就已经完成了对研究生学术文化本身的探析。虽然这么说稍显狭隘，可是仔细想想却又不无道理。毕竟在考察和分析"研究生学术文化"时，我们研究的焦点是在这个文化本身，也就是，此文化应是被作为一个独立的整体去分析的，研究的立场是此文化本身的立场，研究的理路是此文化自身客观存在的逻辑所在。不过，对于该节概述而言，有必要暂时从文化自身立场上退下来，从一个旁观者的角度对研究生学术文化建设的原则作简要分析。

1. 研究生学术文化建设要坚持社会主义办学方向

习近平总书记指出："我国高等教育肩负着培养德智体美全面发展的社会主义事业建设者和接班人的重大任务，必须坚持正确政治方向。"[①] 我国高校是党领导下的高校，是中国特色社会主义高校。因此研究生学术文化建设必须要

---

① 习近平. 把思想政治工作贯穿教育教学全过程开创我国高等教育业发展新局面 [N]. 人民日报，2016-12-09.

紧紧围绕社会主义办学的方向，不能在这个问题上有丝毫片刻的犹豫，也不容在这个问题上有丝毫细微的偏差。在坚持这一原则的前提下，才能将此学术校园文化与社会主义先进文化完美融合到一起。但问题是如果没有再具体的小原则，落实社会主义办学方向的文化建设原则就注定会成为一句空话。笔者以为，社会主义办学方向是总原则，要贯彻落实好这一总原则，必须还得构建起能够支撑这一总原则运行的由各个小原则组成的二级原则体系。具体如下：

（1）坚持理论武装，开展理论学习，坚定研究生的理想信念。引导广大研究生认识到理论学习的重要性，自觉加强理论的学习，包括对马克斯列宁主义、毛泽东思想、邓小平理论、"三个代表"重要思想、科学发展观、习总书记系列讲话精神的深刻理解与体悟。习总书记多次语重心长地告诫全党和全国各族人民："革命理想高于天。"他在2016年的"七一讲话"中又一次对此进行了强调："理想因其远大而为理想，信念因其执着而为信念。我们要把理想信念教育作为思想建设的战略任务。"① 可以说，在坚持社会主义办学方向的总原则下，牢牢抓紧理想信念的教育是二级原则体系中最为重要的也是首先要抓好的战略任务。

（2）要用社会主义核心价值观来教育学生。将核心价值观融入理论学习宣传，以促进理论认同；将核心价值观融入典型榜样引领，以促进情感认同；将核心价值观融入实践淬炼，以促进行动认同；将核心价值观融入主旋律教育，以促进价值认同；开展好自我学习宣传，从学生自我出发；鼓励学生从身边小事做起；有效发挥好朋辈的表率引领作用；结合时政热点弘扬时代主旋律；以重要节庆为契机加强正面引导。

（3）做好形势政策的教育。正如习近平总书记曾强调的一样："要教育引导学生正确认识世界和中国发展大势，从我们党探索中国特色社会主义历史发展和伟大实践中，认识和把握人类社会发展的历史必然性，认识和把握中国特色社会主义的历史必然性，不断树立为共产主义远大理想和中国特色社会主义

---

① 在庆祝中国共产党成立九十五周年大会上的讲话 [N]. 人民日报，2016-07-02，02.

共同理想而奋斗的信念和信心。"①很多研究生能在自己专业方面有所特长，但若仅限于此，就会缺少家国情怀，对中国特色社会主义的伟大实践会缺乏行动，就不会站在党和国家、人民的立场去研究时代之问题，回应人民之呼声。

2. 研究生学术文化建设要坚持科学性、专业性

文化有先进与落后之分，在建设研究生学术文化的过程中，是非、善恶、美丑的界限绝对不能混淆，坚持什么、反对什么、倡导什么、抵制什么、都必须旗帜鲜明，也就是必须牢牢坚持文化建设的科学性原则，马克思主义一直强调：理论只要彻底，就要说服人。如果在文化建设的过程中丧失了科学性的原则，那么就无法在泥沙俱下的文化现象中找稳立足点，文化成果自身从根本上就站不住，更不要说去教育广大研究生了。透过纷纭复杂的文化现象，我们看到：中国特色社会主义文化，始终以科学的理论武装人，以正确的舆论引导人，以高尚的精神塑造人，以优秀的作品鼓舞人，无论是思想内容还是表现形式，都发挥着强有力的导向和示范作用。因此研究生学术文化建设理应自觉用中国特色社会主义文化的内容和形式作为自身科学性的有力保障。此外，要特别注意坚决抵制西化的渗透。不断加强意识形态阵地建设，强化政治意识、责任意识、阵地意识和底线意识，将宣传教育与密切防控相结合，坚决抵制错误思潮对青年学生的渗透和误导。密切关注学生舆情动态，严格审查学生各种学术讲座和报告，严密防范宗教渗透和邪教传播，严守意识形态红线和政治底线。

同时，研究生所学专业各有不同，相比于本科生，研究生专业的设置更加细化，所以研究生学术文化建设所面向的专业也更为繁杂，各个不同专业学生的文化需求必然存在巨大差异，因此研究生文化建设还要在坚持科学性的同时以专业为导向，针对不同专业的特点开展文化建设才能达到事半功倍的效果。具体而言，先要以院系为单位对各自专业的学术文化建设情况进行摸查调研，然后对其不足和问题进行仔细分析，以此作为进一步搞好此文化建设的出发点。

---

① 习近平. 把思想政治工作贯穿教育教学全过程 开创我国高等教育事业发展新局面 [N]. 人民日报，2016–12–09.

3. 研究生学术文化建设要坚持前沿性、创新性

文化的建设从来就不是一劳永逸的，它是一个不断发展的过程，此发展的动力不在其他，而全存在于人类社会实践之创新。同样，对于我们的研究生学术文化建设而言，它也是一个过程，它也需要适应时代社会之变迁，适应学校学生的变化实际不断更新自己的内容与形式，所以从此意义而言，研究生学术文化建设只有进行时，而没有完成时。也就是说，我们在开展文化建设的过程中要坚持前沿性和创新性的原则。具体而言可以从以下角度加以认识。

第一，以科研活动为重点，提升研究生创新能力。以学术科研活动为重点，坚持学术活动的前沿性，发挥学术引领作用，提升研究生的科学精神、创新能力和学术道德。坚持开展研究生学术道德与学风建设月活动，发放科学精神读本，邀请著名学者来为研究生做学风建设宣讲报告，比如：北京师范大学近年来着力打造由院士大师论坛、青年精英讲座与研究生学术沙龙组成的"治学·修身"学术论坛，充分整合校内外优势的学术资源，每年举办高水平学术活动达50多场，主题包括学术前沿、治学之道、求学历程的分享解读，修身养性、为人处世，研究生学术经验交流等，在极大丰富了校园学术文化氛围的同时，也让广大研究生在论坛中有所收获。

第二，突出日常教育，坚持学生本位。这就是说要坚持以过程性的标准来抓好研究生学术文化创新工作，所谓日日新，苟日新，创新不是某一点某一环节的创新，而是整个教育过程的创新。同时，还要拓宽和创新学术文化建设的工作方式和途径，努力营造诚信为本、务实创新的人才成长氛围。如北京师范大学多年来坚持紧抓新生入学和毕业生离校的重要契机，扎实开展新生入学教育和毕业教育。定期举行"七一""十一"升旗仪式、五四青年节、公祭日祭扫英烈活动，加强研究生爱国主义教育。组织研究生参加许嘉璐先生、于丹教授等多位专家学者的传统文化讲座，继承传统文化，弘扬中国精神。

第三，紧盯学术前沿，创新人才培养体系。研究生作为国家拔尖创新人才培养群体，是国家科技攻关、教育创新和文化传承的生力军，培养具有高度历史使命感和政治责任感的拔尖创新人才，必须要把创新人才培养体系作为培养工作体系的关键内容。这种培养体系必须适应本学科学术发展的需要，适应社

会发展要求。不过在这个培养体系中，科学道德和学风建设尤为重要，也是我们研究生学术文化建设中重要环节。所以可以从多方面以科学道德和学风建设为契机，面向研究生培养体系的创新，既以优秀的研究生学术文化影响研究生工作的创新，又以这种学风道德建设不断丰富研究生学术文化的内涵。比如：可以搭建高品质学术活动平台，提升学术活动的前沿性和权威性，激发研究生的学术志趣和创新意识。也可以发挥院系专业特色，鼓励院系开展丰富的学术文化活动，引领学术文化前沿，培养拔尖创新人才，还可以对许多高质量的科技竞赛、科研项目进行卓有成效的扶持。

4. 要符合人才培养的规律，第二课堂与第一课堂协同育人

文化建设同其他人类实践活动一样，有自己的特殊规律，任何违背其规律的做法都只会自食苦果，所以研究生学术文化建设亦如此，既要自觉遵循文化自身形成发展的逻辑，又要着重把握人才培养的规律。所谓人才培养的规律，按照辩证唯物主义来看，就是让学生既要学好书本上的间接经验知识，也要在广阔的社会实践中掌握本领，不过最核心的就是主张实践，唯有实践才能砥砺成才。对此，习近平总书记在2016年同知识分子劳动模范青年代表座谈时语重心长地叮嘱广大青年："广大青年要如饥似渴、孜孜不倦学习，既多读有字之书，也多读无字之书，注重学习人生经验和社会知识，注重在实践中加强磨练、增长本领。"① 因此，在建设研究生学术文化时，既要有效发挥好第一课堂的作用，也要充分在社会实践这个第二课堂上下苦功夫，组织开展形式多样、内容丰富的社会实践活动，在活动中达到育人的目的，在活动中扩展研究生学术文化的内涵。使得第一课堂和第二课堂紧密联系起来形成育人的合力，也形成学术文化建设的合力。比如，北京师范大学通过"军训、暑期社会实践、寒假返乡调研、创业实践实训、本科科研基金项目、创业大赛、挂职锻炼"等实践育人形式，确保实践育人工作顺利推进。

5. 要符合研究生特点，贴近研究生的实际需求

建设研究生学术文化，不是为了文化而文化，更不是为了建设而建设。最

---

① 习近平在同知识分子劳动模范青年代表座谈时强调紧跟时代肩负使命锐意进取 为共同理想和目标团结奋斗 [N]. 人民日报，2016-04-30，01.

根本的目的是为广大研究生创造一个优良学术研究环境，更好地为研究生的学习科研生活提供服务。所以，在建设研究生学术文化时切不可因为忙碌于繁杂的建设举措中而忽视了研究生这一文化主体。如果一种研究生学术文化不能很好地为研究生服务，不能密切贴近研究生的学习科研生活实际，就谈不上是成功的学术文化建设。因此，必须以学生需求为建设导向，充分调动研究生在校园学术文化建设中的积极性和主动性，为研究生提供更多自我管理、自我教育、自我服务的平台。特别是在学习科研上，要注重对学生基本学术方法和规范的训练，要注重发掘研究生自身的特性，要及时对学生的疑问和困惑进行解答，要让每一位导师在忙碌的工作中多一份对学生的关爱。

第二节　研究生学术文化建设的路径

　　上一小节内容主要是对研究生学术文化建设的基础理论问题进行了简要概述。可以说基本上解决了"研究生学术文化"是什么的问题，那么下面章节将讨论"研究生学术文化"该怎么样建设的问题，也就是研究生学术文化建设的路径问题，可以说这是此次研究的重点也是难点。从根本上说，一定文化的形成发展归根到底是由社会存在决定的，就研究生学术文化来说，它也只能是由广大研究生在学习科研的实践中、在学校育人工作实践的创新中得以产生、丰富、发展。这是最为基础最为根本最为深厚的路径。但是，若从具体工作层次上考虑的话，根本的路径中必然会有许多小的路径，这些小的路径之总和既构成学术文化建设的思路方法，也集合作为一个整体融入研究生学术文化之中，成为研究生学术文化重要的组织部分。经过仔细分析与思考，笔者以为研究生学术文化建设的路径可以分为以下五条。

　　（一）以理想信念教育引领方向

　　理想是人们在实践中形成的对未来的一种向往和追求，是具有实现可能的奋斗目标。对理想的理解认同度越深越高，对理想的信仰也就越忠诚，才会对理想产生坚定的信念。理想因其远大而为理想，信念因其执着而为信念。的确，一个时期以来，在市场经济的冲击下，理想谈得越来越少，利益讲的越来越多，追求利益的现象在部分研究生中也有所反映。其实，"人类社会永远处在'它现在是什么'与'他们希望是什么'的张力之中。理想与现实之间的互动，是一个社会稳步向前的永恒因子。"①有鉴于此，在抓研究生学术文化建设时必须想方设法地将理想信念教育融入到工作的各个方面、各个环节。

历史昭示我们，对于一个国家或民族而言，理想信念是这个国家或民族事业兴旺发达的灵魂所系，有无坚定的理想信念事关这个国家和民族的未来前景。中国特色社会主义道路、理论、制度是党和人民历经各种艰难险阻、付出各种惨重代价后所取得的，是党和人民事业长远发展的根本保证。习近平总书记曾以深邃的历史眼光这样说道："它是在改革开放30多年的伟大实践中走出来的，是在中华人民共和国成立60多年的持续探索中走出来的，是在对近代以来170多年中华民族发展历程的深刻总结中走出来的，是在对中华民族5000多年悠久文明的传承中走出来的。"②但同时我们也要清醒地认识到，由于我国特殊的国情和社会主义制度的不完善，中国特色社会主义事业的发展还有很长的一段路要走，需要一代又一代人的接续努力。因此，若站在党和国家事业发展的全局通盘考虑，为确保中国特色社会主义事业后继有人，就必须造就一批又一批理想信念坚定、专业素养扎实的可靠接班人。这是一项重大的战略任务，必须早抓久抓。

广大研究生作为国家和民族未来事业发展的高层次人才依靠力量，是坚持和发展中国特色社会主义事业的中坚力量。面向未来，研究生理想远大、信念坚韧，则中国特色社会主义事业基石牢固、坚不可摧。研究生理想淡化、信念滑坡，则国家民族永无发展前进之动力。因此不管是什么学科背景的研究生，虽术业有专攻，但最根本的理想信念只能有一个，那就是"中国特色社会主义共同理想和共产主义远大理想"。不少研究生可能一直都有这样的偏见："我研究我的学术，不需要什么理想不理想的。"可是，殊不知这样的观念实为荒谬，没有这样的理想信念，汝之学术是为何人服务？汝之学术立场又为几何？事实

---

① 陈万柏,张耀灿主编.思想政治教育学原理[M].北京：高等教育出版社，2007：189.

② 在庆祝中国共产党九十五周年大会上的讲话[N].人民日报，2016-07-02，02.

上，这里说的理想信念和我国知识分子历来浓厚的家国情怀，强烈的社会责任感是有着共同内涵的。北宋理学家张载曾有言："为天地立心、为生民立命、为往圣继绝学、为万世开太平"。范仲淹在《岳阳楼记》中大声疾呼："先天下之忧而忧，后天下之乐而乐。"这些思想为一代又一代知识分子所尊崇。已经故去的北京大学哲学系教授汤一介先生，一生将爱国的理想信念与做学问紧紧联系在一起，致力于在新世纪新时代构建中国哲学的逻辑体系，2003年，汤一介先生不顾自己身体状况，提出编纂《儒藏》的建议，按照计划，这项国内最大的儒学古籍文献整理工程，要用7年的时间完成精华编2亿多文字的整理。2014年6月底，《儒藏》精华编的前100册在北京大学举行了发布会，身负重病的汤一介先生坐着轮椅，在家人的搀扶下依然出席这场发布会，他说："我想只要我活着一天，我就愿意为这个（《儒藏》编纂）工程来尽我的力……我必须继续努力，来把全本完成。"但如今，巨著未成，先生已去。

一个人的力量是有限的，一代人的力量也终归是有限的，但是在历史长河的缓慢流淌中，在一代又一代人的持续接力中，每一个生命个体和每一代人的力量都会激荡出最美丽的浪花。社会主义理论和实践迄今为止整整五百年了，相比宇宙之无穷和历史之悠悠，这五百年也许只是弹指一挥间，而我们中国特色社会主义从摸索到开辟到发展也不过60多年，因此将眼光放眼遥远的未来，只有一代又一代人牢固树立中国特色社会主义共同理想和共产主义远大理想，我们的事业才能永远地存在下去。就像邓小平同志在南方谈话中所讲的："帝国主义搞和平演变，把希望寄托在我们以后的几代人身上……所以，要把我们的军队教育好，把我们的专政机构教育好，把共产党员教育好，把人民和青年教育好。"①

总之，唯有将理想信念教育置于研究生学术文化建设的首要位置，才能确保文化建设的正确方向，才能为文化建设铸牢坚实的根基。不过值得指出的是，理想信念因为秉持的是国家政党之宏观逻辑，而以研究生之平均水平和能力自然不可能迅速领会和理解，这就要求在文化建设的工作中，应该创新教育

---

① 李爱华主编. 马克思主义经典著作导读 [M]. 北京：北京师范大学出版社，2008：650.

的手段和方法，丰富教育的内容，做到以理服人、以情动人。这样，理想信念教育才能成为引领研究生学术文化建设的一面旗帜。

（二）以学术锻炼塑造求真精神

科学研究贵在求得真理，马克思主义哲学认为，一切事物都是由其现象与本质构成的，事物的本质只有一个，而现象却可能有多个，本质从来不会自己主动呈现到人们眼前，只有透过纷繁复杂的现象人们才有可能把握到事物的本质。而科学研究在某种程度上也就是从事物的表象出发以求得事物本质之真。习近平总书记也曾强调："一个知识分子，不论在哪个行业、从事什么职业，也不论学历、职称、地位有多高，唯有秉持求真务实精神，才能探究更多未知，才能获得更多真理，也才能为社会作出更大贡献。"①

广大研究生进入到研究这个层次的学习后就要转变先前本科求学的思路，以研究学术问题为自己至高无上的职责。因此，研究生学术文化建设就理应主动关注研究生自主研究问题的层面，通过各种各样的学术实践活动逐渐培养研究生自主发现问题、研究问题、解决问题的求真精神。归纳起来最少有以下几种学术实践活动可以供高校借鉴和研究生自己选择。

1. 学术论坛。各类学术论坛活动是研究生学习学术经验，增进学术交流，体会治学精神的重要平台，也是高校校园文化活动的重要组成部分。学术论坛往往可以集众多知名专家学者于一堂，学者们可以围绕某一专业的相关问题可以进行相互的分享、交流和探讨，思想的火花在交流中不断碰撞迸发，智慧的光芒在交流中不断得以彰显，一场好的学术论坛与其说是论坛，倒不如说是一场学术盛宴。学校或学院通过举办内容丰富、形式多样的高品质学术论坛，既可以利用好这个平台不断深化自己学术的发展空间，紧抓学术前沿之动态，同时也可以让广大研究生参与其中，在聆听中感悟学术之真谛，在所见中增强学术之自觉。

2. 科研项目、科研竞赛。对于广大研究生而言，注重对知识、对学术规范方法的学习是非常必要的，但是若一味地满足于这种学习又是不够全面的。为

---

① 在知识分子、劳动模范、青年代表座谈会上的讲话 [N]. 人民日报，2016-04-30：02.

逐步提升自己的学术素养，广大研究生应早日结合自己的兴趣点，找准自己的研究方向，以方向为突破口步步为营，努力出成果。所以从这个意义而言，学校或学院可以设置一些在研究生能力范围内的科研项目，举办一些多层次覆盖面广的科研竞赛，以激发广大研究生的研究问题的自主性和能动性，锻炼广大研究生的学术潜力和创造力。比如：北京师范大学为培养研究生科研创新能力，给予研究生科研项目大力支持，已经连续多年举办"京师杯"学生课外学术科技作品竞赛，课外学术科技氛围日益浓厚，学生参与积极性大幅提高。

3. 学业辅导。由于广大研究生在学术科研的道路上还处于摸索阶段，因此不能不受自身素养能力眼界的局限。从此角度而言，广大研究生在学术实践的活动中离不开学校和导师的学术辅导，学校为此应该构建起全面、科学的学业辅导体系，首先是研究生的导师，由于我国现有的研究生培养模式坚持的是"导师负责制"，所以导师是研究生在校期间的第一负责人，导师应该在日常的忙碌中多一些对学生的关心和指导，为学生耐心解答学术科研上的困惑。其次是研究生的辅导员，辅导员应该对研究生的思想状况进行及时地了解和把握，既做广大研究生的好老师，也做他们的好朋友、好伙伴。最后，是学校层面的研究生院或研究生工作处，应该为学生的成长发展设置科学合理的课程体系，提供丰富的社会实践经验指导。

（三）以刻苦钻研提升学术品质

马克思曾经说过："在科学上没有平坦的大道，只有不畏劳苦，沿着陡峭山路攀登的人，才有希望达到光辉的顶点。"[①] 所以对于有志于从事学术科研的研究生而言，想要在学术科研上有所进步，没有任何捷径，只有通过认认真真、踏踏实实地一点一点做，一点一点积累，正所谓守正笃实，久久为功。在建设研究生学术文化的过程中，要通过教育的各个环节使学生明白刻苦踏实的重要性，明白个性品质也会在很大程度上影响学术品质。

不可否认，在当前学术界存在的急功近利、弄虚作假、学术腐败等现象。这些不好的现象会给研究生学术文化的培养和建设带来很大的阻碍。因此，要

---

① 资本论（第1卷）[M]. 北京：人民出版社，2004:24.

教育引导广大研究生坚守学术的纯洁与神圣，自觉加强自身的品德修养，以决心和耐心矢志不渝地坚持下去。唯有如此，才能创造高品质的学术成果，使学术成果经得起历史和人民的检验。正如习近平总书记所指出的一样："当老师，就要心无旁骛，甘守三尺讲台，'春蚕到死丝方尽，蜡炬成灰泪始干'。做研究，就要甘于寂寞，或是皓首穷经，或是扎根实验室，'板凳要坐十年冷，文章不写一句空'。"①

2016年从北京师范大学毕业的数学科学学院博士研究生叶专同学就是这样认真刻苦踏实的典范。在校期间，他把主要精力都投入到了学习当中，每天泡在工作室里学习、演算，寒暑假都不间断。在同学们的眼中，叶专永远在想公式，永远在算公式。5年中，他共发表 SCI 论文 30 余篇，其中学科影响因子前 20% 的论文就有 10 多篇，是名副其实的学霸。谈起经验，他说：没有什么特别的，就是不停地想，不停地计算。

（四）以实践锻炼促进学术创新

宋人陆游有云："纸上得来终觉浅，绝知此事要躬行。"实践既是研究生学术文化建设的重要原则，也是研究生学术文化建设的根本途径。在前面的论述中，我们主要侧重从宏观层面的考察，那么到这里所说的实践就会是作为具体建设路径的微观探析了。党的十八大以来，以习近平同志为核心的党中央高度重视青年的教育工作，也高度重视高校学生工作。习近平总书记不止一次地告诫广大青年要从实践中砥砺成才。他说："所有知识要转化为能力，都必须躬身实践。要坚持知行偶读合一，注重在实践中学真知、悟真谛，加强磨练、增长本领。"② 所以，在建设研究生学术文化的过程中要特别注重实践导向，以多样化的学术社会实践激发研究生的学术创新能力。具体来说，可以做好以下几个方面的工作。

1. 坚持主旋律发展，丰富实践育人内涵。首先，实践的核心宗旨是要以社会主义核心价值观为引领、以学术化的训练为导向强化实践育人的内涵，引导

---

① 在知识分子、劳动模范、青年代表座谈会上的讲话 [N]. 人民日报，2016-04-30：02.

② 在知识分子、劳动模范、青年代表座谈会上的讲话 [N]. 人民日报，2016-04-30：02.

学生加入国家和民族发展的主旋律潮流中，投身国家大发展战略，深入社会和基层开展调查研究、志愿服务等社会实践活动，拓宽见识、增长才干，将书本知识与社会实际相结合，同时以自身学识服务公众。其次，可以开展寒假和暑期社会实践、日常志愿服务、研究生挂职、大学生军训、校内外勤工助学等活动，组织、号召在校学生利用假期和课余时间参与实践活动。再次，可以通过完善日常志愿服务、暑期社会实践、寒假返乡调研的社会实践服务体系，积极拓展基层挂职锻炼项目，积极探索形成了长期与短期相结合、学科优势与实际需求相结合、人才培养目标与活动组织体系相结合的立体化、综合化、全面化的实践育人体系机制。最后，要坚持时代发展、社会变革的焦点热点与学生成长成才需要相结合的原则，促进社会实践与人才培养相结合、与社会需求相结合、与学科优势相结合的有机融合；进一步促进大学生了解社会、认识国情，增长才干、奉献社会，锻炼毅力、培养品格。

2. 提升社会实践工作的科学化水平。比如拿暑期社会实践来说，可以不断总结往年经验、结合学生需求，编写暑期实践项目评估指导方案，及时通过微博、微信等自媒体发布实践资源、安全贴士等实用资讯。还可以对所有实践队伍行前开展一定时间的培训，以多样丰富的课程满足不同类型实践队伍的个性化需求，推进社会实践的标准化管理和精细化服务。

3. 丰富社会实践活动的内涵与形式。以成长成才需求导向，丰富社会实践的渠道和内容，以服务学生为出发点，最大程度整合资源，积极探索校内外相关单位的协同创新机制。比如：北京师范大学秉承"学为人师 行为世范"的校训精神，历时20年倾心打造师大学子学以致用、服务社会的"家教部"，年均派出家教约2500人。家教部不仅为无数贫困学生创造了自立自强的机会，更使他们学以致用、教学相长，在专业学习、教学能力和沟通技能等方面有了全方位的提升，实现了从受助到自助再到助人的人生蜕变，成为学校实践育人的品牌项目。

4. 有条件的还可以通过搭建国际化实践平台，扩展学生海外视野。使实践育人体制更加顺应时代潮流，以满足学生国际化、高层次学习的诉求，进一步培养研究生的创新精神、提升其实践能力，使其在学习思考和实践体验中树立中国自信。

北京师范大学生命科学学院的郑光美院士在几十年的学术科研中始终坚持在野外的实践中进行自己的科研工作。为了开展中国珍稀濒危的雉类研究，他长期坚持野外实践，带着学生起早贪黑、奔波跋涉，获取了很多宝贵的数据资料。有一次，他们历经1年多时间才找到第一窝黄腹角雉的巢，可是仅仅观察了8天，这些鸟就被天敌捕食，让研究再次中断。郑先生安慰大家说："没有关系，我所经历的困难太多，既然我们能发现第一窝，那就还会有第二第三窝，因为我们已经掌握了它的活动规律。"正是凭着这种在科学研究上百折不挠的精神以及在实践中的反复比较摸索，郑先生才能在研究中不断取得创新和突破，为我国的鸟类生态学发展，特别是在濒危雉类生态适应机制和生活史对策研究方面做出重大贡献。

北京师范大学物理学系2014级博士研究生殷隆晶在攻读博士学位期间，曾连续两年获得博士生国家奖学金和励耘一等奖学金，在学期间一共发表 SCI 期刊论文18篇，其中第一作者 Top 论文11篇，1区论文3篇。他曾说正是他多次出国参加高水平国际学术会议才使他开拓了思维，使研究思路豁然开朗。

（五）以学风建设提升学术道德

对于广大研究生来说，读研期间的主要任务就是要扎扎实实地在学术科研方面养成一些基本的素养，然后以这种素养独立地去做一些科学研究。在这些基本的素养中，学术道德的规范应该使研究生首先要养成的一种素养。而且也是研究生学术文化建设的基础性工程，需要抓常（经常抓、见常态）、抓细（深入抓、见实效）、抓长（持久抓、见长效）。但具体该从何抓起呢？笔者以为应该以学风建设促学术道德养成。一般而言，学风是指学生的学习自觉程度以及由此形成的一个学校的学习风气，是一种氛围、一种群体行为，是学生在学习、生活、纪律等方面多种综合风貌的集中体现。因此，这里简要地阐述一下开展研究生学风建设的针对性举措。

1. 加强学习与行为塑造，形成严格自律的学习风气。首先，引导研究生树立正确的价值观。研究生还处于价值观的形成阶段，教育工作者应借助有利时机，帮助研究生清晰认识自我，通过社会学习、行为学习及行为塑造对研究生价值观及价值取向的形成进行正面的教育和引导。其次，帮助研究生转变学习态度。在考取研究生之前，大多数学生坚持主动学习是因为有明确的学习目标，为什么到了研究生阶段却失去了学习的热情，原因在于暂时失去了学习目标，或者说遗忘了对学习价值的认识。所以帮助研究生重新找回学习目标，激发学习的主动性，是转变学习态度的关键。最后，强化研究生的自我管理能力研究生在经历了大学本科教育阶段后，已经具备了一定的自我管理能力，但是，随着学习、生活等环境的改变，对自我管理能力也提出了新的要求。研究生拥有比本科生更多的自由支配时间和发展空间，这种情况下自我管理能力非常重要。

2. 加强科研团队建设与管理，形成严谨求实的治学风气。科研团队是研究生学习、科研和生活的主要团体组织，其建设水平与研究生学风建设效果有着直接关系。一个优秀的科研团队可以有效提高团队成员的学习、科研和工作效率，创造出优秀成果，有利于研究生培养正确的人生观、价值观，对于激发学生潜能、提高学生素质和树立优良学风具有巨大的推动作用。因此，应重视对科研团队的建设与管理。清华大学的颜宁教授，不到30岁就受聘成为清华大学生命科学学院最年轻的教授和博士生导师；37岁率领平均年龄不到30岁的团队用6个月的时间攻克膜蛋白研究领域50年不解、最受瞩目、国际竞争也最激烈的科学难题，当记者采访她，问及她究竟是如何创造出这样神话般的科研成果时，她说："我们有一个年轻活力的团队，而我个人只是他们的一份子而已。"

3. 加强校园文化建设，完善制度保障体系，营造积极进取的学术风气。校园文化是学风建设的软环境，高校必须通过校园文化的建设对研究生的行为进行良性引导，为研究生营造一个良好的学术环境。而要实现这一目标，离不开学校、导师和研究生三方的共同努力。同时，要建立科学合理的规章制度，使学生管理工作制度化、规范化、科学化，也是保障研究生学风建设向着良好、健康方向发展的重要途径。

第三节　研究生学术文化的环境营造

在理清研究生学术文化建设的具体路径后，从理论逻辑上讲基本可以结束此次的研究论述了，因为到此为此，"是什么"和"怎么做"的问题都已经解决掉了。一个面向的是理论的阐释，一个面向的是实践的考察。从理论到实践，似乎完美无缺、天衣无缝，但若细细思量，却好像又不完全是那么回事。从理论的认知到实践的推展，决不是一个自然而然顺理成章的事情。在现实的研究生学习生活中，在学校日常的教育管理工作中，理论和实践这一矛盾共同体的复杂性表现的是淋漓尽致。唯物辩证法描述的只是理论和实践的根本联系，事实上，从理论到实践，并不是只用言语或用文字就可以彻底理清的。理论和实践之间理应有一个过渡性的阶段，此阶段既可以深化对理论的理解和感悟，也可以为实践的规模展开进行前提条件的充分准备。笔者以为，就研究生学术文化建设而言，所谓的这样一个过渡阶段主要是指向文化建设的环境营造方面。因此，本小节内容就主要围绕学术文化建设的环境营造粗浅地谈几点看法。

（一）营造潜心学习的优良校风

校风，从字面上理解，就是指学校的风气。具体来说，就是"学校在培养人才的实践中所形成的共同信念、意志、风格、价值观念等的综合体现。是学校的领导作风、教师教风、职工工作作风和学生学风的集中反映，也是学校的教学思想、教学质量和管理水平的综合展示。"[1] 通过开展校风建设，"在校园树立热爱祖国、决心为建设中国特色社会主义贡献自己全部力量的共同理想和坚定信念，培育自强不息，不怕任何艰难险阻、勇往直前的共同意志和奋斗精神，形成与时俱进、昂扬向上、勇于创新的共同追求和开拓意识。"[2]

对于研究生学术文化建设而言，养成优良的校风可为学术文化的生成和培育创造舒适宜人的校园氛围，具体而言，这种氛围既可以是探索创新之风、爱岗敬业之风、礼貌文明之风、求真务实之风，也可以是学子青春活泼的朝气、

---

① 薛浩，张桂华．新时期高校学风建设探析 [J]．学校党建与思想政治教育，2006，（2）.

② 冯刚等著．辅导员队伍专业化建设理论与实务 [M]．北京：中国人民出版社，2010：208.

积极向上的正气、知难而进的勇气、成人成才的志气。在这种氛围的带动下，全校师生心情舒畅、静心教学，既受优良校风之潜移默化影响，又自觉以实际行动促进校风的和谐。久久为之，一定的学术科研文化就会在此熏陶下逐渐养成。

优良的校风虽然不是一个可以仔细量化的概念，但至少应该有些看的见、摸得着的具体衡量标准。总体来说，可以包括：校园优美洁净；礼貌文明之风盛行；师生关系和谐；人人身心健康。具体来看，表现为广大教师爱岗敬业，为人师表，教学有方，教书育人，视教风为生命；学生品德高尚，遵纪守法，刻苦求学，奋力拼搏，有理想，有个性，视学风为灵魂；全校各职能部门制度健全，各司其职，管理有序，一切为了学生，为了学生的一切。概而言之，校园美、风气正、教风好、学风浓就是优良校风的重要标志。

（二）倡导自由包容的学术理念

研究生学术文化建设作为校园文化建设的一个重要方面，既有着校园文化建设的的一般特征和规律，也有着与不同于一般意义上的校园文化建设的重大区别。原因就在于学术文化建设要在学术上比一般的校园文化建设能有更多的体现。研究生学术文化本质上是一种以创新发展繁荣校园学术科研为中心目的的文化，因此，开展这样的文化建设一定要坚持学术化的标准，走学术化的路径。理念总是行动的先导，是管全局、管根本、管方向、管长远的东西。如果要用严格学术化的标准来建设研究生学术文化，那么前提一定是设计好一种符合学术要求的学术理念来作为各项工作赖以凭借的依据。

放眼21世纪全球大学创新发展之现状，随着学术交流的国际化，已及学科发展交叉融合趋势的加快，自由、开放、包容的学术理念已逐渐为各国大学和学者所接纳。那么既然要瞄准建设世界一流大学和一流学科的高地，首先就要在学术理念上秉持一种国际视野。对于研究生学术文化建设来说更是如此，以先进的学术理念为研究生学术文化建设提供好方向指引，再以优秀的学术文化为建设世界"双一流"大学而贡献文化资源。所以，要牢固树立自由、开放、包容的学术理念，让这种理念贯穿于学术文化建设的全部方面、全部环节。

所谓"自由"，即要充分尊重研究生主体的个性、特点和兴趣爱好，为学生的学术成长提供丰富的学术资源和多样的学术参与机会，让学生可以完全根据自己的爱好和能力在学术研究上展现自己的聪明才智。但这种自由不是完全没有原则没有约束的自由，相反是有一定条件的自由，这种有条件的自由不仅不会约束研究生主体研究性的发挥，反而是这种主体研究性充分发挥的有力保障。所谓"开放"，即要培养研究生较为宽广的学术视野，不仅可以将学术视角伸向国内，也可以透视国际；不仅可以在本专业内游刃有余，也可以从其他专业学科中汲取养分。所谓"包容"，是要培养研究生对于不同学术意见看法的宽容精神，不必顽固地执着于对自己学术看法的坚定信仰，也不必对其他相左的意见抱有敌意和偏激，而是应该勇于在不同的声音中对自己的学术观点有进一步的深入思考和创新。

（三）构建和谐的师生关系

某种意义上说，大学就是导师与研究生所构成的学术共同体。良好的师生导学关系不仅有利于导师以优良的学术品格、优秀的学术文化引领学生，而且有利于研究生在友好融洽的学术环境中完成学生应该担负的学术使命。要构建和谐的师生导学关系，首先要构建导学关系中的双主体关系。"在大学这样一个学术共同体里面，所有的个体之间，不仅人格是平等的，而且每个人的职业价值也是平等的、没有层次差异的。"[1]也就是说师生在交往过程中在人格上是平等的、沟通上是民主的、情感上是和谐的。唯有如此，导师与学生才能真正成为合作共赢、相互促进、共同发展的学术共同体。其次要实行导师与研究生互选与沟通交流机制，增强各自的主体性，激发各自的主体作用。再次，要明确导学双方责权利的统一，既要充分给予导师在研究生选拔、培养全过程中的权益，明确并坚持导师在研究生培养、思想教育、学术规范等方面为主要责任人，又要明确研究生的责任和义务，明确导师对学生的约束和要求，让双方不断调整和融洽导学关系。最后，要正确处理好培养与合作的关系。导学关系是师徒关系，更多的是科研合作伙伴关系，导师应正视研究生创造性的劳动成果，给予相应的报酬，进一步促进导师、研究生和培养环境三者的和谐发展。

---

①　黄达人 . 大学的观念与实践 [M]. 北京：商务印书馆，2012.

同时，还要教育广大研究生在平时的求学科研中养成一定的学术合作能力，学术团结精神。因为，随着社会的进步发展，很多学术成果的取得绝非一个人之能力所可以实现。如果研究生不能具备高度的的学术团结意识与合作能力，就无法适应未来学术科研发展的崭新局面。《人民日报》曾专题报道过一个微信公众号——"章黄国学"，它是由北京师范大学资深教授、著名语言文字学家王宁先生带领学术团队创立的。他们通过幽默故事和趣味漫画、动画，将艰深的古代文字变成鲜活的现代体验，将扎实的史料和严谨的知识转化为"有深度的大众国学、有趣味的青春国学、有担当的时代国学"，在社会产生了广泛的关注和影响，对我国传统文化的创新和弘扬作出了积极有效的贡献。可以说，"章黄国学"的创立和发展很大程度上就归功于王宁先生为代表的整个学术团队的集体智慧。

（四）建立健全制度保障

研究生学术文化是建立在高校学术文化载体上的子文化，其繁荣与否在很大程度上取决于高校学术文化的质量。因此，高校要努力通过相关制度的完善，以完善的制度保障努力打造学术至上、自由宽松、团结协作和公平竞争的学术氛围。具体来说，可以抓好以下几方面的工作。

1. 全方位制定完善的高校宏观制度规章。要制定并完善大学章程，它不仅是大学治理法治化的集中体现，也是大学精神制度化的重要载体。要制定学术规范条例、师生奖惩条例，从根本上杜绝学术不端滋生的土壤。要在高校发展规划上体现学术文化的发展目标，明确实施管理部门，依托高校校史馆、校友馆、校博物馆等传播实体，通过典型事例的示范与扩散，大力宣扬学校薪火相传的文化精髓，使校院文化传递正能量。要改革招生制度，切实招收对本学科有兴趣、有较好科研基础、有培养前途的优质生源，扩大对高质量留学研究生的招生规模，强化国际交流意识。要完善人才招聘与管理制度，改善学科学缘结构，控制导师的招生规模，重塑各学科价值观的影响力，发挥学科文化的优势，保证学科发展的学术性根基。

2. 建立完备的高校学术规范机制。学术规范是在科学研究过程中学术人共同遵守的学术活动基本规则，或是根据学术发展规律制定的相关学术活动准则。而学术规范主要以学术制度的形式加以呈现。国外大学十分注重学术制度的建设和完善，相关制度涉及面广，覆盖全面，细节规定详尽，真正保障学术创新和科学研究，同时在制定过程中大多坚持以人为本理念，最大限度地保障学术工作者的利益。我国高校应积极借鉴国外在这方面的先进经验，先制定一些学术法律法规来保障研究生学术文化的发展，在制定过程中广泛吸取学者的建议，力争规范涉及学术文化活动的各个领域。同时，对每个领域的建设除提出原则性的意见外，应制定相应的具体操作程序，从而保证其落地性的实施。具体到高校层面，就是要积极落实好学术规范的具体要求，并探索适合研究生学术发展的具体学术规范，逐步完善细节，从而为高校研究生学术文化发展进程做好制度保障。

3. 创新研究生学术评价标准体系。良好学术文化建设的过程需要公平的评价标准，从而激发广大研究生自觉投身学术研究的自信心与创造力。而高校学术评价标准主要通过相关学术制度来体现的，其中最重要的两种是指向人的学术评价制度和指向学术成果的学术评审制度。比如，就对学术成果的评价来说，目前无论是国家层面的学校评级、高校排名等活动，还是高校自行组织的科研考核、成果评定等，大多高校都采取量化的指标，但量化的泛滥使用也带来了不小的弊端，评价的结果有时并不完全科学合理。为此，高校可以调整学术评价指标体系，将研究生学术作品的数量与质量结合起来对其学术成果进行评价。例如，在研究生奖学金制度中，学术论文的发表以及在何类刊物发表、发表的数量、参加课题的级别及项目的大小不能成为评判研究生学术能力的标准，学院可以切实核对研究生发表论文的质量、数量及真正参与课题项数及贡献，进而予以公正的评价。另外还可以对不同门类、专业及类型的研究生根据学科规律采用符合各自评价标准的指标，建立不同的考核标准。比如：学术型研究生采取以学术成果、参与课题及贡献等为主的学术评价体系，而对于专业型硕士，主要采用以参与实践、社会活动为主的评价标准。

第十章 辅导员在校园文化建设中的角色与职责

校园文化既不能独立存在，又具有无处不在的隐性特点，潜移默化的对师生产生着影响的，促进师生的成长与提高。作为大学文化的重要组成部分，校园文化深刻影响着一所学校的校风、教风与学风的形成，对学校的和谐发展起着重要的促进作用。在校园文化建设中，高校辅导员因为扮演着学生的教育、指导、管理与服务的特殊角色，承担着学生就业发展、思想政治教育、日常生活管理等重任，成为了学生思想政治教育的主力军，发挥着不可替代的重要作用。正确认识辅导员在高校校园文化建设中的角色与职责，不仅能够帮助辅导员更好的做好本职工作，履行工作职能，更是高校培育高水平校园文化建设队伍的战略要求。习近平总书记在全国高校思想政治工作会议上曾强调："教师是人类灵魂的工程师，承担着神圣使命。传道者自己首先要明道、信道。高校教师要坚持教育者先受教育，努力成为先进思想文化的传播者、党执政的坚定支持者，更好的担起学生健康成长指导者和引路人的责任。"[①]辅导员在高校校园文化建设中具有推动学生整体素质的提高，调动学生弘扬校园文化积极性的推动作用。因此，在校园文化建设中，明晰并梳理高校辅导员的角色和职责，重视他们在这一过程中的主要推动作用，对促进校园文化建设、加强立德树人、推进高等教育事业的发展具有重要意义。

---

① 习近平. 把思想政治工作贯穿教育教学全过程开创我国高等教育事业发展新局面 [N]. 人民日报，2016–12–09.

第一节 辅导员参与校园文化建设现状与问题分析

教育部《普通高等学校辅导员队伍建设规定》明确指出，辅导员是大学思想政治教育工作的骨干，是大学生的指导者、领路人和知心朋友，对保证高等教育事业持续健康发展发挥着不可或缺的重要作用。加强和改进高校大学生思想政治工作，努力培养和造就一支素质高、业务精、深受学生喜爱与认同的高校辅导员队伍，对新形势下人才培养，校园文化建设具有重要而深远意义。正确的认识辅导员参与校园文化建设的现状与问题，也能够更好的发挥辅导员的作用，完成校园文化建设。

一、辅导员参与校园文化建设现状

我国高校辅导员采用专职为主、专兼结合的方式配备。本、专科一线专职辅导员岗位总体按照不低于 1:200 的师生比例设置。就目前而言，高校的辅导员队伍建设正呈现出学历高、队伍构成年轻化、专业背景多元化等特点，因此，辅导员具备在校园文化建设的理论与实践方面发挥重要作用的素质与能力，也必将在这一过程中发挥重要作用。他们既研究校园文化建设的理论支持，更要参加校园文化建设的实践执行。理论来源于实践又指导着实践。

（一）辅导员参与校园文化建设理论研究的工作

科学的理论因其能够透过事物表象抓本质，明晰事物内在联系，把握事物之间的规律，故而能够更好地预见事物发展方向，对实践有着较强的指导作用。辅导员参与校园文化建设的基础工作，就是加强对于校园文化建设的相关理论研究，必须注意在理论研究过程中，一定要做到坚持以马克思主义为指导和坚持社会主义办学方向，全面贯彻落实党的教育方针及立德树人的根本任务，切实加强和改进高校思想政治教育，培养新形势下全面发展的社会主义合格建设者和可靠接班人，助力中华民族伟大复兴的中国梦的实现。

在辅导员参与校园文化建设的理论研究过程中，产生了一大批优秀人物，我们以全国高校辅导员年度人物陈小花为例，进行学习。

案例：

知行合一："研究型"辅导员路上的潜心求索

人物简介：

陈小花，女，畲族，中共党员，广东技术师范学院文学院辅导员，思想政治教育专业硕士，副教授。2003年7月至今留校任辅导员，并承担《大学生心理健康教育》《形势与政策》《大学生职业生涯规划》等课程教学。

主要事迹：

陈小花以"懂理论的实践者，会实践的理论者"自励，努力实现"能干实践型"向"专业研究型"的辅导员身份完美结合、定位转换，逐渐成长为高校辅导员队伍中职业化、专业化的标杆人物。在繁忙的工作授课之余，她积极开展学术研究，寻找辅导员工作理论与实践的契合点：高校辅导员身份的厘清与发展，大学生就业创业指导工作。

在十三年的辅导员生涯中，她一直用认真的态度对待工作，用科学的理论指导行动。她参加各类省级培训班11次，通过职业指导理论考试，获得了职业指导师职业资格，连续多年被评为学校"课堂质量优秀教师""双师型"教师。到目前为止，她在《思想教育研究》《教育探索》《学校党建与思想教育》《教育与职业》等各类刊物发表学术论文20余篇（核心7篇），主持团中央立项课题1项，省级重点资助课题2项（经费11万），厅局级课题2项，校级课题2项，参与各类科研课题10项，研究成果高达15万字。这些研究直接关系辅导员队伍建设，提升自身理论研究水平与管理才能，特别是在辅导员双重身份管理、就业创业指导能力等领域进行了一些开创性研究，部分成果还直接被有关部门采纳运用。值得一提的是，2013年12月，她还晋升为思想政治教育系副教授。

13年辅导员生涯，13年砥砺前行，陈小花付出了智慧与汗水，收获感动和幸福，成功实现"能干实践型""专业研究型""专家示范型"辅导员的完美结合和超越。通过对校园文化建设的理论研究探索，陈小花为校园文化建设做出了巨大理论贡献，体现了辅导员的实干钻研精神，实现了作为辅导员更高的价值。

（二）辅导员参与校园文化建设实践的工作

实践出真知，它也是认识的最终目的与落脚点。进行校园文化建设的理论研究，就是为了推动校园文化建设实践工作的开展，而校园文化建设实践工作的开展，更是为了将校园文化落到实处，切实的服务立德树人的根本要求。辅导员通过实践活动的开展，增强在校园文化建设中的实干精神，将理论研究投入到校园文化建设的实践中。校园文化建设中的实践，主要指辅导员精心组织设计的包括社团活动、科技学术活动、文体娱乐活动等一系列内容丰富、形式多样的校园文化活动的开展。在活动中，辅导员要真正将理论研究应用于实践，并注意在活动后积极听取学生的意见反馈，去验证总结理论研究的正确性。

案例：

辅导工程显匠心，做更专业的梦想教练者

人物简介：

陈启胜，男，汉族，中共党员，1987年生，讲师，在读博士生。2011年9月起担任辅导员，现任四川大学商学院2012级本科辅导员、党支部书记，四川大学创客空间和新媒体研究协会等社团指导教师。

主要事迹：

大学生成长辅导"三多"工程，是陈启胜匠心设计的持续辅导工程，贯穿大学生涯，包含"多层目标"成长计划体系、"多位一体"发展辅导体系、"多管齐下"分类指引体系。坚持以学生需求为导向，实施灵活的项目

化管理，让大学生成长辅导工程效果显著，深受学生欢迎。

"多层目标"指引成长。他注重以文化人，提出"愿景引导型"的集体文化建设模式，打造"精诚团结，友爱互助"的年级文化，激发同学将个人成长与学校、班级、寝室发展相结合，"多层目标"相互促进。线上线下，他深情地和同学们分享"大学期间，请珍惜身边人，他是和你共同成长、最能带动你进步的人"。他鼓励学生积极以项目形式申请和开展集体活动，"班级成人礼""奔跑吧，运营""寝室行业论坛"等一大批特色活动由同学们提出申请并成功举办。润物无声的价值引导和体验式参与的集体项目让他带的学生更加讲理想，有责任，守诚信，传友善，屡获优秀班级和百佳寝室等集体荣誉。

"多位一体"助力发展。"辅导员，大能量"，他协调调动名誉班主任、专业教师、杰出校友、企业家、优秀朋辈等多方资源，通过教授座谈、创新讲堂、校友论坛、企业实践、学长咨询等形式，"多位一体"促进全员育人。院内多位老师反馈，陈启胜带的学生上进心和主动性特别强，很多学生"追"着老师参与项目研究和实践，塑造了良好的校园文化创建氛围。

"多管齐下"激扬梦想。他提出特色的教练式辅导，用深度倾听和启发式教育唤醒学生心中的梦想和向上的动力，引导学生更加主动去面对和解决问题，受到学工专家和专业教练的肯定。"小寝面对面"教练式辅导是他率先开展的深度辅导精品项目，在校内外获得广泛推广。该项目中，学生以寝室4人为单位与辅导员面对面深入交流，既增进了寝室团结，也兼顾了个体辅导，项目历时12个月，覆盖了400多学生，净交流时间超过200小时。他精心设计交流记录卡，建立每个同学的成长档案，记录寝室和班级发展历程，积累了10多万字的辅导纪录，撰写了系列辅导案例。"谢谢您，帮我拾起遗落的梦想@陈启胜"，"启胜兄，真有你的，解了我的燃眉之急"，学生的反馈和信任激励着他持续学习和提升，期望成为更专业的大学生成长教练。

大学生成长辅导工程包含了"小寝面对面"等20多项系列辅导项目，有效地促进了大学期间的"全过程育人"，也显著提高了学生群体"自我教育，自我管理、自我服务"的能力。

一系列的活动项目，独具匠心的大学生成长辅导"三多"工程，体现着陈启胜对辅导员职能的独特诠释，包含着其对校园文化建设的独到体会，贯穿始终的是科学的理论指导、积极进取的实干精神以及对于一线工作的无限热情。校园文化建设工作正是通过这样一个个活动项目、一次次线下实践实现的。

（三）辅导员参与校园文化建设新媒体探索的工作

高校辅导员的工作环境是一个开放、交流的系统，在社会迅速发展，时间、空间界限越来越模糊的时代喜爱，科学技术尤其是网络技术的进步成为了人们跨时空交流的工具，扩大了人与人交往的空间，降低了交往成本，高校辅导员的工作环境在更大程度上表现其动态性的同时，也呈现出日益复杂多变的特征。如何更好的利用信息化时代的新技术进行校园文化建设，是辅导员应当着重思考的问题。目前，在校园文化建设过程中，有些辅导员通过微信、QQ等新媒体交流平台建立了微信群、QQ群，还开通了公众号、微博等平台，展示校园文化建设成果，宣传校园文化建设。全国高校辅导员年度人物王慕清，是辅导员们学习的榜样。

案例：

这一路花开沿途

人物简介：

王慕清，女，汉族，1988年3月生，中共党员，文学硕士，讲师。国家三级心理咨询师，创业模拟实训师，国家级体验式教育研究中心研究员，安徽省高等教育振兴计划"弘扬核心价值观名师工作室"成员，安徽省青年马克思主义者培养工程大学生骨干培训班主任。现任安徽大学经济学院专职辅导员、院团委副书记。

主要事迹：

王慕清把握时代的脉搏，通过多个平台推动校园文化建设。仅新浪微博她就拥有 1 万多粉丝，各新媒体平台累计浏览量达数百万人次。她的微信 QQ 工作组覆盖全校所有学生团体，自己时常还主动担任"群主"为学生搭建交流平台。

她认为，"互联网 +"的时代要想牢牢抓住青年学生的心，必须拥有开放式的学习心态，用青年喜闻乐见的方式传递真善美的正能量。去年她还参加了中央网信办组织的第六期骨干网评员培训班。回来后，她成立了"青年学思社"和"经院小鱼（舆）"社团，带领学生进行理论学习，每月开展活动，定期交流思想，培养学生独立思考的能力，正确面对网络传播中复杂的舆情；为了帮助支教学生筹集经费，她和学生在微信平台发起众筹，短短几天就筹集了两千余元的现金善款和物资。

2015 年，她还在网上策划了两个不小的活动。其一是建立"那女孩对我说"微信公众平台。平台面向青年大学生传播健康向上的婚恋观，每周三固定时间提供在线咨询，还在线下开展了"晒晒我家的年夜饭""寻找学霸情侣""倾听：预防艾滋病"等活动，受到《安徽青年报》等多家媒体关注报道。其二是组织"每天一小时"微信群活动。这个活动旨在带领学生每天用一小时专注做一个有益身心的项目，如阅读、运动、绘画、舞蹈等，每天上网在群里打卡，无法坚持的就由群主"踢"出去，活动还吸引了韩国延世大学讲师、阿富汗留学生等各界人士参与……在活动中"毕业"的同学，她给大家制作电子版"毕业照"、开毕业分享会并同时启动新一季的"每天一小时"。

2015 年 9 月，正在观看阅兵式的她在微博和微信上晒出了爷爷的抗战勋章。"今天的生活何止是血泪的代价，奋发图强不是使命，更是一种责任和信仰！"怀揣着家国情怀的她更愿意认为自己是一条有着"红色基因"的"网虫"。见微知著，她从日常生活中培养爱国精神，从而通过互联网感染学生，教育引导学生树立正确的价值观。

在这个网络时代，她紧跟时代的步伐，积极搭建网上平台，让学生在潜移默化中接受校园文化的熏陶，改变原有陈旧落后的管理育人方式，从大学生实际出发，以学生喜闻乐见的方式进行教育工作，切实增强工作的主导性和实效性。同时，她积极主动运用当代先进技术和科学方法，从网络和其他平台洞察、捕获各种信息，及时了解学生思想动态，掌握教育主动权，有效的扩大思想政治教育的覆盖面和渗透力，可谓是润物细无声，将新媒体技术与校园文化建设紧紧联系在一起。

上述几个案例都是辅导员在参与校园文化建设中不可或缺的作用的体现。辅导员对于校园文化的理论探索、实践工作以及新媒体探索工作的具体贡献是不可磨灭的，辅导员对于学生的建设性影响，也体现着辅导员队伍自身水平的提高。

二、辅导员参与校园文化建设的问题分析

辅导员参与校园文化建设的过程中，在理论研究、活动实践以及新媒体建设探索方面取得了一定的成绩，但是仍然存在一定的问题。

（一）主观认识不足，忽视校园文化建设

认识服务于实践，并且指导实践。辅导员只有全面、深刻地认识校园文化建设的内涵，才能够在自己的岗位上，为校园文化建设贡献自己的力量。但是，受文化认知结构、发展理念、政绩观等多方面的影响，在有些辅导员看来，自己的工作，就是避免学生出事，保证学生能够顺利平安的毕业。即使开展了一些校园文化活动，也只注重其所表现出的娱乐性和活跃性，而在活动组织设计环节即对活动开展目的及其本身蕴含的教育意义认识不清。与此同时，有些校园活动品味不高，注重普及而忽视提高，侧重满足需求而引导升华

不够，这些现象都归结于辅导员对校园文化建设缺乏清楚的认识。校园文化建设，是一个动态发展并不断创造的过程，它仅存在于校园内，并以满足师生日益增长的文化需要为目的。

（二）把校园文化建设局限在学生事务管理和思想政治教育上

文化是一种精神环境，重在熏陶、平衡和协调。在高校，日常思想政治教育、学生成长发展指导、校园安全稳定等辅导员日常工作既琐碎又繁杂，甚至有些辅导员还要承担一定的教学科研任务，这些都大量挤占了辅导员的精力，使其无法潜心于校园文化活动的指导与设计，不得不在实践中将校园文化建设局限于学生事务管理上，片面强调各项行政工作任务的安排与落实，把校园文化建设等同于各类活动的举办，当成了管理学生的抓手。在某高校针对全体学生进行的校园文化建设相关抽样调查显示，90%以上的受访学生认为校园文化能够起到激励思想和规范行为的作用，但是，其中约有42%的受访学生认为校园文化活动在一定程度上影响知识传授。

此外，校园文化建设的又一错误认识在于将其与大学生思想政治教育划等号，在育人观念上仍旧停留在"又专又红"层面，并未对历史积淀、学校办学方向和全体师生在文化中所起到的作用给予足够重视，没有将专业、师资和课程当成紧密联系的统一体。由于长期对校园文化建设认识的片面和僵化，未能充分发挥其应有的主导作用。

（三）校园文化建设中功利意识和娱乐化倾向突出

功利主义教育，轻视过程，是一种急功近利地追求教育短期结果的短视行为。在这种观念的影响下，学生更多的关注教育对自己获得物质利益的帮助，而忽视对自己性格养成，精神境界培养的帮助。同样，个别辅导员也受到功利主义的影响，或者受指标考核的压力，更多的希望校园文化活动能够有立竿见影的效果。在这种情况下，学生就难以通过辅导员的引导形成正确的价值观和行为准则。受此观念影响，辅导员就更多开展拔苗助长式的校园文化活动，过分的尝试文化分数的量化，片面的指导学生拿德育分，增加就业筹码，甚至衍生出了考试文化。除了功利意识外，还有一些辅导员将校园文化建设简单的理解成了扩大参与面和提升热度，一味的强调娱乐性，吸引学生参与其中，更有甚者，在活动的过程中强调奖品，而忽视学生参与活动本身的意义。上述功利化和娱乐化的倾向，都在很大程度上影响校园文化建设的成效，阻碍学生的成长成才。

（四）高校校园文化建设过程中缺少连贯性和整体规划

部分辅导员由于深陷日常管理工作压力中，未能正确理解大学校园文化建设对学生的引导作用，未能利用校园文化活动寓教于乐的贯彻学校的各类教育理念方针，未能把校园文化建设与学生思想政治教育有机融合，在日常工作中欠缺宏观性思考。甚至有个别辅导员，因为日常管理工作的繁重而对校园文化建设产生抵触情绪，不能自觉将高关联度的文化建设议题与高校发展的整体规划相融合，难以打破院系与年级的常见壁垒使教育合力不能形成，这些都严重的影响大学校园文化建设的教育成果。

第二节　辅导员在校园文化建设中的角色定位

辅导员是特殊的教师，兼具教育与管理的双重属性和教师与干部的双重身份。他们是大学生思想政治教育的主力军，更是高校学生教育与管理的组织者、实施者和指导者，在校园文化建设过程中，发挥着不可替代的推动作用。能否正确认识辅导员在高校文化建设中的角色定位，对于积极引导辅导员自觉提升校园文化建设的意识和本领以及更好地履职有着重要意义。

一、辅导员在校园文化建设中扮演着思想引领者的角色

在全国思想政治工作会议上，习近平总书记曾强调指出："要引导学生正确认识世界和中国的发展大形势，激励学生自觉把个人的理想追求融入国家和民族的事业中，勇做走在时代前列的奋进者、开拓者。"[1] 在高校，辅导员是学

---

[1]　习近平.把思想政治工作贯穿教育教学全过程开创我国高等教育事业发展新局面 [N]. 人民日报，2016–12–09.

生最亲密的朋友，在日常工作生活中与学生的交流接触最多。他们的一言一行对学生产生潜移默化的深刻影响。在建设和谐稳定校园、弘扬先进校园文化等方面，辅导员也一直发挥着先锋队和主力军的作用。辅导员自身的思想观念和行为作为，都会成为学生效仿的标杆，对学生的人生观、价值观形成甚至未来发展，都会起到直接过着间接的影响作用。因此，高校辅导员在新形势下全面认识和深刻把握校园文化建设内涵，积极投身于校园文化建设中来，是辅导员的重要职责与使命。同时，辅导员还需与时俱进，不断进取，以适应高水平校园文化建设对他们提出的能力要求。

当前时代，学生受到信息多元化的影响，校园文化建设面临着更加复杂的局面，高校辅导员应加强对学生的思想引领，将校园文化建设的精髓融入到对学生的教育、管理、指导、服务中去，通过言传身教，引导学生创建科学的、与时代要求相符合的，并且适合自身发展的校园文化。辅导员要重视校园文化建设活动的组织与设计，打好提前量，分步骤、有目的、按部就班的开展好活动，发挥思想引领的作用。让形式多样、内容丰富的各类校园文化建设活动化成润物无声的春雨，滋养着当代大学生的思想道德素养和综合能力的提高，进一步增强校园文化建设的力量。

二、辅导员在校园文化建设中扮演着平台搭建者的角色

校园文化既是社会主义精神文明在学校的体现，又是一所学校所展现出的独特精神面貌。每一所学校因其蕴含的校园文化不同，所展现出的精神面貌也存在很大差异，它是这所学校教育理念与教育模式的外在体现。先进的校园文化对促进学生良好品质的养成，全面提升学生综合素质有着十分重要的作用。作为一种潜移默化的育人力量，无论学生是课堂学习还是课外活动，都在接受着它是无声而有力的熏陶与感染，而这也是单纯的课堂教育所无法比拟的。

伴随着科技发展的日新月异，各种信息交流平台在生活中不断更新换代，营造良好的校园文化氛围，搭建校园文化建设平台，在辅导员工作中，显得尤为重要。辅导员要结合自身的专业特长，为学生搭建学科专业平台、社会实践平台、校园文化平台和新媒体宣传平台。通过搭建"学科专业平台"，提升学

生的专业素养和创新能力；通过搭建"社会实践平台"，为理论研究应用创造载体，指导并带领学生开展社会实践和志愿服务活动；通过搭建"校园文化平台"，让学生开展各类文体活动，提升学生的文化素质；通过搭建"新媒体学习宣传平台"，创新学习宣传的手段，采用青年学子喜闻乐见的方式，更好地传播和谐正能量。高校校园文化建设平台，需要持续不断的开展，才能够使校园文化永葆生机活力。

三、辅导员在校园文化建设中扮演着理论探索者的角色

校园文化是大学的精华和灵魂，是大学建设发展的根基，伴随着大学发展而发展，不断地与时俱进。校园文化影响着大学校风、教风、学风的形成与发展，更是促进学校全面协调和可持续发展的重要保证，也是大学建设的重要组成部分。用先进的理论引导校园文化建设，既是文化建设的要求，也是研究和解决高校校园文化建设中现实问题的途径。辅导员在日常工作中，除了事务性的工作外，更是肩负着建设和丰富校园文化，增强学校文化软实力的重任，因此，推动校园文化建设不断产生理论成果，也成为了辅导员的重要任务。

从学生层面看，在社会发展新时期，随着经济全球化趋势的深入发展，文化的碰撞、交流逐渐增多，再加上信息技术的迅速发展，使得办学体系不断开放，各类思想、文化、观念更加多样化，学生的成长和学习环境更加复杂。为了让学生更好的成长，就需要辅导员从更宽、更高的视角开展教育和指导工作。辅导员应该在高校校园的主阵地上，充分研究校园文化建设理论，积极探索，力争在校园文化建设中有更大的进步创新。

辅导员是校园文化建设中的重要力量之一。高校校园文化建设是辅导员思想政治教育工作实施服务支持、进行教育引领、教育管理的重要工具。辅导员在日常工作过程中，应协调各方力量，根据学生成长发展规律开展思想政治教育。辅导员必须有较为突出的理论优势和实践积累，以适应高标准的素质文化要求和相应工作内容。同时，辅导员要拥有较强的学术素养和研究思维，并能够在实践工作中总结经验，在优秀的学生工作案例和精品项目中，积累校园文化建设的理论依据。辅导员在高校校园文化建设中进行理论探索，既是对高校

校园文化建设的战略性要求，又是对高校校园文化体系建设的创新体现。

因此，在校园文化建设过程中，辅导员要在深入研究相关理论的基础上，认真领悟建设内涵，把握建设目标，全心全意为大学生的需要服务，努力推动大学生成长成才。在当前的历史条件下，辅导员应该充分认识到自身所担负的校园文化建设引领重任，立足于自身工作岗位开展理论探索，不断增强自我理论水平和加强自我知识完善。高校辅导员应自觉加强理论探索，以科学的理论不断推进工作实践创新，再通过创新的理论成果促进具体工作的开展，用优秀的校园文化引领学生自觉成为有理想、有追求、有担当、有作为、有修养的当代青年。

四、辅导员在校园文化建设中扮演着贯彻实施者的角色

高校校园文化是内化的高校精神文明，其建设的根本目标是培养学生成长成才。高校校园文化建设是以课外文化活动为主要载体，对高校学生进行熏陶、渗透的一种群体文化。作为校园文化建设的推动者、规划者和指导者，辅导员要以指导学生将理论应用于实践，在实践中总结经验，使学生在校园文化活动中成长、成熟为出发点，深刻把握校园文化建设的思想主题，为学生做好服务和支持工作，并积极引导学生参与到各类校园文化建设活动中来。与此同时，不断完善校园设施，努力为师生提供便于开展校园文化活动的阵地，让活动本身所蕴含的深刻教育内涵能够在学生学有其所、乐有其所的活动体验中得到升华。因此，辅导员在组织策划校园文化活动的同时，也要自觉把教育和监督学生维护校园环境，自觉优化校园环境，摆在校园文化建设工作的突出位置不断加以完善。

五、辅导员在校园文化建设中扮演着传承创新者的角色

在高校校园文化积淀和形成发展的过程中，辅导员一直是传承民族精神，弘扬时代精神的先行者，也是校园文化建设中冲在最前线的战士。辅导员作为校园文化建设的主要贯彻者和落实者，必须要把握好校园文化建设的思想内涵，积极地鼓励学生参与各项校园文化建设活动，推动校园文化建设手段

和方法的创新，为学生做好服务支持和教育管理工作，指导学生将理论应用于实践。要真正做好校园文化建设的传承创新，辅导员要从以下三方面入手：首先，要从实际出发，实事求是，了解学校的历史，办学传统和优势等，发扬学校的优良传统，尊重历史，接受历史赠与的同时不断创新，形成有自身特色的文化体系；其次，辅导员要结合当代时代精神，将科学的、崭新的、有时代感的精神融入到校园文化建设中，要把教书育人、服务育人、管理育人工作与学生自我教育、自我管理、自我服务工作结合起来；最后，挖掘学校特色，继承和弘扬学校特色，深刻领悟校训、校歌等传递学校校园文化的载体。校训、校歌等文化载体就是无声的命令，是行动的力量，具有强烈的时代感和现实教育的作用。在一些著名学府中，其独特的校园精神往往是通过校训来提炼展现的，借助校训的口口相传，传递积极向上，团结互助的良好校风，同时，深化学校办学精神，培育高校校园特色文化。

第三节 辅导员在校园文化建设中的职责担当

马克思强调："权利和义务不可以分离，没有无义务的权利，也没有无权利的义务。"[①] 同样如此，角色和职责也是不可分离的，有什么样的角色，就有什么样的职责，并且，所在的角色定位决定着相应的职责担当，而发挥职责的过程，也是实现自身价值，体现自身角色的过程。在校园文化建设中，高校全体教师都有着自己的角色定位，辅导员更是有极为特殊的角色。高校辅导员面临的光荣而艰巨的任务，就是如何履行好角色对应的职责，营造积极向上的校园文化氛围。辅导员在履行职责的过程中，在校园文化建设中，要积极发挥，勇于担当，不断增强自身素质，应对复杂多变的新形势，探索解决问题的新途径，抓好本职工作，发挥自身角色在校园文化建设中应起到的重要作用。这个过程，也是校园文化建设不断进步发展的过程。因此，我们要明晰辅导员在校

---

① 马克思恩格斯选集（第1卷）[M]. 北京：人民出版社，1972:18.

园文化建设中的职责担当，将校园文化建设责任化，让辅导员发挥其应有之义，打造良好的校园文化氛围。

一、总结经验，研究理论，提高校园文化建设科学化水平

高校校园文化建设是一项系统性的复杂工作，有其自身的发展规律，而当前学术界对高校校园文化建设的理论研究不够，大多数研究成果往往局限在如何解决校园文化建设中出现的各类问题上。因此，提高科学化水平，更加全面、完整、系统的研究校园文化建设等相关问题，是目前研究高校校园文化建设理论的重要方向。高校校园文化建设不单单要研究国内高校的校园文化成果，更要研究国外高校的校园文化建设成果，特别是国内国际知名大学的校园文化建设成果，要学习借鉴先进经验，强化自身理论研究，争取更深层次的研究。

二、开拓创新，搭建平台，努力将校园文化打造成"文化精品"

伴随社会发展，信息日益多元，各类媒体平台越来越多的出现在生活中，利用现代媒体搭建校园文化建设平台，完善校园文化构建体系，校园文化建设已经呈现机遇与挑战并存的现状。大体而言，校园文化建设平台，可以分为线上和线下两类：线上辅导员可以依托 QQ 群、微信群、微博等交流平台，开展学习交流，随时关注学生的思想活动动态，根据需要，有针对性的进行沟通。除此之外，辅导员还可以精选资源，建立网上课堂，让学生根据自己的时间和兴趣，选择更加适合自己的学习内容；线下则可以鼓励学生积极参与辅导员精心设计和组织的各类校园活动中。这些校园活动，要内容丰富，有吸引力，适应当代大学生思想特征，并且在活动策划上，要真正做到寓教于乐，将德育、智育、体育、美育渗透其中。除此之外，辅导员可以开展社团活动或者社会实践活动。通过鼓励学生主动参与实践活动，去检验理论学习，这样不仅能够锻炼学生的综合能力，还能够通过走进社会，将主流价值观传播给更多的人。

特别要强调的是，大学的校园文化活动不能只盲目注重娱乐性，要优化活动的整体设计，强化组织策划能力，在充分考虑实际情况，结合学生特点的基础上，融合地域特点、历史传统、人文风情、专业特色等，策划组织出经典的

文化精品活动，让广大师生在活动中受到启发，激发热情，得到提升。目前，许多高校已经开始重视校园文化精品活动项目的重要性，并且积极的打造推出自己的活动。例如，每年泰晤士河上，都会进行剑桥大学和牛津大学的划艇比赛，后来，这项活动在中国被本土化，创新出清华大学、北京大学、复旦大学等九所国内顶尖大学共同参加的高校联盟龙舟竞技比赛；武汉大学每年举办樱花节，吸引众多的游客，这一文化项目提升了武汉大学的知名度，同时也让游客更加了解武大的历史；北京大学专门设立中国传统文化发展与培训班，通过学校影响力扩大国学、古文化教育范围，通过对传统国学的研究，打造精品"中国儒商论坛"项目。各高校在参考全国优秀精品文化活动的同时，也应该积极探索，寻找适合本校学生的校园文化精品活动。

在搭建各类建设平台，打造学生精品活动的同时，还要注意加强对学生组织、学生会以及学生社团的指导，最大限度的扩大学生组织在校园文化活动中的影响力，引导广大青年学生自觉地参与到校园文化建设的过程中，促进校园文化建设。

三、与时俱进，坚定信念，引导学生全面发展

当今高等教育的重要任务就是培养适应社会主义建设需要的人才，培养德才兼备，全面发展的青年学生。这些学生，是民族的希望，也是祖国和人民的未来与希望。

辅导员是大学生的人生导师和知心朋友，在学生学习方面，他用自己的知识去教育辅导，同时，他又用自己的经验和人生感悟，去教导学生如何做事做人。在与学生沟通交流上，辅导员能够更多的时间更好的了解学生们的所思所感，更加有效的指导青年学生，帮助他们正确的面对困难、挫折和荣誉。教育要以育人为本，成为什么样的人，是教育最重要的内容。有教育家指出，教育的本质意味着：一棵树摇动另一棵树，一朵云推动另一朵云，一个灵魂唤醒另一个灵魂。在校园文化建设过程中，辅导员就是距离学生最近的一棵树、一朵云、一个灵魂，对学生的影响是潜移默化的，其教育工作更应该是润物细无声的。在校园文化建设过程中，要充分发挥辅导员的引领作用，将以往死板

僵化的道理，通过丰富多彩的文化活动，转变成学生自觉力行的行为方式，将文化的基因深深地烙印在学生的心里。

在大学生成长成才的过程中，辅导员作为高校教师队伍与管理队伍的组成部分，发挥着重要作用。在日常生活中，辅导员应将正确的人生观、世界观渗透在自身的行为中，并通过校园文化建设活动传递给学生。通过辅导员自身的言传身教，与学生打成一片、融为一体、从学生的衣食住行等多方面渗透文化基因，如寝室文化、食堂文化、课堂文化等，从家文化、集体意识、团队精神等方面进行培养，加强对学生文明生活方式的教育，使其树立文明生活的观念，积极引导学生健康发展，多方面塑造学生，改变大学生"只有知识，没有文化"的现状。在学生的培养过程中，要改变培养光靠书本的现状，要更多的增加书本以外的因素，要通过活动来提高学生素质，增强本领，学习优良传统，自觉抵御市场经济中消极颓废带给校园文化的负面影响。

辅导员始终承担着传承民族精神，弘扬时代精神的重要使命，这就要求辅导员必须不断进取，与时俱进，不仅通过理论引导，又通过言传身教，将理论的精髓融入自身的工作中，用先进的思想激励学生、引导学生，充分发挥其在校园文化建设中的引领示范作用，使得校园文化建设真正能够在理论指导的基础下，又能够有实践抓手，从而有效开展学生教育，为学生发展提供良好的校园文化氛围，引导学生全面发展。

四、注重实践，认真落实，在校园文化建设中提升自我

辅导员工作，是帮助学生在面对客观事物的时候，能够调整正确的态度，提升自我教育、自我管理、自我服务的能力。辅导员在校园文化建设的过程中，成就学生的同时，也是成就自我，实现自身成长发展的过程。通过研究校园文化建设，提升自己的研究能力和文化素养，通过加强学生管理，实现自身管理水平的提高。

高校辅导员是高校管理干部的主要来源，在当前双一流大学的建设背景下，一所学校的管理服务水平，很大程度上要依靠辅导员来体现。所以，要推进提升校园文化建设水平，就要在校园文化建设过程中，强化辅导员的培育作

用，提高辅导员的认识，端正辅导员的思想观念，促进辅导员感受理解校园文化的内涵。通过参与校园文化建设，进一步的提升辅导员的综合素质，包括思想政治建设、业务能力建设、作风和廉政建设等，从而成为真正合格的"大学人"。著名教育家梅贻琦先生说："学校犹水也，师生犹鱼也，其行动犹游泳也。大鱼前导，小鱼尾随，是从游也。"① 辅导员不仅教导学生，更应率先垂范，通过自身建设，使学生耳濡目染，其品德、情操得到熏陶，化于无形，得之不失，从而提升校园文化的影响力与号召力，使校园文化建设薪火相传。

打铁还需自身硬。辅导员要切实把握校园文化建设的深刻内涵，严格遵循校园文化建设规律，认真贯彻落实相关要求，自觉用行动做好工作，努力成为以"马克思主义为指导，具有扎实的理论功底，勇于开拓，善于创新"的高素质高水平的专业化队伍，切实推进校园文化建设不断向前发展。

---

① 梅贻琦. 梅贻琦谈教育 [M]. 沈阳：辽宁人民出版社，2015：52.

第十一章　对国外校园文化建设的借鉴与超越

　　如前面各章所述，大学校园文化，作为一所大学的全体师生员工，在长期教育教学过程中逐步形成、积淀凝结并共同遵守的最高目标、价值标准、基本理念、行为规范、管理方式的总和，作为一所大学人才培养的主要环境要素、科学研究的核心导向要素、社会服务的突出显示要素、文化传承的基础依托要素和国际交往的重要展示要素，是体现一所大学独有生存方式和发展方式的无形资产。宏观上它是国家文化的形象名片和学校自身角色的社会代码，微观上它是师生在日常生活中感同身受、润物无声的环境氛围和在这种环境熏陶下师生融于内在心理、显于外在行为的集体意识。崇尚严谨求实的文化性，追求终极关怀的教育性，探索未来的时代性，反思批判、通古喻今的传承性，历来是大学校园主流文化的四大特征，也是它和其他组织文化最显著的区别。

　　看一个国家的发展水平无疑要看它的大学，而看一个大学的发展水平首先要看它的文化。尽管中外大学在各自的办学初心、社会环境、政治理想、价值体系、文化背景，以及由此形成并呈现的校园文化传统上，可谓"千江有水千江月"，但也正是因为这种"横看成岭侧成峰"的差异性，才为我们正在进行的中国特色社会主义大学校园文化建设，更为中国特色社会主义一流大学的建设，提供了一个值得借鉴和足以省察的视野。一定意义上，超越的高度取决于视野的广度。

　　本章主要通过选取若干发达国家著名大学在其校园文化建设上的典型案例，以组织行为学基本理论中"组织文化理论"为基础，为中国大学的校园文化建设，提供两个可以探究的思考维度。

第一节　国外大学精神文化的价值导向建构

　　组织文化理论认为，组织文化从结构上，被看作是由精神层、制度层和器物层组成的同心圆。其中，由组织成员共同遵守的基本理念、价值标准、职业道德和精神风貌组成的精神层，是组织文化的核心，是形成制度层和器物层的基础与原则。

　　高远、深邃的大学精神文化，是大学在自身历史发展和长期实践中积淀、选择、凝练和升华而成、并为全校师生和社会舆论所认同的大学文化的内核。它包括大学的目标愿景、办学理念、传统风气和价值取向等。如果把世界一流大学基于其深厚的历史积淀和文化底蕴所生发的校园文化，比做一棵大树，那么涵养其郁郁葱葱的，则是像空气一样无所不在的精神文化。它往往看不见摸不着，但日积月累渐渐汇聚起的这股精神力量，会默默流淌在教师与学生的血脉中，内化为一种风骨，形成各校迥然不同的学术风格，让来自全球各地最优秀的精英趋之若鹜。校园校舍的设计，教师教学的规范，学生的彻夜苦读，都是这种精神文化的直接反映。

　　虽然不同的大学在各自精神文化的表述上有所不同，但追求真理、崇尚道德、信仰科学、严谨求实、推崇理想追求与人生抱负等趋同性内涵，都凸现出大学文化——这种特有的组织文化在理念价值与精神使命层面博大而精深的共有特征。它引领了社会的时代风尚，孕育着学子的价值胚芽，涵养了人们的精神家园。也正是因为它的魅力，千百年来任时光流逝，沧海桑田，世间的万物被荏苒的光阴改变了多少面貌，又有多少曾经璀璨的流星坠入银河。而唯有我们的大学，矢志不渝地作为真知得以世代相传的智慧之地，作为时代人文精神的一面旗帜，作为大学生"精神成人"的摇篮，始终成为博学之士痴情不改的心灵殿堂，更成为每一代学子发现自我、找寻自身使命的圣地。历代的校园学子们就是在这样的精神家园中耕耘、收获，以同样的渴望与执着，传诵着文明的诗篇，并在社会历史长河的每一个转弯处，留下一座座属于大学学子的青春界碑。

纵观国外大学精神文化的价值导向建构，可圈点之处大致有这样几个方面：

一、目标愿景："与真理为友"

西方有爱智慧的传统。西方高等教育思想对于真理的追求，孕育于悠久的西方文化土壤之中。作为西方文明的发源地，也是西方现代文明的直接源头，古希腊和罗马时期诞生了一系列伟大的思想家，他们将智慧作为美德的核心词，将求知作为人类的本性。认为美德即知识。追求真理就是追求知识。求学的过程就是"求真"的过程，就是要探索，追求和掌握知识，成为一个德才兼备的人。这种对知识和真理的尊重，在近代发展成为一种对于人、社会和自然的本质及其客观规律孜孜不倦的探索，凸显出对于"真"的价值维度的追求。这也逐步演变成为国外现代大学教育中精神文化的核心。

国外很多大学都把追求真理，作为学校思想之基，并把这种目标愿景，提炼和凝结在各自学校的校训上。比如，哈佛大学的校徽上铭刻的拉丁语"Veritas"，语义即：真理。因此，"与柏拉图为友，与亚里士多德为友，更要与真理为友"成为享誉世界的著名佳句。此外，还有英国剑桥大学的校训"从大学里，我们可以得到知识"；美国加州大学伯克利分校的校训"愿知识之光普照大地"；美国耶鲁大学的校训"追求光明和真理"等。这些高校的校训虽然确立的年代不同，但是，都强调对真理孜孜不倦的追求，主张真理面前人人平等，折射出严谨科学的理性光芒。

大学是创新的重要源头，而学术思想自由地驰骋，则是创新的先决条件。从古希腊时期开始，西方就有追求学术自由的传统，而近代，如19世纪的洪堡思想，则深刻影响着西方国家的办学理念。洪堡认为："从事学术是在进行一种精神活动，而精神活动需要'必然的自由'和'不受干扰'才能进行。只有保证学术自由，才能充分发挥教师和学生的个性，才能最大限度地发挥他们的积极性和创造性。"① 这使得崇尚自由也成为很多国外著名高等教育学者们的座右铭。

美国斯坦福大学的第一任校长乔丹（David Starr Jordan）就提出"自由之风吹拂"，并将其作为斯坦福大学的校训。他强调创办世界一流高校的秘诀，就是始终把学术自由作为高校校园不可或缺的灵魂。在高校教学、科研的各个环节，尤其在学术争论中，人们总能非常强烈地感受到这种求真的价值取向。

例如，西方学者非常注重逻辑论证。19世纪著名的逻辑实证主义学派就曾经提出两条实证原则，认为除了可以通过经验体会到的现象与逻辑工具之外，再没有其他可信的知识。对于学术上的某种新的观点或者论证，国外学者总是会反复求证。有些学者直接将自己研究的课题或者有待出版的书稿作为 lecture 或者 Seminar 的讨论内容，接受学生以及其他学者各种"脑洞大开"的批判和设想，对于一些经典理想实验的争论更是五花八门。在课堂、咖啡间、休息室、楼道里、草地上，随处都可以看到这些"爱智慧"的身影。对真理孜孜不倦的追求已经成为生活中不可缺少的部分，成为一种深入骨髓的传统与习性。

2008年时任芝加哥大学校长 Robert Zimmer 先生就曾阐述过这样的治学观点：我们在争论中前进。他认为，包括众多的该校诺贝尔奖获得者，都是在与其他人探讨与分享、在观点的相互争辩中获益的。包括该校著名校友的美国时任总统奥巴马，在组建执政内阁团队时，也依然沿袭了芝加哥大学的这一观点：去选择不同立场的人，通过相互讨论，达到相互了解，进而形成互补。正因此，学术自由成为芝加哥大学的两大特点之一。当问及这所曾有数十位诺贝尔奖获得者的一流大学，"学校如何给予那些依然在职的诺贝尔奖获得者以特殊的待遇"时，校方的回答简洁而又耐人寻味："他们只是希望能有一个离校区近一点的车位。"这两个毫无关联、看似平常的事情，却从一个并不平常的角度，折射出一所真正意义上的世界优秀大学，在其精神文化上生发的治学精神：平等的心理氛围和包容性极强的学术风范。

一位耶鲁大学的博士在回忆与自己导师的交往时感触很深，首先，在日

---

① 李其万，孙祖复.战后德国教育研究[M].南昌：江西教育出版社，1995:170.

常的学术交流中，导师不仅会就学生提出的问题做出细致的回答，而且会精确地指出邮件中的语法、拼写、标点方面的错误。其次，当两人的研究成果准备发表到某个学术刊物上时，匿名审稿人以及编辑都未对其中的证明提出任何异议，成果已经通过初期审稿准备发表。但在整理最终版本的时候，导师发现一个定理的证明过程，有一个不易察觉的缝隙，怎么都无法严谨地合拢。尽管这一缝隙并不影响到原定理的正确性。最后，导师还是很坚决地发邮件给学术杂志，称因为发现一个定理的证明不完整，决定撤回这篇已经通过评审的论文。这种对细节的一丝不苟，体现了西方学者在教学科研中，对学术真理一种近乎严苛的自我要求。多年以后，这位博士仍然能清晰记得自己导师对于治学的严谨，而这种言传身教熏陶下严于律己的学术精神，也将伴随他一生。

二、办学理念："和而不同"

办学理念，是一所大学精神文化的重要构成，也是其存在价值和发展特色的具体体现。围绕大学"是什么、为什么、怎么办"的办学理念形成过程，国外大学大致经历了三个阶段。最早提出大学理念的是英国学者纽曼，作为19世纪英国维多利亚时代著名的教育家、文学家，主要强调大学是一个教学场所，是一个培育人才的地方，一个保存文化传统的地方。在《大学的理想》中，他倡导以心智训练、性格培养和理智发展为目标，使学生成为集智慧、勇敢、宽容、修养为一身的绅士。用今天的话说，大学以人才培养为重点；19世纪的德国学者洪堡，根据时代的变化与要求，则提出了新的大学理念。他突出强调了大学的科学研究属性，强调大学要注重教育与科研的统一，认为科研与人才培养仍是大学最重要的功能。这也为今天的研究型大学，奠定了最初的思想基础；而后期随着美国教育事业的飞速发展和科技的不断进步，大学与社会的融合度越来越高。以美国威斯康星大学为代表，又提出了新的大学理念，认为大学还应当在原有教育与研究基础上，为社会提供服务。也因此，人才培养、科学研究和社会服务，就成为当代国外大学最基本的办学理念和以此构建的自身特色。

但特别需要注意的是，国外大学虽然依据自身的办学传统和服务对象，在这三个维度上各有所长，但并无像国内某些大学评价那样，简单地认为研究型大学才是高水平的。而是"和而不同"地"各美其美"。在美国，无论是像顺应时代变化，不断"追求真理"，改造"博雅教育"，以高质量的研究生教育和高水平的科学研究为国家服务的哈佛大学，还是以"理工与人文相通，博学与专精兼取，教学与实践并重"而闻名的麻省理工学院，从芝加哥大学这样历史悠久、资源雄厚，因为培养了80余位诺贝尔奖获得者而享有极高学术声誉的私立研究型大学，到北伊利诺州立大学那样以政府投入为主的公立教学型大学，包括像杜鲁门社区学院这种以面向本社区所有求学者群体为主旨的公立社区学院，每所学校都能清晰地以自己独特的办学使命和管理目标，去实现自己的办学理念，并形成对应于这一理念的办学优势，从而以差异化发展来赢得竞争与发展。三类不同的高校并不因彼此之间在学术声望、师资构成和人才培养层面的差异而厚此薄彼，而是彼此以自己的特色社会定位和相互之间的有机衔接，在整个高等教育人才培养、科学研究和社会服务方面，有效地承担与扮演着适合自己办学定位的角色。

这种"和而不同"，也让国外高校的课堂呈现出一道独特的风景。学生在课堂上能看到穿着球鞋，戴着头盔匆匆来教室上课的教授；也能看到没有讲义，拿起一只粉笔就侃侃而谈，徒手开立方的青年才俊；能看到西服革履，举着一盒甜甜圈来上课的儒雅教授；也能遇到穿着哈利波特式魔法袍的严肃学者。一如学生的选课，居然也可以自由地毫无章法。大多数国外高校，选课非常自由，除了必修课和基础课的选择之外，学校鼓励学生进行跨学科选课或者通识教育课程的学习。寄宿制也好，学院制也罢，对学生宿舍的安排总是尽可能让不同专业、不同知识背景的人住在一起，从而产生创新思想的碰撞和智慧的火花。学生的身份也非常多元化，有老师、策略咨询师、教授、该领域研究生，以及其他各行各业涉猎过的拥有十分有趣背景的学者和从业者。像在国内引起反响的《哈佛公开课》那样一种轻松互动的教学风格，绝非个案。

学校也总是最大程度地尊重并支持学生的选择。例如，美国耶鲁法学院第一学期的评分系统上，每个课在成绩单上只体现"通过"与"不通过"。这样的设计极大的减轻了一年级学生的学业压力——学生无需拼命的争取高的分数和排名，所以有更多的时间和精力去研究学习材料。第一个学期之后，所有的课程打分会分为"超额通过""通过""勉强通过"和"不通过"。学生没有GPA，学生之间也不进行排名。这样的评分系统着实鼓励了学生进行合作性学习，以及在感兴趣的学科领域更自由的探索。

三、传统风气：开放服务

凡是访问过美国大学校园的人，都会有一个鲜明的感受：大多数的美国大学都没有围墙。无论是久富盛名的斯坦福大学，还是加州大学洛杉矶分校，或是像哈佛大学、麻省理工学院这样的世界顶级高校，都使我们强烈地感受到学校对社会的开放和学校与社区的融合。这些世界名校，并没有豪华气派的校门，芝加哥大学的校名就简朴的挂在一座立交桥上；也没有太多的新型校舍，作为MIT标志性建筑的主楼中的实验室，也与国内的工程实验室无异。但整个高校就像一个开放的磁场，吸引着全世界学者与学生的眼光，也吸引着全世界对它发展的关注和青睐。

国外高校同时非常重视学生的社会实践以及如何服务社会、回馈社会，这种理念也继教学、科研之后成为高等教育所承担的第三项职能。很多知名高校强调，大学是为社会培养人才的场所，在社会发展中发挥着越来越重要的作用，培养的人才必须具有强烈的服务社会意识和造福人类的责任感。大学既要培养各类人才并进行技术转化，直接促进社会生产力的发展；又要帮助政府解决许多社会问题，担负起社会服务站的角色。美国普林斯顿大学的校训就是："为国家服务，为世界服务。"体现出一种强烈的社会责任感和爱国热情。

这种服务社会的办学理念不仅概念性的反映在校训上，还突出反映在各个大学对社会需求、政府导向和校友成长三个方面的积极契合与主动呼应上。提到以高校为依托的科技园，高校与社会、产业界的密切合作，当然就不能不提美国斯坦福大学所在的硅谷了。与其说是斯坦福坐落于硅谷，倒不如说是硅谷始于斯坦福，这其中的历史渊源还涉及斯坦福历史上一位开明的校长。20世纪40年代，美国联邦政府决定加大政府对教育的投资。当时斯坦福大学偏西部一隅。这位校长把属于斯坦福大学的一大片地区，用远远低于市价的价格租给或者卖给公司建厂、建办公室，交换条件就是这些公司在将来发展壮大之后招人时，要优先考虑斯坦福的学生。来租地办公司的大多是中小型公司。校方根据社会经济的发展需要，选择了化学、物理和电子工程学作为突破口，获得了政府的集中投资。而物理和电子工程，正是日后使斯坦福大学享誉世界的两大优势学科，并也因此使其成为今日获得"硅谷之父"美誉的核心基础。

几十年过去了，硅谷本身已经不属于斯坦福的地了，但是所有硅谷的公司招收学生时优先考虑斯坦福，却亘古不变。更由于最早落户于斯坦福周边的是中小公司，这里已经形成了世界上最浓厚的创业氛围。硅谷这些数不清的公司，为斯坦福的学生提供了源源不断的实习和工作机会。斯坦福大学的创始人斯坦福提出的"学以创业，学以进取"的办学理念，为后来的校长斯德林与特曼继承并发展。该校努力探索大学的生产功能，发展大学与企业合作的关系，成功创办了斯坦福大学研究园区，由此形成了世界上著名的高新技术的"硅谷"。同样，美国芝加哥大学有76%的研究经费来自联邦政府，芝加哥大学的许多教育和服务设施，也是向社区的公众免费开放的。

再如美国的佐治亚大学，有新闻传播学院，他们自己就办地方报纸和杂志，学生可以在课外时间申请到报社工作，去采访、编辑报纸和杂志，当学生大学毕业时，他们不是只了解采编理论的新手，而是经历了很多实战磨练的记者或编辑。而他们办的报纸因为主要内容都与大学城发生的事情有关，而成为受到当地居民广泛关注的报纸。

哈佛大学校长德鲁·福斯特在2015年毕业典礼上的演讲中谈到：我们的学生和教授已经通过服务周围的社区以及整个世界，身体力行地践行这个使命。从为哈佛所在 Allston 小镇的中小学生进行课外辅导，到去利比亚参与缓解埃博拉病毒危机的工作，哈佛改变着无数人的生活。哈佛校园的 Dexter 校门，寓意邀请学生们走进校门来增长智慧，离开大门去更好地服务你的国家和你的同胞。

美国大学的这种开放性，还集中表现在各个大学在国际化视野下对全国、乃至全世界人才的吸引上。在各所大学见到拥有不同肤色、来自不同国度的各国学生无需赘言，在其大学的高层管理者之间，也形成了一种开放和流动的体系。同时，各个大学的专任教师，也是向全国、乃至全世界公开招聘的。美国大学最重要的事情之一，就是在世界范围内找到最好的教授。据介绍，美国大学中自己学校直升的教授不足1/3，其余全部是靠校际人才流动和引进。芝加哥大学招聘教授的一个基本标准，就是其他知名学府的博士或博士后。他们认为：这样既可以避免学术上的"近亲效应"，也有助于年轻人在一个全新的环境中富于创新，进而保证大学学术上的生机与活力。

四、价值取向：崇尚人本

从另一个角度看，当一所大学身处开放性和国际化的发展环境中，面对着人才在开放的环境下自由流动的现实，今天美国大学的管理者同样对自己的学校能否有效地吸引和留住优秀人才，形成师生对于大学的归属感和向心力，也深怀忧虑。正如芝加哥大学校长所说，优秀的学生和优秀的教师是学校迅速发展的原因。为此，各校努力营造人本化的氛围与管理环境，用事业留人，用环境留人。芝加哥大学认为：优秀的研究团队、优秀的学生生源、良好的组织构架、优秀的学术资源、较好的福利与薪酬、对学者的尊重与倾听，是吸引人才的几个关键因素。

教师考核是一所大学重要的评价机制，但如何更具人本特征，各大学都在探讨。如美国北伊利诺州立大学，对教师的考核就包括教学水平、学术领域的作为与成果、服务学校及相关专业3个方面的标准，设计有8项教学指标、两项学术要求和5个公共服务维度。除此之外，本着"共享管理"的理念，该校每年进行教师的职业道德培训，每年评选优秀教师并给予学术休假等奖励。显而易见，这种综合而非单一的指标评价体系，会促进每位教师在自己职业生涯中的全面发展，并以这种发展来引领学生的发展。

因此，无论是美国的私立大学还是公立大学，在对教师的学术要求与岗位标准严格考核的同时，也在竭力为教师提供充分的人文关怀。如芝加哥大学除了以两个国家实验室的科研环境、藏书丰厚的图书馆的信息环境来吸引人才外，对教师的子女入学等实际需求，也给予了细致的关注。

对于学生来说，美国的大学除了提供校内便捷丰富的图书信息服务、安全健康的生活设施服务、基本覆盖的各类助学贷款保障服务，提供由研究型大学、教学型大学、社区学院、企业大学相互衔接，便于学生根据自身发展和经济状况自主选择的多种求学通道外，人本管理环境更多地是体现在学校与学生、教师与学生的相互关系上。

大学的管理者特别强调：学生进入校园，学业成功和学生生活是两个重要方面。学校是知识和创造知识的场所，学生是参与者，对话者。过去教授是站在智慧的顶端，站在讲台上教导学生，而面对网络的发展与信息的快速传播，管理者要转变思维，善于倾听，与学生一起学习，共同成长。一所学校人才培养的最终检验，不是教师教什么，而是要看学生毕业后能做什么。正如美国西北大学瑟尔精英教学中心创始人肯·贝恩（Ken Bain）在《如何成为卓越的大学教师》中所论述的："从根本上讲，大师级的老师不单单是优秀的演讲家和讨论的领导者，更应是特殊类型的学者和思想家，引领自己的学生钻研学问，享受智慧人生。"从美国大学校园中经常可见的师生交流，到方便学生娱乐和生活的学生公寓，这种以学生发展为本的价值取向，都在具体的成果中随处可见。

值得一提的是，尽管表面上，国外大学没有确定的对学生进行思想政治教育的课程或活动，但无论是社会公共场所随处可见的国旗，还是校内荣誉墙上弘扬的杰出校友，爱国主义教育和榜样引领作用都是在潜移默化的环境中，润物无声地进行的。

同样，由于和我们国内大学从政府可以得到多渠道的办学经费支持不同，澳大利亚大学学校财政的最主要来源是政府按在校生人数给予的拨款，因而，如何构筑一个良好的生源市场，就成了澳大利亚大学发展，乃至于生存的关键。"学生是办学的前提"的理念已深入到与每个教师的饭碗休戚相关的程度。因此，无论是对挖掘本国市场还是开拓海外市场，澳大利亚的大学较我们有着更强的危机感和更大的使命感。在向报考学生精心塑造和展示自身形象方面可以说是全面策划，环节精细。在西悉尼大学的校区，澳洲最古老的石材建筑与现代化的新图书馆交融成一种学校的文化和历史。它每年在6个校区中要轮流拿出3个做"Open Day"，并且开通了24小时由学生值守的免费招生咨询电话，意在用学生的角度拉近与同龄人的心理距离；校方还专门聘请了4名在新闻界有知名度的资深记者作为学校形象的专门报道者。而每年精心为应届海内外毕业生举行的毕业典礼，在庄重典雅中更能使每一个学生感受到学校对其成长和发展的关注和尊重。毕业典礼后师生共盏的午餐会，则使学生进一步加深和编织着对学校的情结。这些似乎平淡的小环境的叠加，都传递着学校对人的关爱。

此外，像澳大利亚卧龙岗大学也规定：教师每周必须给学生答疑2~3次，每次3小时。学生每个学期都要对任课教师做两次教学评价，而教学内容的前瞻性、新颖性最为学生关注。教师们也充分利用网络信息资源，在课堂只根据大纲讲授要点，并大量提供参考文献和网上资源线索，由学生课后自己去学习。学生的成绩也主要由平时的综合性大作业构成，考试成绩只占40%左右。许多试验都是由学生自己先进行独立设计，再由教师指导。而澳洲大学毕业生"就业就必须独挡一面"的就业要求，也促使学生在校必须全面培养自己的能力，注重全面的发展。

第二节　国外大学环境文化的教育导向建构

一、 物理环境的营建——设施与布局

（一）校园——一本翻开的校史

大学校园在哪里？去国外旅游的中国游客，每到一处总是喜欢拍照留影。可是当他们来到牛津、哈佛这样世界著名学府的校园时，却很难找到可以用于拍照的，写了大学名字的金字牌匾。中国游客也最喜欢问一个问题：哪里是牛津大学？哪里是哈佛大学？被问询的人总能被这样的问题难住，西方高校往往没有有形的校门，围墙，或者书写有大学名字的巍峨大门，校园与周围的社区，城镇融为一体。那么，那些追寻真理的灵魂栖居在何处呢？

以牛津大学为例，牛津大学就坐落在美丽的牛津小镇。这座小镇大学夹在泰晤士河与查韦尔河之间，市中心除了两三条商业街外，大学建筑几乎占尽全部。尽管牛津大学没有围墙和金字牌匾，但是散布在小镇各个角落的38个学院却各具风格。每个学院就像一座中世纪的古堡。在古堡某一个不显眼的地方

开着一扇木质大门，上面也不会书写学院的名字，进入大门之后，才会看到某某学院的标识，想要进入学院则需要通过 Porter 的许可。每个学院都会有一个 Porter，就是在某口负责类似门卫工作并收发信件的人，他们会穿着制服，带着帽子，每个学院的 Porter 基本可以熟知学院每个学生的面孔，以至于一旦有陌生脸孔的学生进入，他们就会仔细询问是何原因进入该学院，并为你指明道路，基本你有任何关于学院的问题都可以去问他。大部分学院需要凭借学生证才可以入内，游客需要单独购票并且在指定的时间入内，在指定区域游览，大部分居住区和办公区不对外开放。

牛津的传统学院大多建于13世纪，进入其内，时时能感觉到岁月沉淀赋予校园的优雅与高贵。人文精神体现在所有不显现的小雕饰或者小细节上。例如，古老图书馆或者校舍外墙上随处可见雕刻的人像、人脸。这些人或者是这个学院做出过特殊贡献的学者，或者是历史上该学院出现过的非常名人。学院内部的教室，走廊都会刻着曾经为这个学院捐赠过的人的名字。这些无声的细节，都在以各种各样的方式来书写和记录着每个学院的古老历史。

一般来说，在牛津，学院进门之后便是一个四合院，四周是走廊，中间是整洁无比的草坪，阳光透过四合院的天井洒在草坪上。往里是有颇具特色的餐厅和礼拜堂，再往里走是学院成员的休闲地。莫德琳学院甚至有一个偌大的鹿苑。每当阳光明媚的时刻，学院成员们从餐厅买了午餐后在草坪上或坐或卧，聊聊生活与学习，甚为惬意。正是有了这些花草树木，古迹雕塑，才在优雅的无形中孕育了那些高贵而执着的灵魂。

国外顶级学府尽管没有围墙或者显著的牌匾，但是那些随处可见的图书馆、小花园、实验室、雕塑群，则时刻提醒世人这所大学的悠久历史。

（二）校史——以先贤为标志

去过耶鲁大学的人都知道，其正门叫做菲尔普斯拱门。菲尔普斯门是梦开始的地方。新生从这里鱼贯而入，毕业生走出大门走向社会，接受现实的洗礼。

穿过拱门，可以看到一个人物雕像，他叫做内森·黑尔（Nathan Hale），是美国的民族英雄，也是耶鲁大学1773届的毕业生。内森·黑尔是乔治华盛顿将军的情报员，被英军逮捕处以极刑。临刑前，黑尔说出了那句传诵至今的话："我唯一的憾事，就是没有第二次生命献给我的祖国。"黑尔铜像右边的房子则是他在耶鲁大学就读时住过的寝室。康涅狄格大楼门前的内森－希尔铜像也格外醒目，他是耶鲁最早的毕业生，其留下的名言是："我后悔我仅有一条生命献给我的祖国。"

在耶鲁大学，哈利波特式的魔法餐厅里总是悬挂着本校或者学院该校著名历史人物，历届任职的校领导，名人学者，各方面的获奖人员以及优秀毕业生的资料介绍与照片。即便是在就餐，学生们也能时时感受到先哲们勉励的目光与殷切的期望，这种来自于生活中的激励逐渐成为学生追求卓越的动力。

（三）标志——以读者为本

如同大学是国家文化的标志，图书馆则是大学文化的标志。国外高校有着极其丰富的图书馆和博物馆资源。每一所高校建立有庞大的图书馆群，下属不同学院、系所、研究机构都有自己专业图书馆。以牛津大学为例，它的图书馆、博物馆和其他服务设施在全世界都是一流的。图书馆及其附设的专业图书馆藏书600多万册，收藏有英国和爱尔兰出版的每一种图书和杂志以及其他国家的出版物。哈佛大学校园中大大小小的图书馆也有100多个，各个馆之间有良好的联动机制，随时可以通过预约的方式，获得其他馆藏的图书。很多珍贵的藏本还建有电子书库，可供研究者随时查阅。牛津大学的Duke图书馆中还珍藏了13世纪的孤本古籍，用长长的锁链锁在书架上，不允许拍照外借，却可以随时供学校成员查阅。

以牛津大学博德利图书馆为例，其馆藏书籍以古典学、哲学、神学、文学（自然是英语文学）、史学等为主，这显示了它们是大学的灵魂所在。这些人文学的典籍陈列于相对独立而又相通的不同的阅览室里。不像国内高校图书馆阅览室塞满一排排书架，他们的阅览室除了四壁书柜（窗户除外）陈列常用书籍外，中间全部空出，以便提供更多的座位。大部分书桌中间都有与头齐平的隔板，左右亦有明确界限，前后左右足够宽裕，如此，读者就不容易相互干扰影响。不同的座位配有高中低三档椅子，可供读者依身高选座，不像我们的图书馆那样整齐划一。

阅览室常年温度适宜，不会过热或过冷；博德利的每个阅览室都有足够多的海绵制作的大小不一的斜面书托，供读者自选使用。想一想那种几斤重的大部头典籍，就知道这书托的妙用。所有的这些细节考虑和设计，无不体现了以人为本、方便读者的理念。在这样的图书馆，你会感到便利、舒适、自在和自由。阅览室每个座位都有标号，其上贴有如何使用图书馆的信息和规则。每个座位皆有电源插座，提供给自带电脑者使用。但是，每个阅览室或至少每层楼都会有用醒目的黄色字体，规定出一个禁用电脑（laptop free）区域，以免电脑打字发出的声音，影响了其他不用电脑的阅读者。无论抄书还是写作，在阅览室只能用铅笔，以免发生意外玷污了藏书。[①]

二、人文环境的浸润——校风与氛围

曾经在牛津大学就读，毕业之后再次担任导师的纽曼，曾强调"自由教育培养的不是基督徒和天主教徒，而是绅士。能够成为一名绅士是最好的，因为他能够拥有有教养的心智，精致高雅的品位，公正而冷静的头脑，高贵而彬彬有礼的举止，这些就是自由教育的大知识观固有的品质，他们应当成为大学的目的。"也正是从这里起步，国外大学通过人文环境的营造，将文化的无形力量刻入人心。

（一）自由多元的课程设置

每年，校内外学者教授面向本科生会开设大量讲座及专题谈论会。以牛津大学哲学系2015年10月份秋季学期为例，短短两个月时间，哲学系开设本科生课程15门，研究生课程13门，另外设有专题系列讲座4个，以及6个常规性的研讨班。内容涉及语言哲学，心灵哲学，形而上学，认识论，伦理学，元伦理学，政治哲学，应用伦理学，科技哲学，生物哲学，物理哲学，数理逻辑；主题几乎覆盖哲学的所有分支；时间段上从古希腊哲学，到18世纪哲学，直至后现代哲学无一遗漏。其中本科生以及研究生课程中，均有超过8门是伦理学主题的研究。涉及到的主要问题包括：从伦理学的角度对理性的重新思考；对善良生活的定量分析；应用伦理学的范围；认知的伦理偏向；实践理性在决

---

① 陈乔见，"牛津大学图书馆：一旦去过便终身难忘"，微信号"文汇教育"。

策中的作用；动物的权利；正义的不同方面等。学生可以随时打断，提出不同见解或批判，一方面学生能够很好的开拓知识面，激发求知的兴趣和创造力；另一方面培养学生独立思考和勇于批判的精神。

（二）挥之不去的古老传统

国外每个有历史沉淀的高校，总会有些独特传统流传至今。比如，牛津大学与剑桥大学的知名学院中，总有某些草坪只有 Fellow 们可以站在上面喝酒，正餐时 Fellow 们可以坐高桌，大家都坦然接受。连黄仁宇在《万历十五年》的序里也提到过。停自行车地方自然也是不同的，有学弟在 Fellow 后停车地方停了自己的车，被罚一镑钱。收钱的老师安慰他：你要这么想，你和 fellow 也就差一镑钱。特定场合对于着装的要求极端严格，在剑桥大学的录取通知书上，明确用黑体大字写着："在没达到要求前无论如何不可前往剑桥。"毕业的时候手册又黑体大字写着："倘若衣冠有一丝不符合要求将被拒之门外。"

牛津大学，有一个考试还必须在胸前别上康乃馨的有趣传统。在考试的过程中康乃馨的颜色是不同的。第一场考试别白的，最后一场考试别红的，其他中间的考试都是粉色的。牛津学生经常自己吐槽，其寓意就是让学生边考试，边呕血，考完最后一场鲜血已经染红了胸前的康乃馨！因此，处于考试季的同学上街很容易就能被辨认出考到第几场了。而这束康乃馨，自己还不能购买，必须别人送才算吉利。

而6月所有考试结束以后有一个礼拜，各种学院举办的通宵舞会叫做 May Ball。在电影 *The Theory of Everything* 中，霍金和 Jane 就有甜蜜的一起在 ball 玩耍然后坠入爱河的场景！

（三）"呆萌"的仪式感

"传统"和"仪式感"几乎成为在英国读书的童鞋们的关键词。牛津就读的学生都有自一套被称为 sub-fusc 的衣服：女生白衬衫、黑裙子、黑丝袜、黑鞋子，外面套一个 gown；男生白衬衫、黑裤子、领结、黑皮鞋再加一个 gown。这个 gown 就是在电影《哈利波特》中看到的魔法师一样炫酷的黑袍子！这身魔法大袍子是很多重要场合都要穿的，开学典礼，毕业典礼，formal dinner，学院舞会，期末考试。牛津也很注重学生的感受，牛津校学生会就曾发起过投票，要不要继续考试穿 sub-fusc 这一个传统，结果是"赞同"，虽然很麻烦，但是牛津这样的传统带来的仪式感，大多数学生还是很珍惜的。

在诸如牛津，剑桥等牛校的开学典礼、毕业典礼以及 formal dinner 上，总会一开始念一段古老的拉丁文。大多数学生并不明白其含义，但是仪式期间一张张严肃脸烘托出一种神圣的氛围。

（四）学院制与导师制

在英国高校，牛津和剑桥两所大学有着非常特殊的学院制和导师制。这里的学院并不是按照学科来划分的，每个学院都可以开设任何学科和专业，每个学院都是一个独立的法人，拥有自己的教师，职员，校舍，基金，各种学习和生活娱乐设施。使得牛津像一个城邦，大学和学院分工协作，共同培养人才。

学院的职责是：选拔自己的本科生，为学生一切饮食起居，宗教服务，负责学生的导师制教学和福利。任何人进入学校读书，在填报志愿的时候，不仅要选择自己的专业，还需要选择自己所属的学院。学院的规模不大，首先，报考的学生，必须在某一个学院注册，成为学院的一员，同时又属于大学。除此之外，学院会想方设法通过所有硬件和软件给你构筑一个家的感觉。例如牛津大学的 St Hughs 学院设置有"爸爸妈妈制度"，进来的新生学院都会在高年级的学生中给学生找个"爸爸妈妈"，共同组成新的"家庭"，然后爸爸妈妈就有义务帮助你熟悉学院的各种设施，制度，以及解决你生活中的各种困难，平时多多关心你，你有什么问题也都可以和他们聊。爸爸妈妈还有一个重要的任务就是考试要送花给你。

英国牛津大学，是通过与"学院制"配套的导师制对学生施加影响的。学生在牛津大学一个学院注册后，学院就会为他指定一位导师 (tutor)。导师一般都是学生所在学院的教师，是学生所选专业方面的学者，他负责指导学生的学业和品行。一个导师一般指导 6~12 个学生。如果本学院没有学生所选专业方面的教师，学院就请其他学院的教师担任导师。学生每周至少同导师见一次面，他可以单独和导师会谈，也可以和一两个同学一同前往，讨论先前布置的论文或问题的解决方案，目的在于评价学生提出的答案和理论，并在讨论的过程中提出新的观点。如果导师对学生提出的问题不能解答，他会安排学生去接受其他导师的指导。

上课时，导师和学生能够讨论特定的课题，为学生开下一周要看的书目，并检查上一周布置给学生的作业。这一作业，或许是一篇文章，或许是对某个问题的解决方法。导师会对学生提出自己的建议，或提出尖锐的批评。通过这种面对面的对此讨论，学生学到致学的基本方法，养成独立思考的良好习惯，把某些有价值的想法向前推进一步。导师们并不急功近利，不追求眼前所见到的效率，只要是有天分的学生，他的导师，对他的学习和研究发生兴趣，就会对他循循善诱，直到点燃学生心中的学习热情为止。

导师制成功的秘诀，在于它倡导学生与导师和同学间积极的思想交流，要求学生提出并论证自己的观点，并能够接受他人的建设性的批评和建议。通过这种教学方法，可以培养学生的独立思考能力，不仅有助于学生的学业，而且还有助于而培养学生的其他能力。

导师制使师生间建立了密切的互动关系，在师生间的互动中，导师通过文化的熏陶和耳濡目染，对学生的发展起着潜移默化的影响。美国教育家弗莱克斯纳曾用"陶冶"一词来形容牛津大学和剑桥大学的导师制教学，并认为在本科生和导师之间建立的个人关系，是世界上最有效的教育关系。通过导师制，牛津大学把大学的集体教学与导师的个别辅导结合起来，把学生的学业发展与个性发展、生活价值观教育等结合起来。

（五）多元化的学校制度

很多国外高校在各项制度的规定中，都最大程度地尊重学生的选择，允许学校在学习中途转系，去创业或者工作。麻省理工学院对于学校的博士生中途离校是非常宽松。如果学生还没有毕业就要去工作，只要去做自己喜欢的事情，没有任何人会反对。对于学生离校创业，老师们都很支持，随时欢迎学生回来取得学位。这种全力支持的态度背后却需要强大的经济实力作为后盾。因为招收一名博士生，学生所属的院系实际上需要花费数十万美元。换个角度想，学校越是尊重学生的个人选择，学生对于学校的感情也就越深。

麻省理工学院还有一项非常著名的"开门政策"（open door policy），它其实不是一项政策，而是一项惯例：教授在学校的时候一般把办公室的门开着，意思是欢迎学生随时打扰。这项管理说起来简单，其实对于教师，尤其是年轻的教师来说，是巨大的担负，也对学生是巨大的福利。有的系，相近领域的老师和博士的办公室是紧挨着的，所以学生和老师几乎处于持续交谈状态。有访学者曾经问一位年轻教师，是怎样规划和完成自己的研究。他说，他需要每天起床来学校前工作3小时，晚上回家后在工作4个小时。白天基本就交给学生了。这种时间上的付出是惊人的。这也让麻省理工学院成为与其他学校不同的地方。

著名的耶鲁大学，因为地处纽黑文，当地鱼龙混杂，治安不好。耶鲁为了保护学生，在入学第一晚，迎新会的内容就是告知：怎样注意安全，学校还为此特意制作了一个搞笑小电影，希望大家记住自我保护的内容。耶鲁校区有城市警察和校园警察双保险，路上每隔50米就有一枚红色报警按钮，如果察觉到任何危险都可以随时按，5分钟内会有警官来照看。夜里如果同学出去玩得太晚，也可以打电话叫耶鲁的免费班车把自己送回宿舍。

三、外部环境的塑造——沟通与服务

众所周知，鉴于美国特有的文化传统和社会习俗，与中国高等教育资金给付方式迥然有别的是，美国私立大学的资金来源，基本上来自于社会与校友的慈善捐助。如名列前茅的哈佛大学，每年募集社会资金达到250多亿美元，芝加哥大学每年也达到40多亿美元。因此，构建包括校友在内的良好的社会公共关系，也成为国外知名大学独特的校园文化内容。

2006年著名的CNN主持人、同时也是耶鲁校友的Anderson Cooper在毕业典礼上的讲话时曾调侃地说："今天我很勉强地站在这里，要多亏耶鲁校友会（Yale Alumni Association）的精确定位技术。因为你们还不知道他们到底有多可怕，让我给你们先打打预防针吧：你的余生都会在耶鲁校友会的关注下度过，就算走遍天涯海角，耶鲁校友会都会追捕到你。不论你走到哪里，不论你住在哪个国家，他们会写信给你压榨你挣的每一分钱。我很严肃地告诫大家，好好享受接下来的24小时吧，因为你们现在还是学生。周二早上他们就会记下你的数据，你的住址，然后开始跟踪你。如果本·拉登也是耶鲁校友，他们肯定

知道他到底在哪一个山洞里。"①

事实的确如此。如果你是一名耶鲁大学的毕业生，那么从你毕业的那一刻起，每过几个月都会收到来自耶鲁校友会的信和一封内容丰富制作精美的校友志。信的第一段，通常是对耶鲁最近一段时间的发展和变化的介绍，非常温暖而让人有怀旧感，而从第二段才是重点：希望各位校友慷慨解囊，为母校捐钱。封封如此！

校友会不会等到你已经功成名就了再开始来伸手向你要钱，因为有可能到了那个时候你对耶鲁的感情已经淡化。他们会从你一离开学校踏上工作岗位，就迫不及待地向你寄送这样的信件。一方面让你没有机会脱离耶鲁的影响，另外他们会很有计划性的让你从一开始就养成为母校捐钱的习惯：一开始工作，你的薪水并不高，但是给母校捐献你月薪的0.2%，即使只是10美元也是你对母校的支持，我们仍然感激你对母校做得贡献。就这样，校友们就逐渐陷入温柔的"陷阱"，养成给母校捐钱的习惯，而相当多的耶鲁校友都是各个领域里的杰出人物，很多人富甲一方，他们财产的0.2%也是一个很大的数目。耶鲁大学依靠这个成熟的校友捐赠体系和学校基金运作管理制度，保证了学校的良性发展。同时又为很多优秀的学生提供全额奖学金，这些依靠奖学金上学的毕业生们，在事业成功之时更会感激学校的培养，反哺学校，给与慷慨的大笔捐赠，这样的良性循环保证了耶鲁300年的发展中不断前进，长盛不衰，始终处于世界一流大学的行列。②

对此，国外各名校都将其视为自身发展不可或缺的组成部分。学校不仅设有对其决策和监管的董事会，还设有保证该资金可持续发展的校内专门机构。如芝加哥大学，就有350余人专职从事募集资金的工作。这一机构本着"5I"原则，通过学校形象识别（Identity）、发展信息告知（Inform）、募捐兴趣培养（Interest）、身心情感融入（Involve）、促进募捐投资（Invest）等开放性、人本化的系统设计，通过与社会和校友的密切沟通，不但持续地维系了办学的财政要求，也同步地较好实现了社会和校友的价值追求，形成了与学校的持续发展

① 超牛资源：无孔不入的耶鲁校友网 [A/OL]. 新浪教育，2009-07-23.https://www.sina.com.cn.
② 超牛资源：无孔不入的耶鲁校友网 [A/OL]. 新浪教育，2009-07-23.https://www.sina.com.cn.

相关联的特定公众群。其中一座商学院的教学楼，就是其校友利用"芝加哥学派"的经济理论盈利5亿美元后，捐出3亿美元来建造的。

第三节　国外校园文化建设的启示与借鉴

曾几何时，文化是精英、思想、品味、修养的同义语。但今天令我们不能忽视的是，在强调多元、否定等级、崇尚差异、倡导个性的当下大众流行文化推动下，文化，包括大学校园文化，也在相当程度上成了消费、娱乐、猎奇、"玩讽"，甚至是"恶搞"的替代品。基于快餐式、浏览式、随意性、跳跃性、碎片化、浅阅读的当代受众接收信息特点，文化在对现实生活零距离复制的现代表征中，更多地突出了人们当下的生存空间。大量的信息语义都是对日常生活体验与即时情感的直白描述与调侃，进而呈现给人们一种纷繁复杂、目不暇接的形象化世界。轻松流畅的八卦故事，充满想象的美色场景，千奇百态的市井生活，"卖萌"爆料的明星绯闻，都使文化凭借各类作品的视觉冲击力和感染力，为大众的娱乐追求和视觉需求，提供了满足各种各样文化欲望的快捷平台。而追随流行，既是所有人学生时代的青春本色，也是推动人们文化欲望转化为文化参与行为的社会心理动因。

尤其需要我们引起高度关注并无法回避的是，当我们的辅导员站在今天的方位上，去探究大学校园文化面向未来建设的时候，我们面前所面对的，已经是即将走出校门的"95"后和即将迎来的"00"后。这个被习近平总书记在全国高校思想政治会议讲话中，称之为正处于人生成长"灌浆期"的群体，也同样是每日被互联网的各种信息"灌浆"、与移动互联网相生相伴的最为亲近的"拇指一代"。他们对于校园文化的感受与接收，绝非昨日"同桌的你"和"睡在我上铺的兄弟"可以比拟。

大数据研究表明：分享、点赞、吐槽、涂鸦、卖萌、粉明星，是"95后"网络文化行为的约定俗成。二次元的音乐、动漫、游戏，是他们共同认同的文化符号。手机App被他们广泛地用于现实生活的各种场景。由此，无门槛、轻松随意、举手之劳的行为远多于高年龄段。可见，当今天的学生凭借多元化、平权化、迅捷化的文化传播载体，呈现分众化、同质化、个性化的文化受众特征，追求真实性、实用性、新颖性的文化接收内容的时候，当大学文化的主流价值导向所提供的道德榜样，不时遭遇流行文化娱乐取向所推崇的明星偶像即时挑战的时候，大学文化之"文"，如何通过符合学生群体时代接受特点和生活感受性特征的表达与传递方式得以彰显，就成为大学文化建设中一个关乎如何"以文化人"的针对性问题。

　　文化不仅是一个民族传统思想基因的当代再现，也是一个社会主流意识形态的精神价值传导。尽管基于文化传统背景的迥异、文化习俗特色的不同、文化内涵价值的差别，中外大学校园文化在"为谁培养人、培养什么样的人"上并不能简单等同，中国大学"四个服务"始终是我们不忘的初心；西方大学推崇的"个人本位"的价值观与我们社会主义核心价值观更不可同日而语，其大学文化中也带有脱胎于特定社会制度与意识形态下无法避免的基因缺欠，但这并不妨碍在"怎样培养人"的实施路径和有效方法上的比较借鉴。前述国外知名大学在校园精神文化建构与环境文化营造两个维度的大量案例，至少为我们的校园文化建构，提供了三个方面的积极启迪：

一、融于无形——价值理念主导的亲和性

　　校园文化可以是文本。但文化绝不仅仅是文本。它可以是挺拔于校园的一棵千年古树，也可以是饱经沧桑的一幢百年老屋；还可以是一段师生口传的佳话，一个回肠荡气的故事，一位堪称经典的人物……组织行为学认为，文化是可以通过多种途径传递的。

　　从前面的介绍中我们看到：无论是历久弥新的校训，还是传承经典的仪式，也不管是图书馆墙上的先贤，还是校友会发出的贺卡……国外大学在自身文化价值理念的有效主导上，不是首先从宏大叙事的概念出发，而是偏向用情境传递文化价值理念。

　　实际上，任何社会所倡导和传播的思想意识形态要素，都是特定文化环境的组成部分。"文"之所"化"的显著作用，就突出表现在，它通常以营造在

特定情境中观念的暗示、情绪的感染以及行为的模仿，以期对身处这种环境中的个体态度，直接或间接地产生影响。也可以说，受众对于校园思想文化及其所承载的意识形态接受的过程，即：从可能性向现实性的转换，从接收到认同的升华，从认知体系朝信仰体系的迈进，不仅取决于文化理念本身的价值性，更主要在于价值本身的亲和性。如果它能从一个学校所倡导的主流价值形态，变为一种正向的学生主流行为状态；从个别典型榜样有形形象的率先垂范，变为整个群体积极仿效、自觉遵循的无形氛围；从校园学生外在认知的道理，变成他们内在认同的情理，校园文化所承载的价值属性，才能最终牢固地转化为学生的价值理性。正因此，习近平在全国高校思想政治工作会议讲话中才明确提出：增强思想政治工作针对性和亲和力，是提升思想政治工作实效性的关键。

为此，我们应潜心借鉴国外大学在文化价值理念主导上的浸润法，增强大学校园文化在主导过程中导向要素的体验化，以亲和性提升文化的感染性。我们要基于移动互联网思维中体验为先的基本特性，通过创设好的情境呈现和受众体验，将学校的愿景、校训、校风等抽象的价值导向，蕴于个体参与的身临其境当中，从而调动其身体感官的综合认知效用，使其自身于无压力的观念暗示与情绪感染中，形成认知和认同。

以往思想政治教育过程中主题社会实践的方法，各种丰富多彩的学生社团活动与平台，作为校园文化的一部分，自然是需要继续坚持并提升水平的情境之一。这次总书记的讲话中，也再次强调了形式多样、健康向上、格调高雅的校园文化活动以文化人、以文育人的作用。而无论是面对师生的主题教育活动，还是思想政治理论课的教育教学，精心地讲好"故事"，更是通过语言情境，重现感受情境最为易行、最可实现的日常教育方法，同样它也应是辅导员的基本内功。一方面，我们要精心选择"故事"内容与教育内容的吻合性，与教育对象的针对性，把陈情与说理结合起来，用成功的故事激发学生的使命感，用亲历的故事赢得彼此的信任感，用经典的故事传递主流的价值观，用"点赞"的故事弘扬正确的人生观。使人想听爱听，听有所思，听有所得；另一方面，也要特别注重把自己讲与让别人讲二者结合起来，充分激发学生自己"讲好故事"的参与感和成就感，使其在与大家的内容分享中强化情感，深化认知，转化行为，使学生在融于无形的各种场景与整体情境中，品读文化的赏心悦目。

二、衔接无痕——内容体系引导的针对性

古今中外，大学历来都是思想文化萌生与传播的发源地，更是社会思潮生发和浸润的栖息地。因为真正意义上的大学是没有围墙的，所以高校从来都是各种社会思潮风云际会的交锋前沿。纵观国内近年民粹主义和新权威主义同时存在、民族主义和极端主义相互交融、功利主义和消费主义彼此鼓动、历史虚无主义和新自由主义持续流行的社会思想舆情，不难发现：当前价值观的较量依然激烈；境内外的呼应更为鲜明；改革议题之下的舆情话语权角逐愈加复杂；网络因为群体分化和阶层区隔造成的认同危机进一步加深，在渐次分裂为多元价值的微社区；境外社交媒介溢出效应，对国内舆情的影响力日益增强……简言之，思想意识领域看不见硝烟的战争从未停歇，所有的挑战，无非都是试图在有意无形、潜移默化中"并购"中国青年的思想市场。

因此，今天高校校园文化的建构，已经在一定意义上成为国家总体安全观的组成部分。它不仅在课上，也在网上；不仅在案头，更在心头；不仅需"引"的得法，还在于"导"的有效；不仅关乎"为谁培养人"的教育目标，同样关乎"培养什么样的人"的社会需要。作为高校辅导员，倘若我们陷于"乱花渐次迷人眼"的文化表层景观，站位不高，鉴别有误，就不会有"乱云飞渡仍从容"的思想定力，"四个意识"也会知行分离，意识形态主导权就会虚掷或虚化。从这个角度出发，校园文化建构因其自然具有的政治属性、阶级属性、价值属性所决定的意识形态属性，自然是有非常重要意义的。

但我们在这里提示大家关注和思考的是：事物的意义并不仅孤立地取决于事物的本身，同样取决于它和其他事物的内在联系与关联度。大量研究表明：一个事物的影响度，既与其探究本质的深度正相关，也与其涉及领域的广度正相关。它与其他事物的关联性越强，对接越紧密无痕，融合度越高，牵引力和主导性也就越大。

文化也是如此，校园文化更是如此。因为在今天这样一个趋势胜于优势、

虚拟挑战现实、强者和弱者在网上经常发生倒错的开放环境下，面对而今学生思想焦点从社稷向个体的漂移、情感重点从国家向小我的转换、行为热点从现实向虚拟的倾斜，文化的各种功能与各种外部意义，能否形成并转化为学生自觉输入的意义，关键在于我们在校园文化内容体系本身的建构上，这种外部意义与学生的利益，发生了多大程度上关联性的同频共振。显而易见，这种关联性同频共振的幅度和频度越高，校园文化对学生思想与行为的引导性也就越强。因此，习近平总书记在这次全国高校思想政治工作会议讲话中指出：高校思想政治工作要感染青年，就要运用青年喜爱并接受的话语和活动方式。只有学生认可和接受推出的活动，才有可能进一步去接受活动背后的价值观念。把我们要讲的道理、情理，把我们要讲的现实、事实，用学生喜闻乐见的语言、易于接受的方式呈现出来。要将总体上的"大水漫灌"与针对性的"精准滴灌"结合起来。

从前述国外大学校园文化建设的不少成功案例上看，不管是基于不同大学的不同办学定位，而对不同层次学生的差异化激励，还是基于"和而不同"的学术理念，而对师生课程选择、教学方式与问题研讨个性化的尊崇，乃至于多元化的教育模式和人本化的生活保障，国外学校文化理念与追求价值的引导性，往往都是针对分众化的个体，在衔接无痕的关联性上悄然生发的。

毋庸讳言的是，省察我们自身的大学文化内容体系建构，必须承认：在当今大学文化以文化人的过程中，客观上不仅存在着诸多变迁的外部因素对"文"的品质影响的问题，我们主观因素上也同样存在着"化"的机理与学生的内在需求不吻合、不对接，进而导致针对性匮乏的现实状况。我们往往乐道将大学的楼宇或校门作为文化元素，却对其与学生成长的实际关联关注甚少；往往好于铺排场面宏大的文化场景，却对学生真实的感受和投入的状态把握不够；比较习惯用自己的思维模式和语境方式展开文化阐述，却对学生的接收效度和认同效果并不在意；比较喜欢如火如荼的文化频度，却对学生参与和满意的程度缺乏量度……凡此种种，都导致我们的投入与效果未必正相关。

为此，我们应悉心借鉴国外大学在文化内容体系建构上的关联法，增强大学校园文化在内容建构中引导要素的分众化，以针对性提升文化的感召性。首先，我们应当俯身去"洞察"。即要高度关注和探究大学生群体不断变化的身心特征、思想特质和行为特点，适合分众化、差异化趋势，加快构建引导新格局。切不可被以往的经验、固化的思维、角色的差异所蔽而裹足不前。

其次，还应凝神去"唤醒"。即在准确把握大学生需求的基础上，恰如习近平总书记所言，找准思想认识的共同点，情感交流的共鸣点，利益关系的交汇点，化解矛盾的切入点。通过针对不同群体的学校顶层教育方案设计，提供不同需求满足的具体满足途径，坚持解决思想问题与解决实际问题相结合。特别是注重唤醒那些对学生发展而言意义重大，但却受其熟知而未必真知的盲目逆反遭到屏蔽的内在需求渴望，为其提供人生发展的正确方向和信仰追求。

第三，更要聚力去"激发"。即洞察需求是教育的前提，唤醒需求是教育的手段，而激发需求才是教育的目的。因此，我们既要传承思想政治教育"一把钥匙开一把锁"的优良禀赋，又要以"数码钥匙开智能锁"的时代敏感把握需求，从而以有用的时效性把握学生的萌动，让精深的理念生活化；以有趣的鲜活性激发学生的脉动，使抽象的逻辑形象化；以有情的人本性引领学生的心动，将文本的语义场景化。使学生在衔接无痕的针对性需求满足中，体悟文化的致高致远。

三、润物无声——载体设计传导的精细性

理论上说，一个学生选择了一所大学，也就在身份上首先选择了一种大学文化。但这种身份认同能否有效地于潜移默化中无形地转换为文化认同，"化"的思想能否植根于日常"文"的行为，则主要取决于学生在入学后自身可感受的每一个文化要素与文化细节中，"化"所产生的感染力，客观上能否有效应对多元文化的挑战，主观上能否超越既有预期的藩篱。"化"的功能虽然重要，但"化"的效果才有价值。

从前述国外大学对学生主体性的尊重、教师对学生需求和发展差异性的关注等多个维度上，不难看到：大到办学特色的"各美其美"，中到服务学生的各种机构、各种规制、课程设置，小到牛津图书馆的一把座椅；澳大利亚大学画在道路上引领学生晚间返回宿舍的一条白线；各个学校简明便捷的提示……"致广大而尽精微"地将学校文化寓于各种具象的学生日常生活与学习之中，

并通过校园内外的全方位、课程内外的多层面、学习生活的整体性、精细化设计，将"学生主体"的办学理念润物无声，使其在具有"获得感"的感受性中形成从认知到认同的升华，是国外大学以载体设计传导文化的一个普遍方法。

有研究认为，彼岸的思想文化信息对青年群体影响的过程，通常要经过选择性传导、单向性冲击、逆反性顺从、解释性接收的几个环节，最终达到此岸的综合性建构。无须赘述的是，在每一个环节的生成过程中，受众感受性的程度，都决定着后续能够引发传导选择性、构成冲击强烈性、产生接受顺从性的强度，进而也制约着实现认同性和建构价值性的幅度。大学文化所传导的思想政治教育固然是有威力的，但教育的威力并不在于语法的高深和句式的威严，而在于能否通过具体生动形象的诠释，平等地"化"为学生感同身受的自己的认知和范式，真实地"化"为大家自觉遵从的内在精神和价值。对于进入大学的任何一个学生来说，谁都不缺少对大学文化的认知渴望，关键只在于：能否通过我们细致精微、使学生真正具有"获得感"的"化"，使其真正建构起认知后积极主动的行为追随。

因此，高校思想政治工作是一个释疑解惑的过程，宏观上是回答为谁培养人、培养什么样的人、怎样培养人的问题，微观上是为学生解答人生应该在哪用力、对谁用情、如何用心、做什么样的人的过程。换言之，如果我们不能把校园文化宏观上的理念、思想、意识，润物无声地注入校园学生可感知的具象化微观细节，失去了对学生生活世界的关照，文化也就失去了本身"化"人的根基。

为此，我们应精心借鉴国外大学在文化载体设计上的注入法，增强大学校园文化在载体设计过程中传导要素的具象化，以精细性提升文化的感受性。首先，在媒介传导设计上，要遵循移动互联网思维中用户至上的基本特性，努力提升纸质媒体的图文冲击力和意义解读性，使其由随意浏览变为着意收藏；提升校园橱窗的视觉表现力和情境再现性，使其由固定景观变为延伸景致；提升网络新媒体的模式创新力和语境亲和性，使其由威权话语变为朋辈呼唤。

其次，在语境传导设计上，要遵循移动互联网思维中内容为王的基本特性，用彼此分享构筑交互情境，使平等参与成为交往常态，将话语互动变成交融互动。少一些空泛号召，多一些精微贴士；少一些概念术语，多一些鲜活细语。就像习近平在全国高校思想政治工作会议讲话中说的:"让马克思讲中国话,让大专家讲家常话。"①其实,在习总书记的系列重要讲话中,无论是第一次面对中外记者招待会上的"政治宣言",还是这次全国高校思想政治工作会议上的重要讲话,他都无不以贴近时代、贴近现实、贴近百姓的语境,在有情有趣之中阐述大道理,在鲜活鲜亮之间抒发大情怀。比如,在谈到要适应分众化、差异化传播趋势,加快构建舆论引导新格局时,他曾把一个教育主题的多样化表达,形象地比喻为"剁椒鱼头""红绕中段""糖醋鱼块"和"雪菜鱼汤",以形成全方位、多层次、多声部的主流舆论矩阵。这都深刻地启迪我们:内容的正确若要实现理解的正确,首先应当是与鲜活语境的生动切合。政治智慧与语言智慧的相得益彰,才可最有效地实现最大化的价值传播。把语境感受为心境,才可使真理化进内心。

第三,在活动品牌形成、文化标识推介等组织形象传导设计上,要遵循移动互联网思维中创新为要的基本特性,适应学生时代化的信息传导习惯,在教育呈现性的内容架构组织、语意叙事风格、现实情境演绎、传导途径选择上创新理念,精心设计,布局谋篇,设计好新的教育传播形态。既唱响主流意识形态"风吹稻花香两岸"的主旋律,又弘扬"你是我天边最美的云彩"的民族风。进而用亲和性、体验化活化呈现场景,使文化导向彰显人格魅力,以形成感动;用哲理性、大众化细化呈现内容,使文化榜样融入生活世界,以形成感染;用鲜活性、时代化美化呈现形式,使文化创意更富人文关怀,以形成感佩。使学生在润物无声的精细性亲身感受中,省察文化的博大精深。

综上所述,身处多元流转的信息交汇与多样多变的现实环境,作为高校辅导员的我们,在中外大学文化的比较思考中,只有放眼大视野,胸怀大格局,通过增强亲和性、针对性和精细性,提升自身文化的感染性、感召性和感受性,才可使建设中的大学校园文化不仅有高度,更有温度;不仅传学理,更融情理;不但望天边,更在身边;不但有意义,更有意思,才能用自身的改革发展引领学生的人生发展,用自身不忘初心的坚守与变革,赢得青年,胜于无形。

---

① 习近平.把思想政治工作贯穿教育教学全过程开创我国高等教育事业发展新局面 [N]. 人民日报,2016-12-09.

参考文献

[1]马克思恩格斯选集：第1卷 [M]. 北京：人民出版社，2012.

[2]列宁全集：第40卷 [M]. 北京：人民出版社，1986.

[3]邓小平文选：第3卷 [M]. 北京：人民出版社，1993.

[4]江泽民文选：第1卷 [M]. 北京：人民出版社，2006.

[5]胡锦涛文选：第3卷 [M]. 北京：人民出版社，2016.

[6]习近平.在文艺工作座谈会上的讲话 [M]. 北京：人民出版社，2014.

[7] 胡锦涛.坚定不移沿着中国特色社会主义道路前进 为全面建成小康社会而奋斗 [N].光明日报，2012-11-18（01）.

[8] 习近平在同知识分子劳动模范青年代表座谈时强调 紧跟时代肩负使命锐意进取 为共同理想和目标团结奋斗 [N].人民日报，2016-04-30（01）.

[9] 习近平.全国科技创新大会两院院士大会中国科协第九次全国代表大会在京召开 [N].人民日报，2016-05-31（01）.

[10] 习近平.在庆祝中国共产党九十五周年大会上的讲话 [N].人民日报，2016-07-02（02）.

[11]习近平在全国高校思想政治工作会议上强调 把思想政治工作贯穿教育教学全过程开创我国高等教育业发展新局面 [N].人民日报，2016-12-09.（01）.

[12] 习近平.在北京大学师生座谈会上的讲话 [N].人民日报，2018-05-02.

[13] 中共中央宣传部.习近平总书记系列重要讲话读本 [M]. 北京：

学习出版社，人民出版社2016.

[14] 中共中央办公厅 国务院办公厅印发.关于实施中华优秀传统文化传承发展工程的意见[R/OL].(2017-01-25).http://www.gov.cn/zhengce/2017-01/25/content_5163472.htm

[15] 中共中央办公厅印发.关于培育和践行社会主义核心价值观的意见[R/OL].(2013-12-23).http://www.wenming.cn/ll_pd/shzyhxjztx/201312/t20131223_1654835.shtml

[16] 教育部关于印发.完善中华优秀传统文化教育指导纲要[R/OL].(2014-12-26).http://old.moe.gov.cn//publicfiles/business/htmlfiles/moe/s7061/201404/xxgk_166543.html

[17] 白显良.隐性思想政治教育基本理论研究[M].北京：人民出版社，2013.

[18] 北京市高等教育学会美育研究会.中国优秀传统文化在北京高校中的传承与创新[M].北京：北京师范大学出版社，2016.

[19] 邴正.当代人与文化——人类自我意识与文化批判[M].长春：吉林教育出版社，1998.

[20] 陈华文.文化学概论新编：第2版[M].北京：首都经济贸易大学出版社，2013.

[21] 陈万柏，张耀灿.思想政治教育学原理：第2版[M].北京：高等教育出版社，2007.

[22] 程样国，胡伯项等.至善之道 大学精神与高校校园文化研究[M].北京：群众出版社，2008.

[23] 戴诗炜.邓小平文化思想研究[M].北京：国防大学出版社，1989.

[24] 冯刚.高校校园文化建设理论与实践[M].长沙：湖南大学出版社，2006.

[25] 冯刚等.辅导员队伍专业化建设理论与实务[M].北京：中国人民大学出版社，2010.

[26] 冯刚，柯文进主编.高校校园文化研究 [M]. 北京：中国书籍出版社，2011.

[27] 冯刚.德育新视野 [M]. 北京：当代中国出版社，2011.

[28] 冯刚.探索思想政治教育发展的内生动力 [M]. 北京：人民出版社，2017.

[29] 冯刚主编:《改革开放以来高校思想政治教育发展史》，人民出版社2018年版。

[30] 郭凤志.德育文化 [M]. 北京：中国社会科学出版社，2008.

[31] 韩民青.文化论 [M]. 南宁：广西人民出版社，1989.

[32] 侯长林.高校校园文化基本理论研究 [M]. 北京：人民出版社，2014.

[33] 胡海波，郭凤志.马克思恩格斯文化观研究 [M]. 北京：中国书籍出版社，2013.

[34] 黄达人.大学的观念与实践 [M]. 北京：商务印书馆，2012.

[35] 黄昕，周晓阳.多元文化冲突与高校和谐校园文化建设 [M]. 长沙：湖南人民出版社，2008.

[36] 贾雪丽.大众文化价值论 [M]. 北京：中央编译出版社，2017.

[37] 教育部思想政治工作司组.高校校园文化建设理论与实践 [M]. 北京：中国言实出版社，2008.

[38] 教育部思想政治工作司组.高校校园文化建设理论与实践（2013）[M]. 北京：中国人民大学出版社，2014.

[39] 教育部思想政治工作司组.文化的力量　高校校园文化建设理论与实践　第7辑 [M]. 北京：中国书籍出版社，2015.

[40] 敬菊华，张绍荣，张珂.网络环境下高校校园文化建设研究 [M]. 成都：四川大学出版社，2009.

[41] 李岩.思想政治教育的人文本性 [M]. 北京：人民出版社，2017.

[42] 刘德宇.高校校园文化发展论 [M].青岛：中国海洋大学出版社，2004.

[43] 刘建军.寻找思想政治教育的独特视角 [M].北京：中国人民大学出版社，2017.

[44] 刘谦.教育的社会文化土壤 [M].北京：光明日报出版社，2016.

[45] 刘维娥.高校校园文化论 [M].北京：中国书籍出版社，2016.

[46] 鲁洁.德育新论 [M].南京：江苏教育出版社，2000.

[47] 陆扬.文化亚久概论 [M].上海：复旦大学出版社，2008.

[48] 罗国杰.中国传统道德·教育修养卷 [M].北京：中国人民大学出版社，2012.

[49] 吕开东，张彬.高校学风建设与校园文化融合发展研究 [M].北京：光明日报出版社，2018.

[50] 吕希晨.中国现代文化哲学 [M].天津：天津人民出版社，1992.

[51] 潘菽.教育心理学 [M].北京：人民教育出版社，2001.

[52] 邱吉.道德内化论 [M].北京：民族出版社，2004.

[53] 沈壮海.先进文化论 [M].北京：高等教育出版社，2003.

[54] 沈壮海.思想政治教育的文化视野 [M].北京：人民出版社。2005.

[55] 司马云杰.文化悖论 [M].济南：山东人民出版社，1989.

[56] 孙本文.社会的文化基础 [M].上海：世界书局，1929.

[57] 孙庆珠.高校校园文化概念 [M].济南：山东大学出版社，2010.

[58] 唐凯麟等.中华传统美德十二讲 [M].北京：学习出版社，2009.

[59] 王红主编.高校校园文化活动创新研究 [M].南昌：江西人民出版社，2012.

[60] 王仕民.德育文化论 [M].广州：中山大学出版社，2007.

[61] 王振洪.关于象牙塔的另一种叙述 高校校园文化要素研究 [M].北京：人民出版社，2005.

[62] 吴潜涛等.中国精神教育读本 [M].北京：人民出版社，2014.

[63] 吴清一.大学文化的四维向度及其育人功能实现研究 [M].北京：中国社会科学出版社，2015.

[64] 杨曦阳.全媒体时代思想政治教育新论 [M].长春：吉林文史

出版社，2017.

[65] 杨晓慧.当代大学生成长规律研究[M].北京：人民出版社，2010.

[66] 于滨.中国高校校园文化冲突研究[M].北京：中国社会科学出版社，2016.

[67] 张岱年，程宜山.中国文化精神[M].北京：北京大学出版社，2015.

[68] 张良驯等.当代青少年中华优秀传统文化教育研究[M].北京：北京理工大学出版社，2015.

[69] 周海涛.全面提高研究生教育质量：现状与认识[M].上海：上海交通大学出版，2007.

[70] 周希贤.大学校园审美文化研究[M].重庆：西南师范大学出版社，2012.

[71] 周运来.高校校园文化传承与发展[M].长沙：岳麓书社，2009.

[72] 安身健.高校文化软实力建设初探[J].思想理论教育导刊，2009（12）.

[73] 边慧敏，王小林，张力.依托易班创新开展新时期网络思政教育[J].中国高等教育研究，2015（24）.

[74] 蔡红生，胡中月.微博、微信视域下大学校园文化运行机制探析[J].思想理论教育导刊，2017（10）.

[75] 陈继红，王易.中国传统文化与思想政治教育研究的论域、问题与趋向[J].思想理论教育导刊，2013（11）.

[76] 陈建斌.思想政治教育的文化本性与文化选择[J].湘潭大学社会科学学报，2002（3）.

[77] 陈娜，骆郁廷.以文化人：习近平文艺思想的核心[J].思想教育研究，2017（8）.

[78] 陈松友，李雪.坚持以文化人 培育社会主义核心价值观[J].思想政治教育研究，2017（10）.

[79] 陈万柏.论思想政治教育载体的内涵和特征[J].江汉论坛，

2003（7）.

[80] 陈万柏. 论思想政治教育文化载体的特征和功能 [J]. 求索, 2005（3）.

[81] 陈章龙. 论社会主义核心价值体系引领校园文化的建设 [J]. 思想理论教育导刊, 2011（9）.

[82] 陈志勇. 高校校园网络文化产品的发展现状和创作原则 [J]. 思想政治工作研究, 2016（8）.

[83] 崔越. 论社会主义核心价值观教育与高校校园文化建设的契合 [J]. 学校党建与思想教育, 2013（18）.

[84] 杜玉波. 创新文化育人机制 建设特色鲜明的大学文化 [J]. 北京教育（德育）, 2007（1）.

[85] 冯刚. 加强高校文化建设 提升国家文化软实力 [J]. 湖南社会科学, 2011（5）.

[86] 冯刚. 文化传承创新与行业特色高校的发展路径 [J]. 中国高等教育, 2012（2）.

[87] 冯刚. 深刻把握思想政治教育的前沿问题 [J]. 教学与研究, 2012（9）.

[88] 冯刚. 关于进一步深化高校校园文化建设的思考 [J]. 学校党建与思想教育, 2013（18）.

[89] 冯刚. 新形势下推动高校网络文化建设的思考与实践 [J]. 思想教育研究, 2015（8）.

[90] 冯刚, 刘晓玲. 坚持以文化人 深入推进社会主义核心价值观培育践行 [J]. 思想理论教育导刊, 2016（1）.

[91] 冯培. 感受性与感染力：大学文化以文化人的两个重要维度 [J]. 北京教育（德育）, 2012（4）.

[92] 付安玲, 张耀灿. 大学生社会主义核心价值观的隐性培育初探 [J]. 思想理论教育导刊, 2016（4）.

[93] 高立伟. 论中国特色社会主义文化建设方法论自觉 [J]. 马克思

主义研究，2012（7）．

[94] 高山，张若飞．以文化人：社会主义核心价值观培育践行的着力点［J］．思想教育研究，2015（12）．

[95] 龚克．以文"化"人育人兴"文"——兼谈大学文化自觉与自信［J］．中国高等教育，2012（1）．

[96] 顾南宁，杨毅，周诗文．高校党建文化建设与校园文化建设互动的探索［J］．沈阳建筑大学学报（社会科学版），2011（2）．

[97] 韩萌．大学多元文化育人功能的思考［J］．教育研究，2010（8）．

[98] 韩喜平，徐景一．高校党建与校园文化建设［J］．思想教育研究，2013（10）．

[99] 韩延明．强化大学文化育人功能［J］．教育研究，2009（4）．

[100] 郝翔，陈翠荣．论高校廉政文化建设［J］．思想教育研究，2011（12）．

[101] 侯长林．高校校园文化的理论研究［J］．中国高等教育，2013（23）．

[102] 黄力之．论毛泽东的"以文化人"思想［J］．马克思主义研究，2010（1）．

[103] 黄蓉生，胡建军，崔健．加强大学生社会主义核心价值观教育的多维思考［J］．思想理论教育，2015（6）．

[104] 姜昊．高校图书馆：校园文化建设的重要角色［J］．华中农业大学学报（社会科学版），2012（5）．

[105] 蒋劲松．大学文化育人的主体视角与实现路径［J］．中国高等教育，2008（21）．

[106] 靳翠梅．"以文化人"与"以人化文"辨析［J］．人民论坛，2013（12）．

[107] 匡文波．论网络文化［J］．图书馆，1999（2）．

[108] 赖功欧．作为文化进化论者的钱穆——"人文演进"观绎论［J］．江西社会科学，2006（2）．

[109] 李春华．文化的"化人"与思政的"育人"［J］．马克思主义

研究，2012（9）.

[110] 李焕明.论思想政治教育文化力 [J].山东师范大学学报（人文社会科学版），2005（5）.

[111] 李涛，叶龙.高校研究生学风建设刍议 [J].北京交通大学学报,（社会科学版），2013（2）.

[112] 李卫红.深入贯彻党的十七大精神 不断开创高校校园网络文化建设和管理工作新局面 [J].思想理论教育导刊，2008（1）.

[113] 林致远.论社会主义核心价值观与高校校园文化建设的契合 [J].教育评论，2015（12）.

[114] 刘德才.高校校园文化建设中的问题与对策 [J].思想教育研究，2011（8）.

[115] 刘海春.论朋辈教育和高校校园文化建设的耦合与运用 [J].高教探索，2015（2）.

[116] 刘海燕.基于学生道德成长的校园文化建设 [J].教育理论与实践，2017（35）.

[117] 刘建军.文化软实力研究的学术视野 [J].文化软实力研究，2016（3）.

[118] 刘克利.高校文化育人系统的构建 [J].高等教育研究，2007（12）.

[119] 刘铁芳.大学文化建设：何种文化如何建设 [J].高等教育研究，2014（1）.

[120] 刘献君.论文化育人 [J].教育研究，2013（2）.

[121] 刘兆磊，王敏.高校研究生学术文化保障体系的构建 [J].继续教育研究，2013（11）.

[122] 柳礼泉，胡港云.新常态下大学文化建设的思考——基于文化自觉的视角 [J].高等教育研究，2015（4）.

[123] 陆凯，杨连生.以文化人视域下高校学生社团文化育人机制研究 [J].思想政治教育研究，2017（9）.

[124] 罗洪铁，周琪．文化环境：思想政治教育运行的新视界[J]．马克思主义研究，2007（3）．

[125] 骆郁廷，魏强．文化发展视域下的大学生思想政治教育[J]．思想理论教育，2012（5）．

[126] 马平均，胡新保．社会主义核心价值观融入大学校园文化建设的几点思考[J]．思想教育研究，2017（1）．

[127] 茅海燕．全媒体时代高校校园文化建设路径探析[J]．江苏高教，2014（6）．

[128] 倪愫襄．文化概念释义[J]．学校党建与思想教育，2015（8）．

[129] 任祥．当前加强和改进高校网络文化建设的思考[J]．思想理论教育导刊，2012（2）．

[130] 山述兰．以社会主义核心价值观引领高校校园文化建设的策略研究[J]．思想理论教育，2015（1）．

[131] 佘双好．以文化人与社会主义核心价值观践行培育的方法研究[J]．思想教育研究，2015（12）．

[132] 沈健．以社会主义核心价值观引领高校校园文化建设[J]．江苏高教，2015（2）．

[133] 沈壮海．关注思想政治教育的文化性[J]．思想理论教育，2008（3）．

[134] 施鹏，程刚．大学学术文化的育人功能与建设对策研究[J]．前沿，2015（3）．

[135] 眭依凡．关于大学文化建设的理性思考[J]．清华大学教育研究，2004（1）．

[136] 孙兰英．网络文化建设和管理思想与高校思想政治教育的创新[J]．思想理论教育导刊，2012（2）．

[137] 孙联明．论新时期大学生宿舍文化建设模式的科学建构[J]．思想教育研究，2012（8）．

[138] 孙叶青．以社会主义核心价值观引领大学校园文化建设的四

个维度 [J]. 学校党建与思想教育，2013（14）.

[139] 万美容. 论高校德育文化建设的基本原则 [J]. 思想理论教育，2012（3）.

[140] 王宝儒，季亚丽. 高等院校廉政文化建设调查报告 [J]. 教育理论与实践，2009（6）.

[141] 王德斌. 当前高校校园文化建设存在的问题及对策探析 [J]. 思想理论教育导刊，2009（6）.

[142] 王定华. 试论新形势下学校文化建设 [J]. 教育研究，2012（1）.

[143] 王华. 论高校思想政治教育文化载体的开发 [J]. 学校党建与思想教育，2009（8）.

[144] 王继华，徐超. 学校文化建设标准的哲学思考 [J]. 贵州大学学报,（社会科学版），2014（1）.

[145] 王帅，肖文旭. 在校园文化活动中深化社会主义核心价值观教育 [J]. 思想教育研究，2015（6）.

[146] 王学风. 论多元文化环境下高校思想政治教育的改革 [J]. 科学社会主义，2006（2）.

[147] 王易. 传统文化中的和谐思想与社会主义和谐社会的构建 [J]. 兰州学刊，2009（12）.

[148] 王振. 论以文化人的意蕴与整体性构建 [J]. 思想教育研究，2016（7）.

[149] 王振. 遵循以文化人规律　创新思想政治教育方法 [J]. 思想教育研究，2017（4）.

[150] 魏俊玲. 高校文化建设的内涵、功能及途径 [J]. 教育与职业，2015（12）.

[151] 吴彬镭. 以社会主义核心价值观引领高校校园文化建设研究 [J]. 思想教育研究，2016（1）.

[152] 吴启迪. 国务院学位委员会第二十三次会议以来工作进展情况报告及会议主要议题的说明 [J]. 学位与研究生教育，2007（11）.

[153] 谢守成.新时代高校文化建设的基本要求 [J].学校党建与思想教育，2017（23）.

[154] 谢晓娟.思想政治教育：一种文化的分析视角 [J].马克思主义与现实，2010（5）.

[155] 谢友才，胡汉辉.我国研究生教育的效率分析 [J].高等教育研究，2005（11）.

[156] 邢伟荣.地方高校与区域文化的耦合机理及协同创新研究 [J].教育评论，2018（5）.

[157] 徐进功.以社会主义核心价值体系引领高校文化建设 [J].高校理论战线，2012（6）.

[158] 薛浩，张桂华.新时期高校学风建设探析 [J].学校党建与思想政治教育，2006（2）.

[159] 阎现章.高等学校廉政文化建设体系的系统性与创新性研究 [N].河南大学学报（社会科学版),2008（5）.

[160] 杨阳.当前高校校园文化建设应着力把握好的几个问题 [J].思想理论教育导刊，2012（4）.

[161] 杨志成.学校文化建设的解构与建构 [J].中国教育学刊，2014（5）.

[162] 叶定剑，张逸阳.大学生网络文化工作室培育建设策略探析 [J].思想教育研究，2016（2）.

[163] 殷梅霞.基于培育大学生社会主义核心价值观的高校校园文化建设 [J].思想政治教育研究，2016（4）.

[164] 袁世斌.高校文化建设的灵魂、载体和路径 [J].理论与改革，2012（4）.

[165] 张春和.社会主义核心价值体系统领下高校校园文化建设的基本原则 [J].毛泽东思想研究，2010（5）.

[166] 张革华.加强网络文化建设 改进高校德育工作 [J].思想理论教育导刊，2002（5）.

[167] 张红霞，张耀灿.论校园文化建设视阈中的大学生志愿服务[J].思想理论教育导刊，2013（1）.

[168] 张释元，谢翌，邱霞燕.学校文化建设：从"器物本位"到"意义本位"[J].教育发展研究，2015（6）.

[169] 张耀灿.以社会主义核心价值体系引领和谐校园文化建设 [J].高校理论战线，2012（3）.

[170] 张耀灿.持为人为学统一　促进优良学风形成 [J].思想教育研究，2016（7）.

[171] 张朱博.新媒体环境下大学校园文化建设面临的机遇、挑战与对策 [N].北京师范大学学报》（社会科学版），2013年第1期。

[172] 赵海燕、邓如辛：《"中国梦"的文化自觉："以人化文"与"以文化人"共轭》，《社会科学展现》2013年（12）.

[173] 郑婕，齐云飞.在高校校园文化建设中植入体育元素的研究 [N].北京体育大学学报，2011（7）.

[174] 郑永廷，董伟武.论思想政治教育的文化功能及其发展 [J].江苏高教，2008（5）.

[175] 钟秉林，赵应生.加快建设中国特色的大学文化——关于当前大学文化建设工作的若干思考 [N].国家教育行政学院学报,2010（9）.

[176] 周超，陈捷.文化治理：新时期高校文化集群融合共生的新维度 [J].学校党建与思想教育，2017（6）.

[177] 朱志明，魏宝珠.社会主义核心价值观融入高校校园文化建设的路径探究 [J].思想教育研究，2016（2）.

后 记

习近平总书记在党的十九大报告中强调："文化是一个国家、一个民族的灵魂。文化兴国运兴，文化强民族强。没有高度的文化自信，没有文化的繁荣兴盛，就没有中华民族伟大复兴。"[①] 一个民族、一个国家、一个政党，只有在对其文化抱有强烈信任和高度认同的前提下，才能获得坚持和坚守的信心，才能鼓起奋发进取的勇气，才能克服前进路上的艰难险阻，激发出发展创新的无限活力。高校是文化创造和传播的重镇，是坚定大学生文化自信的前沿阵地，要将坚定文化自信作为思想政治教育的重要任务贯彻好、落实好。高校辅导员队伍是大学生思想政治教育工作的骨干力量，是大学生健康成长的指导者、引路人和知心朋友，是开展校园文化建设、引领大学生坚定文化自信的重要力量。为深化高校辅导员对校园文化建设相关问题的理论认识，提升他们参与校园文化建设的实践能力，我们组织长期从事校园文化建设理论和实践问题研究的高校领导和专家学者共同组织编写了《新时代校园文化建设》一书。

编写过程中，我们坚持以习近平总书记关于文化自信和高校思想政治工作的相关重要论述为指导，紧扣高校校园文化建设实践，对校

---

① 习近平. 在纪念孔子诞辰 2565 周年国际学术研讨会上的讲话 [OL]. 新华网，2014-09-24.

园文化建设的基本理论问题进行了系统阐释，对校园文化建设的各个方面进行了实践经验总结，力图形成一本对高校辅导员而言既有理论启发意义又有实践指导价值的著作。

本书由北京师范大学思想政治工作研究院院长冯刚教授负责全书策划和框架设计。全书具体分工如下：导论（冯刚、房正）、第一章（蔡劲松）、第二章（王永友）、第三章（王易、许慎）、第四章（王帅）、第五章（陈志勇）、第六章（朱健）、第七章（陈步云、高天）、第八章（张力）、第九章（应中正）、第十章（孙雷）、第十一章（冯培、李丽娜、刘隽）。冯刚、孙雷、陈步云、房正、王帅、高静毅等负责统稿。高静毅负责了全书文献资料的整理。

本书的编撰除了参考经典著作以外，还参考了大量专家学者的研究成果，在此深表感谢！由于时间紧张，涉及面广，编写过程中不免存在疏漏讹误。我们真诚地希望各位专家、读者批评指正。

编者

2018年7月